ESSAI
HISTORIQUE, PHILOSOPHIQUE ET PITTORESQUE
SUR LES
DANSES DES MORTS

PAR E.-H. LANGLOIS
DE PONT-DE-L'ARCHE,

ACCOMPAGNÉ DE CINQUANTE-QUATRE PLANCHES ET DE NOMBREUSES VIGNETTES
DESSINÉES ET GRAVÉES
PAR E.-H. LANGLOIS, M.lle ESPÉRANCE LANGLOIS,
MM. BREVIÈRE ET TUDOT ;

SUIVI

D'UNE LETTRE DE M. C. LEBER ET D'UNE NOTE DE M. DEPPING
SUR LE MÊME SUJET.

OUVRAGE COMPLÉTÉ ET PUBLIÉ
PAR
M. ANDRÉ POTTIER,
CONSERVATEUR DE LA BIBLIOTHÈQUE DE ROUEN,
ET M. ALFRED BAUDRY.

TOME DEUXIÈME.

ROUEN
A. LEBRUMENT, LIBRAIRE, QUAI NAPOLÉON, 45.

M DCCC LII.

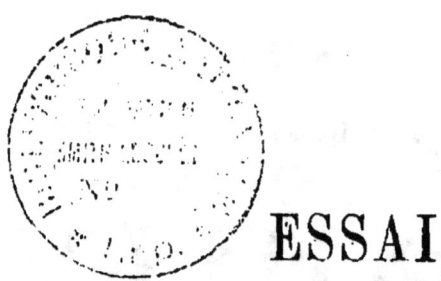

ESSAI

HISTORIQUE, PHILOSOPHIQUE ET PITTORESQUE

SUR LES

DANSES DES MORTS.

ROUEN. — IMPRIMERIE DE P. ROUSSEL, RUE DES CARMES, N° 20.

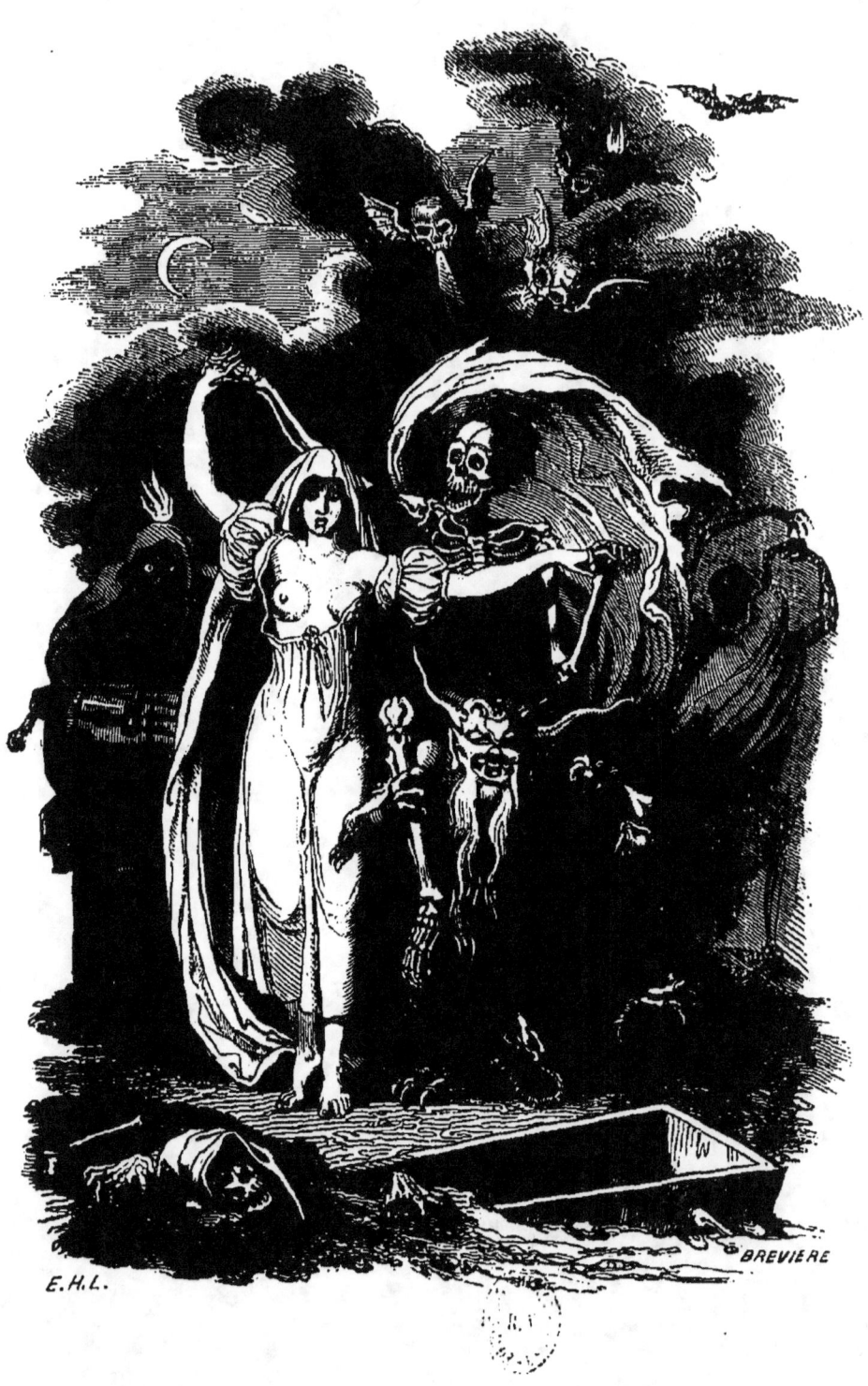

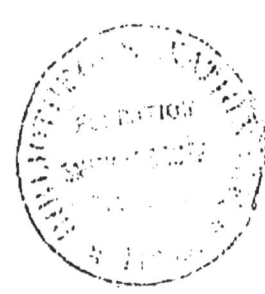

ESSAI
HISTORIQUE, PHILOSOPHIQUE ET PITTORESQUE
SUR LES
DANSES DES MORTS

PAR E.-H. LANGLOIS
DU PONT-DE-L'ARCHE,

ACCOMPAGNÉ DE CINQUANTE-QUATRE PLANCHES ET DE NOMBREUSES VIGNETTES,
DESSINÉES ET GRAVÉES
PAR E.-H. LANGLOIS, Mlle ESPÉRANCE LANGLOIS,
MM. BREVIÈRE ET TUDOT ;

SUIVI

D'UNE LETTRE DE M. C. LEBER ET D'UNE NOTE DE M. DEPPING
SUR LE MÊME SUJET.

OUVRAGE COMPLÉTÉ ET PUBLIÉ
PAR
M. ANDRÉ POTTIER,
CONSERVATEUR DE LA BIBLIOTHÈQUE DE ROUEN,
ET M. ALFRED BAUDRY.

TOME DEUXIÈME.

ROUEN
A. LEBRUMENT, LIBRAIRE, QUAI NAPOLÉON, 45.

M DCCC LII.

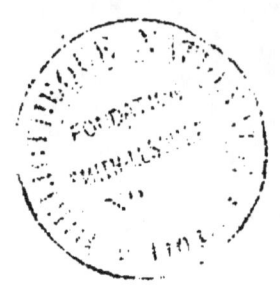

ESSAI

HISTORIQUE, PHILOSOPHIQUE ET PITTORESQUE

SUR LES

DANSES DES MORTS.

LE SACRISTAIN DE BONPORT.

LÉGENDE FANTASTIQUE [1].

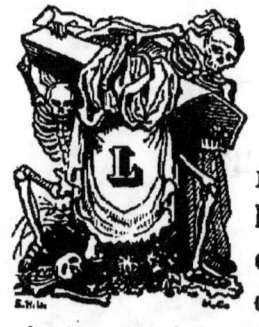

Es traditions, les légendes populaires d'antique origine, se sont, en grande partie, effacées et perdues devant de plus graves et plus véridiques récits. Il n'est guère aujourd'hui de foyer

---

[1] Nous avons été assez heureux pour retrouver, il y a peu d'années, cette histoire fantastique, que E.-H. Langlois avait compo-

rustique qui n'entende raconter, au lieu de magiques histoires d'apparitions ou de revenants, les pompeuses annales de nos victoires et les merveilleux exploits du héros d'Austerlitz. Nos excursions armées à travers tant de climats divers, nos guerres si longues et si meurtrières, ont fait pénétrer l'habitude et le goût des préoccupations politiques jusque sous le chaume ; et là, d'ailleurs, il est peu de chefs de famille qui ne se soient fait un répertoire d'événements dans lesquels leur louable et naïf orgueil se complaît à s'attribuer quelque portion de gloire. Cependant, si l'amour du merveilleux déserte nos campagnes, en revanche, il se propage dans nos villes, où l'on semble s'efforcer, pour ainsi dire, de devenir simple et crédule comme nos anciens paysans, tant on y est lassé de ce que le positif a de sec et de désolant. Mais on a beau faire, on ne peut se commander des convictions, des croyances ; l'art

---

sée quand il était encore jeune. Quoique faite depuis longtemps, cette légende, écrite pendant une nuit d'insomnie et pleine d'inspirations mélancoliques, n'avait été tracée qu'au crayon, et les lettres en étaient tellement effacées, que nous avons eu de la peine à la lire ; nous aurions cru volontiers que Langlois lui-même l'avait oubliée, s'il n'eût, dans les dernières années de sa vie, composé un dessin puisé dans une des scènes de cette histoire. Aussi, donnons-nous, en tête de cette seconde partie, ce magnifique dessin, dont nous devons la gravure à la complaisance et à la générosité de notre habile compatriote, M. Henri Brevière. Ce sujet faisait partie de cette courte, mais si remarquable série de dessins à la plume, qui sont maintenant dispersés, dans lesquels Langlois avait mis la Mort en jeu, et qu'il se proposait, comme il l'annonce à la fin de son texte, de graver un jour.

et l'imagination des romanciers ne pourront jamais répandre sur leurs écrits, quelque ingénieux qu'ils soient d'ailleurs, ce prestige et cette teinte mystérieuse dont la main du Temps avait empreint, aux yeux de la raison même, les fables du moyen-âge.

Une des causes qui ont principalement contribué à détruire dans nos campagnes le charme attaché si longtemps à nos vieilles légendes, c'est la suppression des monastères. Elle a rompu la chaîne des traditions qui se transmettaient d'âge en âge au sein de ces paisibles retraites, où le surnaturel fut si longtemps en crédit. Ce n'est pas que les moines ne fussent, pour la plupart, devenus aussi peu crédules que les gens du monde; mais, outre que, dans les couvents de femmes, le merveilleux était encore généralement en faveur, il n'était guère d'abbaye d'hommes où le fantastique n'eût encore son conteur inspiré, et c'était ordinairement un des plus vieux moines ou quelqu'un des plus anciens serviteurs de la maison. L'abbaye de Bonport comptait le sien parmi ces derniers. Oh! combien j'écoutais avidement, âgé de dix à onze ans alors, les récits de ce vieillard, ancien sonneur et sacristain, et véritable *miroir historial* du monastère! Perclus des deux jambes et confiné, comme une pagode enfumée, dans un des coins de l'immense foyer de la cuisine, il ne connaissait plus que deux jouissances : celle de causer avec un énorme corbeau à voix rauque et sépulcrale, animal aveugle et plus que centenaire, et celle de faire écouter ses prodigieux et terribles récits. Pauvre Pierre! Dieu vous pardonne les frayeurs que vous m'avez causées, lorsque, sortant la nuit de l'abbaye par la porte de la Vierge, avec mon excellent père, je croyais voir vos fantômes nichés dans les angles de chaque contrefort de l'enceinte, et vos diables accroupis dans les énormes touffes de lierre qui revêtaient les murs de leurs noires guirlandes !

Je dois l'avouer, cependant, une partie des merveilles que racontait le vieux Pierre étaient sues de beaucoup de monde, et n'excitaient pas toujours un égal intérêt dans l'esprit de ses auditeurs, bien qu'il eût soin d'affirmer très sérieusement que lui, Pierre, ou du moins son père, en avait été témoin. C'est sous une semblable garantie que m'a été confiée la légende que ma mémoire a le plus fidèlement conservée, et que je vais essayer de retracer :

Il y avait autrefois un comte de Brionne, puissant suzerain, qui menait un véritable train de roi. Ce grand personnage, dont Pierre ne pouvait dire le nom, était demeuré veuf, et de son mariage n'avait eu qu'une fille, plus belle que les fées, et qu'il idolâtrait. Il partageait, cependant, ses affections entre elle et un neveu, auquel son père, mort dans la Terre-Sainte, n'avait laissé pour héritage que son épée et son nom. Ce jeune homme, élevé près de sa cousine, avait conçu pour elle une passion violente, à laquelle la jeune fille ne paraissait pas toujours insensible ; mais, fière, hautaine, capricieuse et jalouse, elle faisait souvent subir à la constance de son amant les plus dures épreuves. Un jour, elle lui signifia, sous peine d'encourir éternellement sa disgrâce, de ne jamais parler devant elle de la beauté d'aucune autre dame, et le jeune homme le promit sur serment. Cela se passait à l'instant même où le sire de Brionne préparait une grande fête pour célébrer l'anniversaire de la naissance de sa fille.

Sur ces entrefaites, arriva dans le pays un vieux médecin ambulant, remarquable par sa prodigieuse barbe jaune. Ce docteur nomade, qui s'entourait d'un grand mystère, outre le grand crédit qu'il s'attirait par ses miraculeuses guérisons, se signalait encore par sa science extraordinaire à deviner le passé, à prédire l'avenir. Il n'était question que de lui lorsque la reine d'Angleterre, en voyage, vint à passer à Brionne. La beauté de cette princesse était merveilleuse, et, comme tout le monde en parlait avec extase à la table du comte, le malheureux jouvencel, oubliant sa promesse, laissa lui-même échapper quelques mots d'admiration. Un regard foudroyant de sa maîtresse lui fit sentir sa faute ; mais déjà le mal était sans remède, et quelques jeunes seigneurs, d'humeur railleuse et légère, qui étaient arrivés pour la fête, s'aperçurent sans peine du dédain que lui témoignait sa maîtresse.

« Il nous semble, dit l'un d'eux à l'amant désolé, que vous êtes mal en point avec la belle châtelaine. — Je gage mon honneur contre votre diamant, réplique avec vivacité le chevalier, que je vous prouve le contraire en ouvrant demain le bal avec elle. — Votre honneur sera perdu et le diamant me restera, car cela ne sera pas. » Le pauvre amant s'était senti piqué au jeu, et avait, comme on dit, compté sans son hôte. La noble damoiselle le lui prouva bien ; car lorsque, la trouvant à part, il s'agenouilla à ses pieds pour en obtenir la faveur dont il s'était vanté : « Je ne voudrais pas, lui dit-elle avec mépris, danser avec vous, même en songe ; et si vous avez gagé votre honneur, comme vous le dites, c'est un faux gage, qui ne vous appartenait déjà plus, du moment que vous aviez violé votre foi de gentilhomme. » L'amant, ne pouvant vaincre cette cruelle résistance, ne voulut pas encourir la honte qui l'attendait, et, poussé par une inspiration diabolique, il se précipita du haut de la grande tour du château.

« C'est dommage ! dit le médecin à la barbe jaune, en faisant une indéfinissable grimace ; un si beau jeune homme ! Et pourtant il est damné, du moins à ce que diront les moines. » Enigmatique personnage, c'était lui, cependant, qui, s'étant emparé de l'esprit de la châtelaine, avait en secret attisé le feu de son jaloux ressentiment. Dès le même jour, ce conseiller funeste quitta le pays, pour n'y revenir, disait-il, qu'au bout d'une année.

La nuit suivante, la jeune comtesse s'éveilla en poussant d'horribles cris, et répétant que son cousin mort la forçait de danser avec lui. Dès-lors, l'affreux cauchemar ne cessa de revenir, mais de plus en plus terrible, car l'image du défunt apparaissait à la misérable fascinée dans l'appareil incessamment croissant de sa décomposition physique ! C'étaient d'abord des membres froids, une face pâle et contractée, puis les taches livides de la corruption ; enfin, des chairs pendantes dévorées par les vers, et bientôt des débris informes, des nerfs racornis collés à des ossements desséchés. Une année s'écoula de la sorte, et sans que l'infortunée songeât à réclamer sa délivrance de la bonté du Ciel. Tout-à-coup le médecin à la barbe jaune reparut dans Brionne, appelé par la châtelaine, dont le père était mort.

Le mystérieux médecin ne voulut admettre aucun témoin dans son entrevue avec la jeune fille, et lui parla de la sorte : « Si vous eussiez cru, comme ces papelards et bigots, à tout ce que racontent les moines ; si vous eussiez eu seulement, suivant l'usage, quelque tondu de chapelain dans votre château, vous n'auriez pas manqué d'avoir recours à force messes et neuvaines qui ne vous eussent pas guérie, car je connais votre mal : il est grand, mais le remède en est simple et facile. Il consiste, poursuivit-il, non sans quelque hésitation, à cracher sur les cinq plaies de l'image du Nazaréen, que mes pères ont justement crucifié ; car, sachez-le, je suis Juif, pour vous servir. » Si peu chrétienne que fût la demoiselle de Brionne, elle fut épouvantée des blasphèmes de ce mécréant, et lui ordonna de se retirer. Cependant, la nuit revint avec son cortége habituel de terreurs. La pauvre fille voulut, comme à l'ordinaire, vaincre le sommeil, et, comme à l'ordinaire, le sommeil vint à l'appel de la nature épuisée. Trois fois l'horrible fantôme s'empara de sa victime en proférant ce cri de vengeance : « Ah ! tu ne voulais pas danser avec moi, même en rêve ! » Folle d'épouvante, la malheureuse se résolut enfin à suivre l'horrible conseil du Juif. Elle avait dans sa chambre un prie-dieu qui, depuis la mort de sa mère, n'était là que pour la forme ; elle en saisit le crucifix avec fureur ; mais à peine avait-elle, dans son égarement, consommé le sacrilége dont on lui avait suggéré la criminelle pensée, qu'elle tomba frappée par un coup de foudre si violent, qu'il fendit la tour jusque dans ses fondements.

Le lendemain de ce funeste jour, deux prêtres et deux nobles vassaux de la comtesse gardaient son corps dans l'église du bourg. Après de longues heures de prières, le sommeil s'était enfin emparé d'eux, lorsqu'un bruit affreux, qui paraissait venir du cimetière, les réveilla tous les quatre en sursaut. Mais quel fut leur effroi en apercevant, à la lueur pâle et lugubre des cierges, le cercueil ouvert et vide ! Un plus épouvantable spectacle les attendait dans le cimetière : le squelette du suicidé gambadait sur sa fosse, en forçant la comtesse décédée à suivre tous ses mouvements, et, d'une voix effroyable, il répétait : « Ah ! tu ne veux pas danser avec moi, même en rêve ! avec moi qui, pour te plaire, ai sacrifié mon salut éternel ! » Plusieurs démons prenaient part, avec joie, à cette scène infernale, et, parmi ces derniers, il en était un qu'à son énorme barbe jaune on reconnut pour le médecin mystérieux. Au premier chant du coq, les démons disparurent, le squelette rentra dans sa fosse, et la comtesse de Brionne retomba froide et morte sur l'herbe humide du cimetière. On ne l'en inhuma pas moins en terre bénite, parce qu'elle était grande dame ; mais, pendant six cents ans, la nuit anniversaire de sa mort, elle remontait de son caveau mortuaire pour venir, dans le cimetière, danser, avec son amant, ce branle infernal, objet d'épouvante pour les vivants.

Tel était à peu près, mais avec de plus grands détails, un des récits de Pierre, le conteur de Bonport. — Pour celui-là, mon père l'a vu, disait-il naïvement en concluant; le cher homme me l'a assuré, et, pour le salut de son corps, il n'eût pas voulu dire le plus petit mensonge.

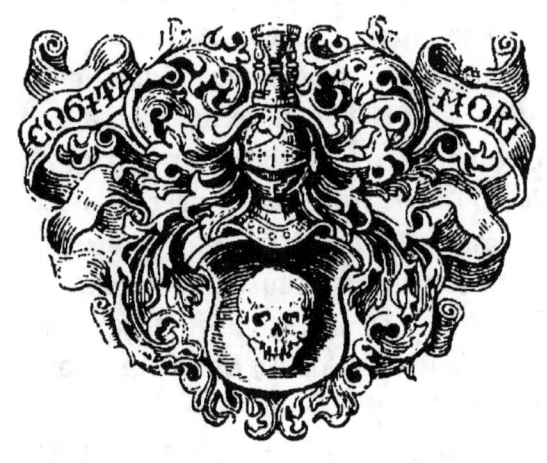

EXPLICATION
DES PLANCHES.

PLANCHE VII [1].

ADAM ET ÈVE.

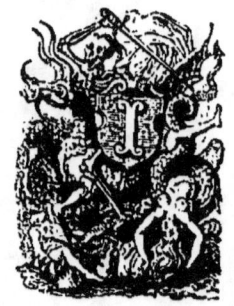
L est hors de doute que cette curieuse représentation, reproduite d'après une gravure sur bois, a dû servir à la décoration de quelque livre d'Heures ou de quelque recueil de moralités ; elle a été publiée, en guise de

---

[1] Nous commençons l'explication des gravures à la planche VII, les six premières ayant un rapport direct au texte de la partie précédente et s'y trouvant intercalées.

cul-de-lampe ou de fin de page, par Dibdin, dans le *Bibliotheca Spenceriana*, t. Ier, p. 220, mais sans aucune indication de l'endroit ou du volume dont elle a été extraite.

Notre planche a été exécutée d'après cette gravure : c'est une ingénieuse allégorie du péché de nos premiers parents. Ève prend le fruit défendu, que lui offre le Serpent enroulé sur les épaules du squelette, dont les jambes croisées imitent le tronc tortueux de l'arbre, et la Mort, conséquence de la faute, paraît ainsi tenter elle-même les coupables.

Dans la collection de l'œuvre du graveur allemand Hans Sebald Beham, on trouve une pièce gravée sur cuivre et datée de 1543, qui, malgré quelques variantes de détail, pourrait être l'original de notre gravure. Voici la description qu'en donne M. Douce, page 190 : « Adam et Ève, auprès de l'arbre de la Vie, singulièrement représenté par la Mort, autour de laquelle s'enroule le Serpent. Adam tient dans sa main une épée enflammée, et tend l'autre main pour recevoir la pomme qu'Ève prend de la gueule du Serpent. Au bas, une tablette avec le chiffre de H. Sebald Beham, formé des trois lettres H-S-B conjuguées, et la date 1543. » M. Douce ajoute qu'il existe une copie de cette pièce par Barthol Beham, qui était l'oncle ou le cousin de Sebald. Cette dernière pièce est sans marque de graveur. On peut, au reste, consulter, sur cette petite composition et sur les deux artistes qui l'ont gravée, Bartsch (*Le Peintre graveur*, t. VIII, p. 116) et Huber et Rost (*Manuel des Amateurs de l'Art*, t. Ier, p. 160).

PLANCHES VII, VIII, IX, X, XI, XII, XIII ET XIV.

DANSES DES MORTS INSÉRÉES DANS LES MARGES DE LIVRES D'HEURES.

Les soixante-six figures contenues dans les planches VIII, IX, X, XI, XII, XIII et XIV, y compris les trois qui sont produites sur la planche VII et qui forment le commencement de la série, sont insérées en bordures marginales dans un assez grand nombre d'éditions de livres d'Heures du xvie siècle, généralement imprimés par Philippe Pigouchet, pour Simon Vostre, célèbres imprimeur et libraire parisiens.

La suite qui nous a servi pour exécuter nos gravures est insérée dans une édition d'Heures gothiques à l'usage de Rouen, imprimées pour Simon Vostre (vers 1508, d'après la table pascale inscrite en tête du volume). Ces Heures, de format grand in-8°, portent le titre suivant, au-dessous de la marque de Simon Vostre :

Les presentes heures a lusaige de Rouan au long sans requerir : auec les miracles nostre dame et les figures de lapocalipse et de la bible et des triumphes de Cesar. et plusieurs aultres hystoires faictes a lantique. ont este imprimees pour Symon vostre Libraire : demourant a Paris.

Cette Danse des Morts, composée de soixante-six sujets, trente pour la Danse des Hommes et trente-six pour celle des Femmes, occupe les marges extérieures de vingt-deux pages contenant une grande partie de l'office des Morts. Les figures, groupées trois par trois, sont disposées dans l'ordre que nous avons suivi sur nos planches; elles sont accompagnées, à chaque page, d'un huitain qui se rapporte constamment et exclusivement au sujet placé en tête de chaque marge : de sorte que deux sujets par page restent privés d'un texte approprié. En tout, il y a vingt-deux huitains : autant que de pages. Ces huitains se rapportent, pour la Danse des Hommes, au Pape, au Roi, à l'Archevêque, à l'Écuyer, à l'Astrologien, au Marchand, au Moine, à l'Amoureux, au Curé, à l'Enfant; et, pour la Danse des Femmes, à la Reine, à la Chevalière, à la Prieure, à la Cordelière, à la Chambrière, à la Veuve, à la Théologienne, à l'Épousée, à la Garde d'Accouchée, à la Bergère, à la Vieille et à la Sorcière. Quelque considérable que soit cette Danse, la plus nombreuse que nous ayons rencontrée, nous étions porté à supposer qu'elle pouvait bien n'être pas encore complète, et que les trente-six sujets de la Danse des Femmes devaient avoir pour correspondants trente-six sujets de la Danse des Hommes, au lieu de trente seulement. Toutefois, ceci n'était qu'une simple conjecture, car nous n'avons jamais trouvé plus de soixante-six sujets différens dans ces livres d'Heures. Il arrive, cependant, assez souvent que le nombre des figures soit plus grand, mais alors toute la suite, du moins pour un certain nombre de personnages, est répétée.

Si l'on essaie de remonter à l'idée première qui a inspiré le dessinateur de cette curieuse suite, au type qui lui a servi de modèle, on ne saurait douter qu'il n'ait puisé ses inspirations à la même source que l'auteur des sujets mis en œuvre par Guyot Marchant et ses continuateurs, dans leurs nombreuses éditions de la *Grande Danse Macabre des Hommes et des Femmes*. En effet, il y a parité presque complète, pour le nom des personnages mis en scène, dans l'une et l'autre suites ; il y a même parité absolue pour les personnages de la Danse des Femmes. En outre, les vers, formant huitains, que nous avons signalés comme accompagnant chaque série ternaire de personnages, dans l'édition qui nous a servi de modèle et dans beaucoup d'autres, ces vers sont textuellement extraits de la *Grande Danse Macabre* éditée par Guyot Marchant et ses continuateurs, à commencer par la rarissime édition de 1485 jusqu'aux informes éditions de Troyes du xviie et du xviiie siècle. Ces vers ayant été publiés dans l'ouvrage de M. Douce, p. 65-66, moins ceux qui concernent la *Théologienne* et l'*Espousée*, omis sans doute volontairement, nous nous abstiendrons de les répéter ; nous nous contenterons d'en citer quelques strophes en note, pour faire juger du style de ces naïves compositions [1].

---

[1] Nous citerons seulement plusieurs huitains en rapport avec la condition des personnages, et dont la naïveté répond à celle des gravures :

AU ROY.	A L'ARCHEVESQUE.
Venez, noble roy couronné,	Que vous tirez la teste arriere,
Renomé de force et prouesse	Archeuesque, tirez vous pres ;
Jadis fustes enuironné	Auez vous peur quon ne vous fiere
De grans pompes, de grant noblesse ;	Ne doubtez, vous viendres apres,
Mais maintenant toute haultesse	Nest pas tousjours la mort empres
Laisserez, vous n'estes pas seul ;	Tout home suyuant coste a coste,
Peu aurez de vostre richesse,	Rendre conuieut d ebtez et pres
Le plus riche na qung linseul.	Une foys fault compter a loste.

Nous ne devons pas négliger de faire remarquer que ces huitains, appropriés à chaque sujet, ne forment en réalité que la moitié du texte consacré, par les éditeurs des *Grandes Danses Macabres*, à chaque personnage saisi par la Mort. Dans ces derniers ouvrages, qui ont évidemment servi de type, un dialogue est établi entre chaque individu mortel et son terrible partner. La Mort adresse au Vif une objurgation à laquelle le malheureux répond en déplorant son sort au moyen de huit autres vers qui forment,

---

A LA ROYNE.

Noble royne de beau corsage,
Gente et ioyeuse a ladvenant,
Jay de par le grand maistre charge
De vous emmener maintenant,
Et comme bien chose aduenant
Ceste danse commencerres ;
Faictes deuoir au remenant,
Vous qui viuez, ainsi feres.

A L'ESPOUSÉE.

Pour vous monstrer vostre folie,
Et quon doit sur la mort veiller ;
Sa la main, espousee iolie,
Alons nous en deshabiller ;
Pour vous ne faut plus traueiller,
Car vous viendres coucher ailleurs ;
On ne se doit trop resueiller,
Les fais de dieu sont merueilleux.

A L'ENFANT.

Petit enfant nagueres ne,
Au monde auras peu de plaisance,
A la danse seras mene
Come aultre, car mort a puissance
Sur tout : du jour de la naissance
Convient chascun a mort offrir,
Fol est qui nen a cong issance
Qui plus vit, plus a a cuffrir.

A LA CHAMBERIERE.

Dictez, i·une feme a la cruche
Renomee bone chambriere,
Respondez au moins quant on huche,
Sans tenir si rude maniere ;
Vous nires plus a la riuiere
Bauer au four na la fenestre,
Cest cy vostre journee derniere,
Aussy tost meurt seruant que maistre.

A LA GARDE DACOUCHEE.

Venez ça, garde dacouchees,
Dresse aues maintz baingz perdus,
Et ses cortines attachees
Ou estoient beaux boucques pendus.
Biens y ont estez despendus,
Tant de motz ditz que cest ung songe
Qui seront cher vendus,
En la fin tout mal vient en ronge.

A LA REUENDERESSE.

Et vous, ma dame la gourree,
Vendu aues maintz surplis,
Donc de largent estes fourree,
Et en sont voz coffres remplis ;
Apres tous souhaitz accomplis,
Conuient tout laisser et bailler ;
Selon la robe on fait le plis,
A tel potaige tel cuiller.

avec les premiers, une espèce de *tenson* ou de jeu-parti. Dans les livres d'Heures, vraisemblablement en raison de la difficulté de trouver place, sur des marges étroites, pour une si longue insertion, la réplique est toujours absente, et la Mort, affranchie d'une innocente controverse, règne là sans contradicteur.

Voici maintenant la désignation, par folios, de tous les personnages, tant de la Danse des Hommes que de la Danse des Femmes :

DANSE DES HOMMES.

F° 1. le pape.
 lempereur.
 le cardinal.

F° 2. le roy.
 le patriarche.
 le connestable.

F° 3. larchevesque.
 le chevalier.
 levesque.

F° 4. lescuyer.
 labe.
 le prevost.

F° 5. lastrologien.
 le bourgoys.
 le chanoine.

F° 6. le marchant.
 le chartreux.
 le sergent.

F° 7. le moyne.
 lusurier.
 le medesin.

F° 8. lamoureux.
 ladvocat.
 le menestrier.

F° 9. le cure.
 le laboureur.
 le cordelier.

F° 10. lenfant.
 le clerc.
 lermite.

DANSE DES FEMMES.

F° 11. la royne.
 la duchesse.
 la regente.

F° 12. la chevaliere.
 labbesse.
 la femme descuie(r).

F° 13. la prieure.
la damoisscle.
la bourgoise.

F° 14. la cordeliere.
la femme daceul.
la nourice.

F° 15. la chanberiere.
la recomanderesse.
la vielle damoiselle.

F° 16. la veufue.
la marchande.
la balliue.

F° 17. la theologienne.
nouuelle mariee.
la femme grosse.

F° 18. lespousee.
la mignote.
la fille pucelle.

F° 19. garde daccouchees.
la ieune fille.
la religieuse.

F° 20. la bergere.
femme aux potences.
la femme de village.

F° 21. la vieille.
la reuenderesse
lamoureuse.

F° 22. la sorciere.
la bigote.
la sote.

Pour rendre la suite plus complète, nous avons publié (pl. VII) deux figures, le Roi mort et la Reine morte, qui sont sans inscription dans une des marges inférieures du volume. Ces sujets sont aussi, comme le reste, empruntés à la *Danse Macabre*, où le Roi mort termine, avec quatre huitains, la Danse des Hommes, de même que la Reine morte se trouve à la fin de celle des Femmes.

Il y a peu d'observations à faire sur les personnages de la Danse des Hommes : cette Danse est, à vrai dire, assez correctement formée, en ce sens que la série des personnages représente, d'une manière suivie et sans double emploi, le tableau des conditions humaines, envisagées sous le point de vue de leurs individualités les plus saillantes, depuis le pape et l'empereur jusqu'au laboureur et à l'ermite. Il n'est également aucune de ces conditions que sa désignation ne fasse pleinement reconnaître. Il n'en est pas de même de la Danse des Femmes : les doubles emplois y abondent, et quelques-unes des conditions spécifiées ont besoin de quelque explication. Signalons d'abord une difficulté de lecture que présente le nom du troisième personnage du folio 12. M. Douce a lu *La Femme descine*, et l'on serait tenté, si l'on s'en tenait à la configuration des lettres, de lire comme lui; mais cette qualification serait inintelligible; c'est donc *La Femme descuie* qu'il faut lire, *La Femme d'escuyer;* la dernière lettre n'a pu trouver place dans l'étroit tillet qui porte l'inscription. Le nom de la Femme aux potences (f° 20) fut, plus tard, dans les éditions de la *Danse Macabre* de Troyes, changé contre celui de la Femme impotente.

Remarquons maintenant, sous le rapport des doubles emplois, que l'inventeur de l'œuvre a souvent redoublé ses types, de manière à faire supposer que son imagination était peu féconde, ou qu'il était certaines classes de femmes qu'il avait à cœur de moraliser. Ainsi, par exemple, la *Jeune Fille* et la *Fille Pucelle*, la *Nouvelle Mariée* et l'*Espousée*, la *Vieille* et la *Vieille Demoiselle*, ne sont guère que des types redoublés; disons-en autant de la *Femme d'accueil*, de la *Mignotte* et de l'*Amoureuse*, trois diversités d'un même caractère, celui de la femme adonnée au plaisir. Voici, en effet, quelques-uns des vers que la Mort adresse à chacun de ces personnages, dans les éditions de la *Grande Danse Macabre des Femmes*, que nous avons dit être conformes de tout point, pour le nombre et la désignation des sujets, à la série de nos livres d'Heures :

A LA FEMME D'ACCUEIL.[1] :

Femme d'accueil, femme aimable
A toutes gens de qualité.
Acquis avez amis de table
En vivant avec liberté.
Le temps n'est tel qu'il a été
Rien ne vaut d'être vagabonde :
Trop parler n'est que vanité ;
Il est temps de quitter le monde.

A LA MIGNOTTE :

Femme nourrie en mignardise,
Qui dormez jusques à dîner,
Je vais chauffer votre chemise
Et vous donner à déjeûner.
Jamais vous n'avez seû jeûner,
Il y paraît à votre mine ;
Mais où je m'en vais vous mener
Vous serez bientôt maigre échine.

A L'AMOUREUSE :

Femme charnelle et mal vivante,
Qui jamais ne songez à moi,
Est-ce que je vous épouvante ?
Vous êtes surprise, je croi :
Vous vous êtes trop divertie ;
Laissez le monde et ses appas :
Dansons le branle de sortie ;
Je vous tiens bien, ne craignez pas.

---

[1] Nous nous servons, faute d'autre plus ancien, du texte des éditions de Troyes ; il est rajeuni, mais conforme au sens des éditions primitives.

Il est assez singulier que l'auteur ait eu l'idée de faire de la *Théologienne* le type d'une condition sociale. Etait-ce donc un travers féminin, au xv*e* siècle, que la passion des discussions théologiques ? Quoi qu'il en soit, c'est bien à une ergoteuse que la Mort s'adresse quand elle lui dit :

> Vous qui tranchez du grand docteur,
> Avez-vous bien prévu votre heure ?

Disons un mot de la *Recommanderesse*, titre d'une modeste fonction aujourd'hui oubliée, et qui paraît avoir eu jadis une certaine importance. La Recommanderesse faisait métier de placer les domestiques, de chercher des logis pour les étrangers, de rendre, en un mot, mille petits services plus ou moins licites. La Mort l'interpelle en ces termes :

> Savez-vous, Recommanderesse,
> Quelque bon lieu pour me loger ?
> J'ai besoin d'une bonne adresse,
> Car nul ne me veut héberger.
> Mais j'en ferai tant déloger
> Que l'on connaîtra mon enseigne :
> Mourir vous faut, pour abréger,
> Afin que le monde me craigne.

A la suite de cette description et comme complément indispensable, nous avons jugé intéressant de faire connaître une autre suite beaucoup moins connue, quoique insérée souvent dans les mêmes volumes que la précédente. Cette nouvelle série de compositions, qui s'élève tantôt au nombre de vingt-quatre, tantôt à celui de vingt-six, comme l'ont dit MM. Brunet (v. IV, p. 781) et Peignot (p. 167, d'après M. Raymond), n'a encore été, à notre connaissance, mentionnée que par M. Douce (p. 61), qui y rattache une série d'inscriptions latines bien plus générales que spéciales, et qu'on pourrait appliquer à tous les sujets analogues sans distinction. Cette seconde Danse des Morts porte ordinairement le titre des *Accidents de l'Homme ;* elle se trouve, dès 1495, dans les Heures publiées en espagnol par Simon Vostre, et on ne la rencontre guère, à vrai dire, que dans les éditions postérieures données par le même libraire, à partir de 1510 ou de 1512.

Nous avons eu l'avantage de rencontrer cette suite avec une série de vingt-quatre inscriptions françaises inédites, composées évidemment pour chaque sujet, et cette particularité nous a paru assez intéressante pour motiver la publication de ces inscriptions. Toutefois, avant de les faire connaître, nous allons citer quelques-unes des inscriptions latines rapportées par M. Douce; les pensées qu'elles expriment sont, pour un certain nombre, rendues en vers léonins, c'est-à-dire rimant à l'hémistiche et à la fin. Nous allons citer principalement ces derniers :

Au n° 1, représentant la Mort assise sur une bière, M. Douce rapporte cette inscription :

Discite vos choream cuncti qui cernitis istam.

Au n° 9 :

Est commune mori ; mors nulli parcit honori.

Au n° 13 :

Vita quid est hominis nisi ros vallata ruinis ?

Au nº 14 :

Est caro nostra cinis, modo principium, modo finis.

Au nº 21 :

Non sum securus hodie vel cras moriturus.

Au nº 22 :

Intus sive foris est plurima causa timoris.

Au nº 23 :

Vixmus gaudentes, nunc morimur tristes et flentes.

Voici maintenant la série de nos inscriptions françaises avec l'indication des sujets auxquels elles se rapportent :

1. La Mort, armée d'un long dard, est assise sur une bière, au milieu du préau d'un cloître et non loin d'un cimetière ; une fosse est ouverte à ses pieds.

> Par mon nom suis appellée mort,
> Ennemie des humains.
> Le riche, le povre, faible ou fort,
> Occis, quant metz sur luy mes mains.

2. Adam et Eve au pied de l'arbre de Science. La Mort saisit Adam par le bras.

> Adam et Eue transgresserent
> Le dict de la divinité
> Lors sur eulx pouoir me donnerent
> Et dessus leur poste[rite].

3. Caïn renverse Abel d'un coup de massue. La Mort semble exciter le meurtrier en frappant également la victime.

> Cayn comme mal entendu
> Frapa Abel par inconstance.
> Le sang du iuste respendu
> Cria treshault a Dieu vengeance.

4. La Mort saisissant par son manteau un cardinal suivi de plusieurs assistants.

> Saiges, princes, ieunes et vieulx
> De ruer sus trouve moiens,
> En toutes places et tous lieux
> Par diuers inconuéniens.

5. La Mort, chevauchant sur un bœuf, frappe de son dard trois individus dont l'un est déjà renversé.

> Bonte, vertu, sens et vaillance,
> Adnichile du tout.
> Riches habiz, pompe, puissance,
> Ie consomme et en viens a bout.

6. La Mort saisissant un homme assis auprès d'un coffre sur lequel on voit une bourse; deux autres figures se tiennent debout derrière lui.

> Aux ieunes gens Iassault ie liure.
> Quant sendorment en leurs biens
> Et quels cuident longuement viure
> Par moy sont prins et despeschez.

7. Un chevalier armé de toutes pièces frappe un homme sans armes; la Mort aide à renverser la victime.

> En batailles, guerres, alarmes,
> Altercations et combats
> Destruitz les plus puissans gensdarmes
> Et metz affin (à fin) tous leurs debatz.

8. La Mort, tenant un paquet de verges, ou peut-

être, eu égard au sujet, un faisceau de chaumes sans épis, foulé aux pieds des mourants étendus sur la terre.

> Quant le peuple se détermine
> Pecher ou (contre?) son maistre et seigneurs
> Je les aboliz par famine
> Ainsi quil plaist au Createur.

9. La Mort, armée d'une pioche ou faux, frappe des individus gisant sur le sol.

> Les corps remplis de vilite
> Occis par divine sentence
> Cest soubdaine mortalite
> Que plusieurs nomment pestilence.

10. Une femme richement atournée et tenant à la main une espèce de chasse-mouche, un guerrier armé, un homme décharné vêtu de haillons et tenant une faux. On entrevoit la mort derrière eux.

> Les cueurs des humains tiens en serre
> Par ces troys que voyes icy
> Mortalite : famine : guerre :
> Qui mettent plusieurs en soucy.

11. La Mort perce de son dard une femme renversée, que deux autres femmes soutiennent.

> Malladie souuent combat
> Les poures mondains et assomme
> Nature contre elle debat
> Par quoy peult reschapper maint homme.

12. Un homme tombe ou se précipite du haut d'une tour dans les eaux qui en baignent le pied. La Mort le frappe en même temps de son dard.

> Par accident sont succombez
> Plusieurs en estancz et riuieres

> Les aultres de hault lieu tumbez
> Sont mors en diuerses manieres.

13. Un homme en étrangle un autre. La Mort, armée d'un dard, assiste le meurtrier.

> Larrons : pillars : meurtriers : meschans
> Guettent les chemins et les bois
> Tuent pelerins, bourgeois, marchans
> Par accident souuenteffois.

14. Le bourreau attache un homme à la potence. La Mort se tient auprès.

> Tels meurtriers larrons par sentences
> Diffinitiues criminelles :
> Meurent a gibets et potences
> La sont pugnis de leurs cautelles.

15. Le bourreau tranche la tête à un homme agenouillé. La Mort brandit son dard à côté.

> Crimes de leze maieste
> Commettent aucuns par fallace.
> Dont on voit maint decapite
> En marche ou publicque place.

16. Un roi, accompagné de plusieurs personnages, est transpercé d'un dard par la Mort.

> Empereurs, princes ou seigneurs
> Nepargne soit droit ou soit tort,
> Tant soient plains de mondains honneurs
> Ie fais dessus eulx mon effort.

17. La Mort livre combat à deux soldats armés de lances et transperce l'un de son dard.

> Je suis si cruelle et diverse
> Que quant il me plaist tout soubdain

Force, beaulté, abbas, renverse;
Contre moy on débat en vain.

18. La Mort frappe une femme couchée sur un lit.

Regardez plaisans faces ioieuses
Des creatures feminines
Fais deuenir laides hideuses
Quant leur baille mes disciplines.

19. La Mort étrangle un homme assis par terre. Deux personnages assistent à cette scène.

Des hommes je deconfits maints
Aians biens, terriens, finance.
Lesquelz quant tumbent en mes mains
Ils perdent de Dieu congnoissance.

20. La Mort frappe de son dard un enfant couché dans un berceau, et saisit par la main un autre enfant.

A, a, a, mourir il me fault
Et nay fait que entree et issue [1].
Car sur moy Mort donne lassault
De son dard qui point ne magree.

---

[1] Nous ferons remarquer que les mots du second vers de ce quatrain sont mal disposés et qu'il faudrait lire :

Et n'ay fait que issue et entree

pour établir la rime avec le vers correspondant.

Ce quatrain rappelle une partie des vers si naïfs que récite l'Enfant dans la Danse Macabre de Guyot Marchant :

A, a, a, ie ne scay parler
Enfant suis : iay la langue mue
Hyer naquis; huy men fault aller
Ie ne fais quentree et yssue
Rien nay meffait : mais de peur sue
Prendre en gre me fault cest le mieux
Lordonnance dieu ne se mue
Aussy tost meurt ieune que vieulx.

M. Massmann (p. 88) compare ces vers avec ceux de la Danse

21. La Mort entraine un homme suivi par plusieurs autres.

> Aucuns edifices font faire
> Qui cuident ne mourir iamais
> Mais souuent ains que les parfaire
> Leur baille mortel entremetz.

22. La Mort surprend un homme et une femme prenant leur repas devant une table.

> Las ie cuidois bien estre fort
> En nourrissant ma charnalite.
> Aniourduy vif et demain mort
> En ce monde c'est verite.

23. Le Christ au moment de juger les humains qui ressuscitent.

Macabre allemande (*Todtentanz*), qu'au style il croit moins ancienne que la Danse française et qui offre de la ressemblance avec celle-ci, surtout dans ces mêmes vers de l'Enfant (1ère, 3e et 8e lignes) :

> A, a, a, ich kan noch nyt sprechen
> Hude geboren hude musz ich auffbrechen
> . . . .
> Als wollstirbt das inng als das alt.

De même on retrouve pour l'Enfant, dans les vers anglais de Lydgate :

> A, a, a, o, woorde I canot speake
> I am so yonge I was borne yesterday
> . . . .
> As soon dyeth a yong as an old.

(Je ne puis prononcer un mo.. — Je suis si jeune, je naquis hier. — Aussitôt meurent les jeunes comme les vieux.)

Si l'on considère ces ressemblances entre les vers anglais et les vers français, et si l'on se rappelle que Lydgate traduisit le poëme de la Danse des Saints-Innocents de Paris, on ne peut s'empêcher de croire que les huitains imprimés par Guyot Marchant ne soient ceux de la peinture même de ce cimetière (voyez, dans la Ire partie, ch. IX, article *Paris*).

> Apres ceste danse mortelle
> Que lhomme de vie est desherite
> Dieu donnera sentence eternelle
> A chascun selon son merite.

24. Un personnage à longue barbe, vêtu d'une longue robe et d'un ample manteau, tient une banderole qui se déploie autour de sa tête.

> Homme mondain regarde et voy
> En ton cueur ceste pourtraicture
> Mourir conuient vela la loy
> Que Dieu a baille a nature.

A la place de ces deux derniers sujets, M. Douce décrit les deux suivants :

La Mort met en fuite un groupe de musiciens de l'un desquels elle a saisi le luth.

La Mort conduit un ermite suivi par quelques autres personnages.

Cette suite se compose de gravures marginales moins bonnes que celles de la Danse des Morts après laquelle elle est imprimée. Les vers ne forment qu'un seul alinéa au-dessous de chaque figure, et nous n'oserions préciser la date de l'édition de Simon Vostre, malheureusement incomplète, dans laquelle nous les avons trouvés en français.

Il est assez curieux que cette nouvelle série offre dans ses sujets une certaine ressemblance avec les *Loups ravissans* de Gobin, que M. Leber décrit à la fin de sa lettre (p. 57). On peut donc juger par cela, comme par la note précédente, de l'enchaînement général que l'on rencontre dans ces Danses des Morts, qui cependant diffèrent toutes les unes des autres.

PLANCHE XV.

LA MORT ET LE MÉDECIN, LA MORT ET L'AMOUREUX.

Cette gravure présente un spécimen des plus anciennes éditions françaises de la *Danse Macabre*. Ces éditions sont celles qui furent imprimées à Paris en 1485-86-90-91-99, in-f°, par Guyot Marchant, avec accompagnement de sentences et de vers latins, de huitains français, etc.

Le texte de l'une de ces éditions, d'après laquelle notre planche est copiée, est même entièrement latin ; cette édition est datée du mois d'octobre 1499, et porte pour titre :

Chorea ab eximio Macabro versibus alemanicis edita, et a Petro Desrey trecacio quondam oratore nuper emendata. Parisius, per magistrum guidonem mercatorem pro Godeffredo da Marnef anno dni. Quadringentesimo nonagesimo supra millesimum, idibus octobris impresso. in-f° de 16 ff. seulement [1].

---

[1] On a longtemps prétendu que le poète Macabre était allemand, et cela d'après ce titre qui, par les mots : *versibus alemanicis*, semblerait l'indiquer. Mais M. Ellissen, p. 78 et 117, relève avec raison cette erreur, qui fut, après le XV° siècle, répandue par Goldast, dans son *Speculum omnium statuum* (cité 1re partie, p. 109), par Fabricius (*Bib. lat.*, v, l. 12, p. 1) et par Jocher et Rotermund (*Gelehrten-Lexicon*, *Lexique scientifique*, article *Macaber*, et suite de cet ouvrage, IV° vol., p. 298). De même MM. Peignot et Douce, ainsi que M. Ponce (article *Holbein*, *Biographie universelle*), l'ont également répétée. Dans l'ouvrage de Goldast, le titre du chapitre renfermant les vers de Macabre

Les figures qui décorent ces diverses éditions sont, sauf le nombre, qui varie, exactement les mêmes. La première édition, celle de 1485, ne contient en tout que dix-sept planches, avec deux personnages vivants sur chacune ; celle de 1486 contient déjà six planches de plus, et ce nombre fut plus que doublé lorsque, dans les éditions postérieures, on ajouta à la Danse des Hommes celle des Femmes, les trois Morts et les trois Vifs, etc. Ce sont, au reste, les mêmes gravures, reproduites avec plus de grossièreté sans doute, mais toujours avec leur disposition et leur caractère primitifs, qui décorent toutes les éditions si nombreuses de la *Danse Macabre*, imprimées à Troyes, au XVIIe et au XVIIIe siècle, chez les Oudot, les Garnier, et qui, ainsi que l'antique *Calendrier des Bergers*, n'a pas entièrement cessé d'avoir cours parmi le peuple des campagnes.

Chaque gravure de cette curieuse suite représente, sous une arcade bilobée, ordinairement quatre et quelquefois cinq figures se tenant par la main, et

---

est ainsi conçu : « Eximii Macabri speculum choreæ mortuorum versibus alemannicis (i. e. in morem ac modos rhythmorum germanicorum compositis) ab eo editum, et a Petro Desrey Trecacio oratore ante annos sesquicentum emendatum. » On voit donc bien par là que Desrey ne traduisit point les vers de Macabre de l'allemand en français, mais qu'il corrigea simplement des vers latins allemanniques, c'est-à-dire rimés à la manière allemande, et qu'il en fit en partie des hexamètres et des pentamètres réguliers. Cette observation nous montre suffisamment que le prétendu poète Macabre n'était pas allemand, mais elle ne peut complètement réfuter l'opinion de ceux qui prétendent qu'il est l'auteur de la Danse des Morts et qu'il lui a donné son nom.

constituant deux groupes distincts, dont le sujet est invariablement la Mort, qui, avec des contorsions, des gesticulations plus ou moins comiques, saisit et entraîne un malheureux vivant, de haute ou basse condition, depuis le pape jusqu'au berger. On a remarqué que chaque cadre renfermait simultanément un personnage ecclésiastique, ou au moins doctoral, et un personnage laïque; ainsi, *le Pape, l'Empereur; le Cardinal, le Roi; le Légat, le Duc; l'Archevêque, le Chevalier*, etc. Notre planche représente *le Médecin et l'Amoureux*.

Dans l'édition française de la *Danse des Hommes* de 1490 que nous avons en ce moment sous les yeux, cette gravure est absolument la même, et les deux groupes sont accompagnés, comme dans les autres éditions, d'un texte en vers. D'abord, on trouve dans le haut de la page deux distiques latins : l'un au-dessus du Médecin :

Vado mori medicus : medicamine non redimendus.
Quicquid agat medici pocio : vado mori.

et l'autre au-dessus de l'Amoureux :

Vado mori : non me retinet viciosa voluptas
Nec luxus augot viuere : vado mori.

Disons en passant que les mots *vado mori* se rencontrent plutôt deux fois qu'une dans les inscriptions du même genre qui surmontent les autres planches. Au-dessous de chaque cadre, on voit, imprimés sur une seule ligne, deux vers latins comme ici :

O felix mortale genus : si semper haberet
Eternum pre mente deum : finemque timeret.

Sauf celle de l'Evêque et de l'Ecuyer, qui n'a pas de citation inférieure, toutes les planches de cette édition sont accompagnées d'inscriptions latines ainsi placées, mais qui ne riment pas comme celle-ci. Enfin, on trouve dans le bas de la page autant de huitains qu'il y a de personnages : ce qui forme une espèce de dialogue entre la Mort et sa victime.

Voici pour nos deux groupes ces vers, qui, pour la plupart, sont remplis d'une grande naïveté, caractère que l'on ne retrouve plus dans la Danse de Troyes, celle-ci ayant été renouvelée et mise en *langage poli*, comme nous l'avons déjà dit, p. 101, Ire partie [1].

Voici les vers qui accompagnent ces deux groupes dans l'édition française de 1490 :

LA MORT.

Médecin à tout vostre urine
Voyes vous icy quamander :
Jadis sceutes de medecine
Assez pour pouoir commender :
Or vous vient la mort demander :
Comme autre vous conuient morir
Vous ny pouer contremander
Bon mire est qui se scet guerir.

---

[1] Hormis l'Enfant qui suit le Maître d'Ecole, chaque personnage, même quand il y en a cinq sur une planche (comme l'Usurier suivi d'un pauvre homme et l'Ermite accompagné d'un second squelette), chaque personnage est pourvu d'un huitain qu'il est censé réciter. Cette régularité ne se rencontre point dans la Danse de Troyes, qui cependant a fidèlement retracé le nombre des personnages et qui de plus ne donne aucune inscription latine.

Voici un échantillon des vers retouchés que l'on a insérés dans les éditions de Troyes ; ce qui pourra donner, si l'on veut bien

LE MÉDECIN.

Long-temps a quen (Caën?) lart de phisique
Jay mis toute mon estudie

---

comparer, une idée des changements que l'on a fait subir à la poésie originale :

LA MORT.

Medecin avec vôtre urine,
Que vous soignez de regarder,
Il faut laisser la medecine,
Et venir avec moi sans retarder,
Me voila pour vous commander,
Ni vos raisons ni vos remedes,
Ne peuvent de moi vous garder,
Il faut partir sans intermede.

LE MEDECIN.

Avec tout mon art de physique
Ou mon bien et mon tems j'ay mis,
Ma théorie et ma pratique,
Mon grand renom et mes amis.
Mes secrets d'herbe et de racine,
Et mes remedes souverains,
Malgré toute ma medecine,
La mort me tiens dedans ses mains.

LA MORT.

Gentil amant de bonne mine,
Qui vous pensez de grand valeur,
Malgré vôtre noble origine,
Il faut mourir avec douleur.
Vous changez déjà de couleur,
Je le vois sur vôtre visage,
Mais quoi c'est le commun malheur,
De tous les hommes de nôtre âge.

L'AMOUREUX.

Hélas ! n'auray-je aucun secours,
Ni de garçons ni de fillettes,
Adieu mes premiers amours,
Adieu chapeaux, bouquets, fleurettes,
Quand vous serez dans vos goguettes,
Souvenez-vous de moi souvent.
Et pensez si sages vous êtes,
Qu'un peu de pluye abbat grand vent.

LE PETIT ENFANT (A LA MORT).

A peine, hélas ! puis-je parler,
A peine ai-je goûté la vie,
Qu'il faut du monde s'en aller,
Avec la mort mon ennemie,
Mais hélas ! si c'est son vouloir,
Que peut contre elle ma foiblesse,
J'ayme beaucoup mieux l'aller voir,
Encore enfant qu'en ma vieillesse.

LE SOT (A LA MORT).

A vos ordres je suis soumis,
Car je ne puis vous faire rire,
Et je n'aurai plus d'ennemis,
Dedans votre mortel empire,
J'ay toûjours bien sçû que la mort,
Tout tant qu'en ce monde nous sommes
Au trépas mettoit bien d'accort,
Les fols avec les sages hommes.

LA GARDE D'ACCOUCHÉE (A LA MORT).

J'ay voirement pressé des bains
Pour de comperes et commeres,
Cent femmes sont aux cymetieres,
Qui sont mortes dedans mes mains
J'avois toûjours des bonnes nippes
Car j'étois adroite a tromper,
Mais il me faut rendre ces nippes,
Puisque la mort me viens gripper.

LA MORT (A LA BIGOTTE).

Le bon Dieu chérit les dévotes
Quand elles sont filles de bien,
Mais il n'aime point les bigottes,
Qui dans le fond ne vallent rien,
Ce ne sont que des sœurs colettes,
Qui semblent saintes au dehors,
Mais dessous leurs coëffes cornettes
Elles cachent mille remords.

Javoye science et practique
Pour guerir mainte maladie
Je ne scay que ic contredie
Plus ny vault herbe ne racine
Nautre remede quoy quon die :
Contre la mort na medecine.

LA MORT.

Gentil amoureux gent et frique
Qui vous cuidez de grant valenr :
Vous estez prins la mort vous pique.
Le monde lairres à doleur
Troup louer aime : c'est foleur
Et à mourir peu regarde
Ia toust vous changeres coleur
Beaute nest quimage farde.

L'AMOUREUX.

Helas : or ny a il secours
Contre mort adieu amouretes :
Moult tost va ieunesse a decours.
Adieu chapeaux bouques fleuretes
Adieu amans et pucelletes
Souuiegne vous de moy souvent
Et vous mirez se saiges estes
Petite pluye abat grant vent.

Dans les éditions originales de la *Danse des Hommes et des Femmes*, le nombre (trente-six) et la qualité de ces dernières sont les mêmes que dans la Danse précédente, insérée dans les livres d'Heures. On n'en peut dire autant du nombre des hommes, qui s'élève toujours à quarante et qui n'est que de trente dans l'autre série. En général, les femmes ne sont pas placées dans les livres d'Heures comme elles le sont dans la Danse Macabre. L'ordre des hommes, au contraire, se suit dans les deux séries aussi bien que possible, vu le manque des dix personnages dont voici les noms, et qui, comparés avec la série publiée dans les planches VII, VIII, IX et X, sont ainsi rangés : après le Roi, viennent le Légat et le Duc; après le Marchand, le Maître d'Ecole et l'Homme d'Armes; après le Laboureur, le Promoteur, le Geôlier, le Pélerin, le Berger, et, enfin, après l'Ermite, l'Aventurier et le Sot.

PLANCHE XVI.

LA MORT ET LE SOLDAT, LA MORT ET LA COMTESSE, D'APRÈS HOLBEIN.

Les deux gravures reproduites dans cette planche appartiennent à la magnifique série de dessins d'Holbein connus sous le nom de *Simulachres de la Mort*. Elles représentent, d'une part, la Mort et le Soldat allemand, et, de l'autre, la Mort habillant une comtesse. Nous ne ferons pas ici la description de ces figures : nous la réunirons à celles des planches originales d'Holbein que nous donnons plus loin. (Voyez l'explication des pl. XXVIII à XXXVI.) Cependant, nous ferons remarquer, à propos de la première, que l'allégorie de la Mort combattant avec l'homme a été maintes fois reproduite, et qu'il n'est pas rare d'en trouver des exemples dans des gravures séparées et même dans quelques Danses, telles que celles de Lübeck et d'Erfurt[1]. La présence des armes dans les mains de la Mort entraîne naturellement l'idée d'un combat qu'elle livre à ses victimes et dont elle sort victorieuse. Toute résistance est inutile, comme elle le dit elle-même au Connétable dans les premières éditions de la Danse Macabre :

---

[1] Voir le dixième groupe de la Danse de Lübeck et les nos 12 et 29 de celle d'Erfurt. Voir aussi le bas-relief du Musée d'Angers et le n° 17 des Accidents de l'Homme qui précèdent. — La gravure que nous reproduisons n'est pas la seule de la série dans laquelle Holbein ait fait combattre la Mort : il a aussi représenté le Chevalier levant son épée contre le Squelette, qui le transperce avec une lance ; puis son sujet du Soldat allemand se retrouve, à la lettre P, dans l'alphabet d'initiales ornées de sa Danse des Morts (voyez l'explication de la pl. XVII) ; et, dans une des bordures du livre qui renferme ces initiales, à la page 17, le peintre Osterwald a aussi figuré un Chevalier aux prises avec la Mort portant un bouclier et une dague. Dans sa nombreuse nomenclature de sujets macabres, M. Douce cite (p. 190) une planche où la Mort intervient dans une lutte entre deux soldats pour terrasser le vainqueur, et (p. 198) une belle gravure flamande, datée de 1610, par Bolsverd, d'après Vinck Boons, où la Mort et le Temps s'unissent pour décocher des flèches contre des mortels qui s'efforcent de repousser leurs attaques. M. Naumann cite (p. 11 et 89) deux gravures du cabinet des cuivres de Dresde, dont l'une montre la Mort ayant en face d'elle un homme pour adversaire, et l'autre, mentionnée par Frederic Kind, représente des hommes et des femmes armés faisant une sortie hors de leur ville contre la Mort, qui tire sur eux avec une arquebuse. M. Naumann rappelle encore avec raison, à ce propos, un passage de Troylus et Cresida, de Shakespeare, et dont voici le sens : « Je jette le gant à la Mort elle-même, pour soutenir que ton cœur est exempt de reproches. »

Enfin, nous terminerons ces quelques exemples en ajoutant que, dans ses dessins intitulés *Todtentanz für alle Stande* (Danse des Morts pour tous états, 1850), M. Merkel n'a plus fait de la Mort un combattant, mais le témoin d'un duel, où, les armes à la main, elle contribue à faire succomber un des partners à son profit.

> D'un coup j'abats le plus estable
> Rien n'est d'armes quand mort assault.

Et nous-mêmes, pour exprimer les derniers moments d'un mourant, nous nous servons chaque jour, au figuré, sans prétendre faire une métaphore, du mot *agonie* [1], qui, par son étymologie, nous rappelle la pensée d'une lutte entre la vie et la mort.

PLANCHE XVII.

DANSES DES MORTS DANS DES LETTRES INITIALES.

Pour compléter notre œuvre, nous ferons accompagner les spécimens que nous donnons des différentes Danses Macabres d'une copie de quelques sujets empruntés à cette Danse, et qu'à l'époque de la Renaissance on employa pour orner les lettres initiales d'un grand nombre de volumes. On recherchait beaucoup alors toute espèce d'ornements capables d'illustrer de belles impressions, et comme la Danse des Morts était fort à la mode, elle ne tarda pas à fournir aux artistes des sujets qui, probablement, furent goûtés et promptement imités.

Elle parut pour la première fois en alphabet, à Bâle, vers 1530, employée par les imprimeurs Bebelius, Isengrin, Cratander (dans un *Galenus* grec de

---

[1] Du grec αγων, combat (voyez Grimm, p. 806).

1538), etc., ou plutôt, en 1526, à Strasbourg, dans une Bible grecque imprimée par Wolffgang Cephaleus, qui la remit, en 1552, dans l'ouvrage intitulé : *Hutchii Romanorum principum effigies*. Nous donnerons quelques détails sur cet alphabet, parce qu'il se rattache à la Danse des Morts d'Holbein, décrite plus loin, et qu'il peut, à juste titre, être regardé comme un des chefs-d'œuvre de la gravure sur bois du XVIe siècle. Il est dû à un graveur de mérite, Jean Lutzelburger ou Leuczelburger, qui exécuta, pour les imprimeurs de Bâle, plusieurs autres alphabets illustrés (voyez Douce, p. 101), mais parmi lesquels celui dont nous nous occupons est le seul où la Mort soit mise en jeu. Il fut fait de ce dernier un tirage à part, dont les exemplaires sont maintenant devenus tellement rares, qu'on n'en connaît guère que quatre complets [1].

Cet alphabet nous offre dans ses vingt-quatre lettres les sujets principaux de toute la Danse des Morts d'Holbein, qui parut plus tard, à diverses reprises, sous le titre de *Simulachres de la Mort*. Cette petite Danse d'Holbein, si nous pouvons ainsi la qualifier,

---

[1] M. Ellissen, qui donne les détails cités plus haut, dit aussi (p. 106) où se trouvent ces exemplaires. L'un, orné de citations allemandes de la Bible, était à Leipzig, dans le cabinet de Winkler ; le second, sans noms imprimés, est en Angleterre, dans les mains de M. Douce, et les deux autres, sur une seule feuille, sont à la bibliothèque de Bâle et dans le cabinet de Dresde. Il ajoute à cela deux suites incomplètes : l'une, comptant vingt-trois lettres, dans la possession de M. Füssli, à Zurich, et l'autre, composée de huit lettres seulement, ayant appartenu à M. de Rumohr.

n'est pas une réduction exacte de la grande ; mais Holbein a dû, pour un grand nombre de sujets, s'inspirer de la création des premiers pour dessiner les autres [1]. A la fin de cet alphabet, on lit, en vieux caractères allemands : *Hanns Lutzelburger formschnider · genant Franck* (Jean Lutzelburger, graveur, surnommé Franck). Ces quelques mots ont pour nous une grande importance ; car, contrairement à ce qu'a dit M. Hegner [3] : qu'il faut croire, d'après cette phrase, que Lutzelburger, dont ses contemporains n'ont pas parlé, ne devait être qu'un

---

[1] Ces lettres carrées ont à peine vingt-quatre millimètres de chaque côté, et sont par conséquent trop petites pour que l'artiste ait pu les orner des fonds quelquefois si animés que l'on rencontre dans les *Simulachres*. Elles n'offrent pas comme ceux-ci les quatre premières figures tirées de la Bible, ni les armes de la Mort : la lettre A représente le Concert des Squelettes ; la Danse, sans distinction des ordres religieux et laïque, occupe les vingt-deux lettres qui suivent, et le tout se termine au Z, par le Jugement dernier. Les seules différences qui existent dans les deux séries sont les suivantes : à la lettre W, on voit (outre le Moine, qui occupe la lettre O) l'Ermite, qui manque dans la grande Danse ; la lettre S représente une scène assez lubrique, la Mort caressant une courtisane, sujet qui n'est pas figuré dans les *Simulachres* et qu'il faut bien distinguer du sujet de la Comtesse (voyez notre planche XVI) ; enfin la lettre V représente le Cavalier, qu'on ne ne doit pas confondre avec le Chevalier de l'autre série.

[2] Ce mot de *formschnider*, *formschneider* (graveur, tailleur de formes), donne lieu de croire à M. Douce (p. 101) que ces alphabets étaient ordinairement gravés, à la manière des gravures sur bois, sur des masses de métal propre à fondre les caractères. Cet alphabet a-t-il été ainsi exécuté ? N'a-t-il pas plutôt été gravé sur le bois lui-même à la manière ordinaire ? C'est encore là, et ce sera probablement toujours matière à contestation.

[3] *Leben Hans Holbein's des Jüngern* (vie de Jean Holbein le jeune). Berlin, 1827, p. 332. — Voyez Ellissen, p. 107.

marchand d'estampes et non un graveur, parce que
les marchands aimaient alors à se donner ce titre,
nous pensons que Lutzelburger est le graveur de
cette suite magnifique, et nous ajoutons que cette
phrase nous porte beaucoup à regarder ce même artiste comme le graveur de l'autre série, plus grande
et non moins belle, d'Holbein [1].

Cette Danse des Morts en alphabet fut deux fois
copiée par l'imprimeur Christophe Froshauer, à Zurich. Schlott, à Strasbourg, et Cyriacus Jacob, à
Francfort, en firent également faire plusieurs copies
de différentes dimensions; Hollar en grava les six
premiers sujets à l'eau-forte; et un grand nombre
de lettres isolées qui en proviennent furent placées,
aux XVIe et XVIIe siècles, dans des livres imprimés à
Vienne, Londres, Southwarck, Pampelune, etc.
(Voyez Douce, p. 218.)

Enfin, de nos jours, en 1849, un graveur allemand
fort distingué, M. Loedel, en a donné une copie de

---

[1] Cette opinion est la même que celle de MM. de Méchel, de
Murr (*Journal zur Kunstgeschichte*), Zani (*Enciclopedia metodica*, I, X et XII), et Douce, p. 214. Beaucoup de savants se sont
occupés de ces initiales, tels que MM. Hegner, de Rumohr (*Hans
Holbein der Jungere.* Leipzig, 1836), Weigel (Supplément à l'article
de M. de Rumohr), Füessli (*Fortsetzung und Ergänzung des
Künstlerlexicons*, Zurich, 1806, p. 659). Frenzel (dans sa description complète de cet alphabet, insérée dans le *Kuntsblatt*,
1825), Pierre Vischer (dans son article sur Holbein et Lutzelburger, même recueil, 1838), Elissen, etc. Et, quoiqu'ils émettent
des opinions différentes, tous s'accordent au moins pour reconnaître l'élégance du dessin et la délicatesse de ces gravures sur bois
qui ont été souvent prises pour des gravures sur cuivre.

toute beauté [1]. Dès la même année, au mois de septembre, cette admirable copie paraissait de nouveau dans un charmant petit volume orné d'encadrements dans le goût de ceux des livres d'Heures de la Renaissance, et dus au crayon du peintre Osterwald [2].

Il n'y eut pas que ces lettres qui furent ornées de dessins macabres; car, dans les livres de la même époque, on en rencontre un grand nombre tout-à-fait différentes. M. Douce (p. 219) en décrit quelques-unes, pour la plupart gravées sur bois; mais la liste est fort loin d'en être épuisée, et l'on ne saurait dire si elles ont fait partie d'alphabets complets. C'est dans cette nombreuse série de lettres éparses, tantôt romaines, gothiques ou même grecques, que

---

[1] Son recueil porte le titre de : *Hans Holbein's Initial-Buchstaben mit dem Todtentanz. Nach Hans Lutzelburger's original-holzschnitten im Dresdner kabinet zum ersten mal treu copirt von Heinrich Loedel.... Goettingen.* 1849, petit in-4. (Lettres initiales avec la Danse des Morts de Jean Holbein, d'après les gravures sur bois originales de Jean Lutzelburger, conservées au cabinet de Dresde, fidèlement copiées pour la première fois par Henri Loedel.... Gœttingue, etc.) Ces copies sont accompagnées de vers moraux et suivies de la dissertation fort intéressante du Dr Adolphe Ellissen, que nous citons souvent dans cet ouvrage, sur les représentations de la Mort et les Danses Macabres.

[2] Le titre en est : *Holbenii pictoris Alphabetum Mortis. — Des Malers Hans Holbein Todtentanz Alphabet,.... nachgebildet von H. Loedel in Goettingen,.... Koln, Bonn und Brüssel*, 1849. (L'Alphabet avec Danse des Morts du peintre Holbein, gravé par Loedel, à Gœttingue.... Cologne, Bonn et Bruxelles.) Cette dernière édition est surtout remarquable par les soins qu'on a mis à l'imprimer : les bordures seules sont en couleur rouge, et pour texte il n'y a que des citations de l'Ecriture, latines et allemandes, dont on a approprié le premier mot aux lettres initiales.

sont choisies les trois initiales qui forment la XVIIe planche.

La lettre supérieure (L) est tirée de l'ouvrage de George Braun et Hogenberg : *Théâtre des Cités du Monde* ¹, 1576, in-fol. Elle se trouve dans le 3e volume, en tête de la dédicace à l'archevêque de Cologne, Ernest, et plus loin elle est répétée, au folio 38. Elle représente un Empereur et un Pape jouant aux cartes et interrompus par la Mort, qui semble tenir dans sa main gauche un gobelet à dés pour les inviter à jouer aussi avec elle ². Cette lettre, que M. Douce cite sans la préciser, est bien gravée sur bois ; mais elle est loin d'égaler en perfection les lettres de Lutzelburger que nous avons mentionnées.

La lettre inférieure (S) représente un Squelette qui effraie un enfant et qui sur sa bêche retire d'une fosse deux crânes, l'un coiffé d'une couronne, et l'autre d'un bonnet de manant. Tous deux sont main-

---

¹ Cet ouvrage, dont l'auteur s'appelle Bruin, Braun ou Lebrun, renferme encore un autre sujet, mais non plus une lettre initiale, dans lequel on voit aussi la Mort. C'est à la planche de la Grotte du Chien, dans la province de Naples (3e vol., f. 57) : la Mort est dans un nuage surmonté de l'inscription *Temerariis*, et s'apprête à lancer un dard sur des hommes qui pénètrent dans la grotte.

² On peut rapprocher ce petit sujet d'un dessin allégorique du XVIIe siècle, gravé par un nommé P. Bertrand, et intitulé le *Berlan* (Brelan) *de la vie humaine*, où la Mort triomphe, dans une partie de cartes, de l'Homme, du Temps et de l'Amour (hauteur, deux cent quatre-vingt-dix-sept millimètres, largeur, deux cent treize millimètres). (Voyez le catalogue Leber, n° 1351, à la bibliothèque publique de Rouen.) Comparez à cela la peinture que possédait jadis la cathédrale de Strasbourg, et que nous avons décrite dans la première partie de notre ouvrage.

tenant égaux, comme l'indique le mot *idem* gravé sur la bêche, et que la Mort rend véritable ; ce qui nous rappelle ce qu'a dit un poète :

> Qu'importe, lorsqu'on dort dans la nuit du tombeau,
> Qu'on ait porté le sceptre ou traîné le râteau ?

Cette gravure porte le monogramme IF, et, d'après ce que nous apprend Brulliot (II⁰ p., n⁰ 1437), on ne peut l'attribuer ici qu'à Jean Frobein, imprimeur à Bâle, au commencement du XVI⁰ siècle, mais peu connu comme graveur, ou à Jean Fischer, de Strasbourg, qui doit avoir gravé les figures d'une Bible imprimée en cette ville, en 1606 [1].

Ce genre de lettres initiales représentait ordinairement, dans le principe, des scènes tirées des Danses Macabres, ou au moins leur ressemblant par le fond du sujet. Cependant, il n'en fut pas toujours ainsi. Après le XVI⁰ siècle, on suivit de préférence un système d'ornementation plus direct, sans avoir recours à de petites scènes, comme le prouve la lettre S que personne n'a décrite et que nous offrons au milieu de notre planche. C'est en quelque sorte un triomphe de la Mort, qui se montre, la couronne sur la tête, entourée de petits squelettes habilement groupés.

Aux XVII⁰ et XVIII⁰ siècles, les deux Pierre Lesueur et les deux Jean Papillon, de Rouen, gravaient de

---

[1] M. Douce décrit cette lettre et dit qu'elle provient d'un livre inconnu. Nous regrettons de n'en pouvoir dire plus ; car, quoique toutes ces lettres se reproduisent fréquemment dans les livres de cette époque, nous ignorons au juste où E.-H. Langlois a copié celle-ci et celle qui tient le milieu de notre planche.

grands billets-affiches destinés aux enterrements et dont l'usage s'est conservé dans quelques villes jusqu'à nos jours. On ne manque jamais de trouver dans ces feuilles de grandes initiales chargées d'insignes funèbres.

Nous ajouterons pour terminer, sans nous occuper précisément de ces ornements mortuaires, que, en général, tous les ornements des lettres initiales de cette époque sont en rapport avec la lettre elle-même, c'est-à-dire que le sujet offre une scène dans laquelle le rôle important est joué par un personnage dont le nom commence par l'initiale représentée. Avec le lettre A, par exemple, on trouve un Avare (*Avarus*), etc.; de même ici, les initiales S sont en rapport avec le Squelette (*Sceletus*), et nous dirons de même que, dans la lettre supérieure de notre planche, l'artiste a choisi la lettre L pour indiquer le Jeu (*Ludus*), parce qu'effectivement on voit la Mort, le Pape et l'Empereur jouant ensemble.

PLANCHE XVIII.

LE CONCERT DES SQUELETTES, LA MORT ET LE CHARRETIER, D'APRÈS HOLBEIN.

Les deux sujets de cette planche sont extraits de la Danse d'Holbein; mais, de même que pour la planche XVI, qui précède, nous en joignons l'explication à celle des autres sujets originaux d'Holbein, qui occupent plus loin les n°s XXVIII-XXXVI, et nous passons à la description des gravures suivantes.

PLANCHE XIX.

DANSE DES MORTS DE STRASBOURG.

L'ancienne église des Dominicains, de Strasbourg, que l'on connaît maintenant sous le nom de Temple neuf des Protestants, possédait une Danse des Morts, mais qui, depuis des siècles, avait été recouverte de plâtre, sans que l'on en ait jamais su l'époque ni la cause. On ignorait même l'existence de cette fresque, lorsque, dans l'été de 1824, des ouvriers, occupés à blanchir les murailles du temple, aperçurent, sur une partie crevassée du mur septentrional, des vestiges de couleurs. Un jeune architecte qui dirigeait les travaux, M. Arnold, ne négligea point cet indice, annonçant la présence de peintures; il fit enlever avec précaution les couches de plâtre qui laissèrent voir alors une fresque, et les recherches ayant été continuées sur le mur placé à l'ouest, on découvrit une suite non interrompue de tableaux représentant une Danse des Morts, dont notre planche reproduit une partie.

Quoique les couleurs en fussent encore assez fraîches, ces tableaux, élevés de plus de deux mètres au-dessus du sol, étaient malheureusement endommagés; on leur a fait subir depuis une légère restauration. Les personnages ont un peu plus que la grandeur naturelle, et la Mort ne s'y trouve peinte ni en squelette, ni avec une tête décharnée, comme à Bâle, mais sous la forme d'un cadavre excessivement maigre.

De même que la plupart des autres Danses, celle de Strasbourg commence par le Sermon du Prédicateur, qui voit à ses pieds pour auditeurs un pape, dont le vêtement est chargé de broderies, un personnage couvert d'un manteau fourré, un cardinal, un jeune évêque, deux adolescents, une religieuse tenant ses mains jointes et élevées, un vieillard dormant, une matrone à la figure insouciante, et enfin, au bas de la chaire, une jeune fille dans une attitude calme, remarquable, par son air de candeur et d'innocence. Des connaisseurs ont admiré cette dernière figure et prétendu, dit-on, que, par la beauté de la tête et la perfection des contours, elle est digne du crayon de Raphaël [1].

Ce premier tableau est, du reste, supérieur aux suivants, exclusivement consacrés à la Danse; celle-ci est comprise sous une vingtaine d'arcades figu-

---

[1] Voyez l'ouvrage auquel nous faisons quelques emprunts et qui est intitulé : *Die Neue Kirche in Strasburg*, etc., *von F.-W. Edel* (le Temple neuf, à Strasbourg, par Fréd.-Guill. Edel, pasteur de ce temple. 1825, in-8°, fig.). Voyez encore la description de cette Danse donnée par M. Schweighaeuser, de Strasbourg, dans le *Globe*, journal littéraire (n° 5).

La cathédrale de cette ville possédait aussi une peinture analogue à une Danse des Morts et que nous avons décrite dans notre première partie.

rées que supportent de légères colonnes. Cette Danse est d'autant plus curieuse, qu'elle ne consiste point, comme la plupart des autres, en une série de gens invariablement escortés chacun par un squelette et entraînés dans une même procession vers un même but, vers un cimetière : ce sont des groupes de personnages interrompus par la Mort et qui forment différents cortéges. La peinture de Strasbourg n'a conservé du type primitif que le simulacre de processions auxquelles ses personnages paraissent indirectement prendre part, et même elle semblerait être l'intermédiaire entre la Danse des Morts originale et celle d'Holbein, où la Mort vient enlever, au milieu de ses occupations, un mortel souvent entouré d'un groupe d'autres vivants. Il ne faut, du reste, attribuer ces différences que présente la Danse de Strasbourg qu'au progrès naturel de l'art et au besoin qu'éprouvaient les artistes de franchir les limites étroites d'un type devenu monotone à force d'être reproduit.

Il serait fort difficile de distinguer dans cette fresque autant de tableaux qu'il y a d'arcades; il serait même plus régulier de dire que deux arcades sont nécessaires pour former un tableau : ainsi, le Pape et son cortége en occupent deux, et il en est de même de l'Empereur et du Roi avec leurs suites respectives. Il faut remarquer que l'artiste, tout en arrangeant ces peintures au gré de son imagination et sans suivre les règles primitives, a su convenablement assortir ses personnages aux sujets principaux des groupes, de manière à former dans ces diverses scènes un ensemble que l'on ne rencontre pas dans les autres Danses de l'époque.

Reprenons maintenant la description de cette fresque, et disons que, après le Sermon du Prédicateur, l'honneur est, comme toujours, réservé au Pape, que la Mort emmène le premier en lui passant le bras autour du cou. Il a pour suivants deux cardinaux et quelques autres personnages, qui tous semblent se soumettre assez tristement aux ordres de leur vainqueur. Ce tableau est, comme les précédents, fort bien exécuté; les têtes sont même faites de main de maître.

Notre planche XIX reproduit les tableaux qui suivent immédiatement ceux-ci, et qui, beaucoup plus défectueux dans le dessin, sauf pour l'expression de quelques figures, paraissent être l'œuvre d'un autre peintre. C'est d'abord l'Empereur, l'Impératrice et leur suite; entre ces deux personnages, qui sont à la fleur de l'âge et qui paraissent consternés, la Mort, coiffée d'un linceul blanc, montre la tête et ceint de son bras gauche la taille de l'Impératrice. Un second squelette prend d'une main une jeune suivante et de l'autre saisit par la poitrine un adolescent qui oppose une vive résistance; trois hommes, d'âges différents, terminent cette escorte.

Puis vient le Roi, d'une stature colossale, avec une Reine, ridiculement contournée, et, dans leur cortége, on remarque surtout un page qui porte un habit richement brodé et qui se cramponne autour d'un pilier pour mieux résister à la Mort.

La partie inférieure de notre planche nous dispense de décrire le sujet suivant, qui représente une série de personnages ecclésiastiques, mitrés pour la plupart, et précédés d'une figure que l'on a prise à tort pour une femme, mais qui n'est en réalité qu'un avocat ou un homme de loi.

Ici se termine la partie que l'on a conservée de cette Danse. Le reste, compris dans une dizaine d'arcades, représentait des moines, des religieuses de divers ordres et des personnages de conditions variées, tous également saisis par la Mort. Cette suite était à peine distincte, et, selon M. Schweighaeuser, elle était expliquée par une inscription presqu'effacée, qui contenait une maxime de morale (ce dont M. Edel ne fait aucune mention).

Mais, malgré le mérite de la plupart des têtes, le dépérissement dans lequel on trouva ces tableaux les rendait peu dignes de conservation, et, lorsque l'on acheva de blanchir la muraille, ils furent recouverts de peinture, ainsi qu'un tableau qui se trouvait en tête de la série, et qui représentait, dans de plus petites proportions, un certain nombre de saints divisés en trois compartiments.

Toutes les recherches que l'on fit pour découvrir quelques renseignements sur l'époque de l'exécution de cette Danse restèrent sans résultat; mais on peut facilement conclure, d'après le costume et le caractère des figures, qu'elle doit dater du milieu du xv⁰ siècle.

Quant à l'auteur de ces peintures, on présume que le célèbre Martin Schoen ou Schoengauer, qui mourut à Colmar avant 1482, a pu faire les meilleures, et que les élèves de ce vieux maître ont exécuté celles qui présentent le moins de mérite. Les Dominicains abandonnèrent, en 1531 ou en 1546, leur église, qui servit de magasin jusqu'en 1550. De 1550 à 1561, les Protestants eurent la jouissance de ce temple ; mais la Danse des Morts ne put pas être exécutée dans cette dernière période de temps, car elle porte le caractère d'une autre époque, et peut-être même était-elle cachée depuis que les frères avaient abandonné le couvent.

Nous ferons remarquer, comme l'a dit M. Douce (p. 36), que les Danses des Morts se rencontrent assez souvent dans les couvents des Dominicains : ainsi celles de Strasbourg, de Bâle, de Berne, de Landshut en sont des exemples. Il est à croire que ce n'est point l'effet du hasard, mais que ces moines, dont l'institution avait alors principalement pour but la prédication, adoptèrent ces sortes de peintures, qui, tout en leur fournissant des thèmes de sermons, leur rappelaient la fragilité de la vie humaine.

PLANCHE XX.

MINIATURE TIRÉE DU PSAUTIER D'HENRI VI.

Cette gravure, déjà publiée par Dibdin (*Bibliograph. Decameron*, t. I, p. 102), est la reproduction d'une miniature qui décore un précieux volume faisant partie de la Bibliothèque Cottonienne (*Domitian XVIII*) : c'est un psautier enrichi de nombreuses et magnifiques miniatures, qu'on a supposé avoir appartenu à Richard II, encore enfant ; mais que M. Dibdin, se fondant principalement sur la considération de la table pascale qui ne commence qu'à l'année 1420, vingt années après le meurtre de Richard, démontre victorieusement n'avoir pu appartenir qu'à Henri VI, couronné roi à Paris, en 1431, à l'âge de dix ans. L'enfant-roi est représenté trois fois dans ce manuscrit, vêtu d'un surcot et d'un manteau aux armes de France et d'Angleterre, agenouillé devant la Vierge, sous la protection, dans le premier cas, de saint Louis ; dans le second, de sainte Catherine, dont il portait le nom, et, dans le dernier, assisté d'un personnage qui doit être le duc de Bedfort.

Ce manuscrit pourrait bien être l'œuvre d'un calligraphe et d'un peintre français, puisque le calendrier fixé en tête est français, et que la plupart des saints mentionnés sont également des saints français. Le peintre paraît avoir eu une prédilection marquée pour les sujets monastiques, puisque les trois peintures que M. Dibdin a reproduites d'après ce précieux volume représentent toutes trois des moines ou des religieuses, assis dans leurs stalles et récitant pieusement leurs offices.

Deux de ces peintures n'offrent d'autre particularité notable qu'une vérité naïve de poses et d'attitudes dans les assistants ; mais la troisième, qui est représentée dans notre planche, se distingue en outre par une singularité fantastique ; au-dessus du dosseret des stalles se dressent cinq funèbres personnages, à demi décharnés, enveloppés de suaires et coiffés de tiares, de couronnes ou de chapeaux de cardinal. On s'explique difficilement le sens de cette apparition ; on peut toutefois supposer que le peintre a voulu faire entendre que les ombres des morts inhumés dans l'église s'unissent dans un pieux concert aux prières des vivants. M. Dibdin, au reste, selon son habitude, ne donne aucune interprétation de ces curieuses peintures, et se borne à dire que ce sujet peut avoir fourni une idée à l'auteur des Danses des Morts.

PLANCHE XXI.

LA MORT, D'APRÈS UN VITRAIL DE L'ÉGLISE SAINT-PATRICE, DE ROUEN.

Cette figure, pleine d'énergie, de caractère et de mouvement, et d'un dessin vigoureusement accentué, quoique peut-être un peu embelli par le graveur, qui en a trop curieusement poursuivi les détails, représente la Mort telle que la concevaient, dans leurs plus nobles inspirations, les artistes du moyen-âge. Nous avons dit ailleurs, en effet, que le squelette, entièrement dépouillé de chair, n'avait, en quelque sorte, jamais été admis par eux dans leurs compositions : soit, ce qui est fort probable, que leur science insuffisante n'osât aborder la difficile représentation de la charpente du corps humain ; soit que la vue du cadavre plus ou moins émacié, corrompu, éviscéré, leur parût bien autrement susceptible d'inspirer l'horreur et l'épouvante que celle du froid squelette, chez lequel il est si difficile de justifier l'apparence du mouvement et de la vie. Ici, toutefois, l'artiste s'est bien gardé d'appeler à son aide le hideux prestige des chairs putréfiées et tombant par lambeaux. Sa figure de la Mort présente la maigreur de la souffrance et de la maladie, et non la corruption du sépulcre. Un suaire aux larges plis ondoie autour d'elle, et sa main droite, armée d'une longue javeline, tandis que sa gauche tient un faisceau de flèches, semble chercher une victime à frapper. Au noble caractère empreint sur toute cette originale création, on ne saurait méconnaître une production de l'art le plus élevé ; aussi n'est-il pas étonnant que des critiques exercés l'aient jugée digne, ainsi que toute la composition à laquelle elle appartient, d'être attribuée à l'un des plus grands peintres de la Renaissance, au célèbre Jean Cousin. Disons quelques mots de cette composition, bien connue maintenant par la gravure qu'en a publiée E.-H. Langlois, dans son *Essai historique sur la Peinture sur Verre*, pl. III et IV. C'est une des plus magnifiques verrières de cette église de Saint-Patrice de Rouen, qui contient en ce genre une véritable série de chefs-d'œuvre. Le sujet est le *Triomphe de la Loi de Grâce*[1]. Dans les

---

[1] C'est ainsi que Langlois a qualifié ce sujet dans son *Essai sur*

panneaux intermédiaires de la verrière, divisée en trois étages superposés, on voit, sur un char de triomphe, le Christ en croix, au-devant duquel se tient la Foi chrétienne. Deux Vertus, *Amour* et *Obédience*, traînent le char, et sont précédées des chefs d'Israël, conduits par Moïse et Aaron. Dans les panneaux inférieurs, figurent les ennemis que le Christ a vaincus ; ce sont : le *Péché*, représenté par nos premiers parents ; *Satan*, sous la figure d'un horrible monstre, assemblage d'animaux divers ; la *Mort*, telle que nous la montre notre gravure, et, enfin, la *Chair*, vêtue des plus splendides habits de cour des règnes de Henri II et de Charles IX, mais aveugle et chargée de chaînes. Les panneaux supérieurs, disposés dans les compartiments des meneaux, représentent le Christ triomphant et vainqueur du Démon.

Cette verrière, dont on ne sait ce qu'on doit le plus admirer, ou de la noblesse et de la pureté du dessin, ou de l'éclat prestigieux des couleurs, doit être un don d'une confrérie de la Passion, qui fut instituée en cette église en 1374, et qui donna naissance à un puy, c'est-à-dire à une espèce d'académie, où l'on disputait chaque année des prix de poésie en l'honneur de la mort et du triomphe du Christ.

---

la Peinture sur verre. Mais nous serions porté à penser, d'après l'analogie que présente avec cette peinture un magnifique vitrail qui se voit dans l'église de Conches (Eure), que ce sujet représente le Triomphe de la Vierge.

PLANCHES XXII ET XXIII.

LES TROIS MORTS ET LES TROIS VIFS, D'APRÈS LES ANCIENNES
ÉDITIONS DE LA DANSE MACABRE.

Ces deux planches, dont la première représente trois jeunes Seigneurs à la chasse, se livrant au divertissement du vol du faucon, et dont la seconde représente trois Morts debout, auprès d'une croix de cimetière, avec l'accompagnement d'un ermite assis dans une grotte, se rencontrent dans la plupart des anciennes éditions françaises de la Danse Macabre, depuis celle de 1486, imprimée par Guyot Marchant, et dont la souscription mentionne le beau Dit *des trois mors et des trois vifs ensembles*, jusqu'aux plus récentes éditions de Troyes, qui font partie de la Bibliothèque Bleue. Elles servent d'illustration à cette légende, dont nous avons déjà parlé dans la première partie de cet ouvrage (p. 107-112), et les deux *fac simile* que nous offrons ici sont tirés de l'édition de la *Danse Macabre* publiée, en 1528, à Troyes, par Nicolas Le Rouge.

Ces planches sont toujours accompagnées d'une pièce de vers trop longue pour être citée en entier, et qui forme une espèce de dialogue entre les divers acteurs de cette scène [1]. L'Anachorète égyptien saint

---

[1] Les poèmes qui avaient pour objet de dramatiser la rencontre des trois Morts et des trois Vifs remontent à une époque fort

Macaire, que l'on voit dans la grotte, prend le premier la parole ; il dit aux Seigneurs, en leur montrant les trois squelettes :

> Ouvre les yeux creature chetiue
> Viens veoir les faitz de mort excessiue, etc.,

et raconte qu'il a vu en songe trois Morts qui lui ont montré des gens de conditions différentes, que le trépas a rendus égaux. Ces Morts interviennent ensuite eux-mêmes dans le dialogue pour faire de terribles remontrances aux trois Vivants, qui répondent ensemble, en témoignant de leur frayeur et de leur repentir.

Ces vers furent retouchés, comme les huitains de la Danse Macabre, dans les éditions postérieures de Troyes, qui, du reste, reproduisirent exactement les mêmes dessins; dans ces dernières, l'Ermite commence en ces termes :

> Ouvre tes yeux, ô créature !
> Regarde dans cette peinture,
> Mais avec admiration,
> Le sujet de ma vision :

---

ancienne. Ils datent du XIII° siècle, et, dans le Catalogue de La Vallière (t. II, p. 235-236), on trouve, sous le même numéro, la mention de ces trois pièces : l'une de 162 vers, sous ce titre : *Ce sont li III mors et li III uis que Baudouins de Condé fist;* l'autre, de 216 vers, intitulée : *Chi commenche li III mors et li III uis ke maistres Nicholes de Marginal fist;* et la troisième, de 192 vers, anonyme et ainsi formulée : *Chest des III mors et des III uis.*

M. Jubinal dit aussi (p. 109) qu'outre le Dit des trois Morts, il existe un Dit *des trois mortes et des trois vives* dans le Ms. 198 Notre-Dame (Bibl. Nation.).

> Trois morts avec leurs suaires
> Sortis de l'ombre de leurs bières,
> Tous défigurés tous hideux,
> Se sont présentés à mes yeux.
> Leur chair à demi déchirée
> Des gros vers étoit la curée,
> Et leurs os presque décharnez
> M'alloient empuantir le nez,
> Si je n'eus de cette place
> Aussi tôt détourné ma face.

Il expose encore sa vision des trois Morts qui lui font passer en revue tout le personnel d'une Danse Macabre en désignant d'une façon assez burlesque la qualité de chacun :

> Celui que je te montre adhuc
> Porta la qualité de Duc ;
> . . . .
> Celui-cy fut un gras Moine,
> Et cet autre un riche Prieur
> Toujours bouvant, toujours rieur, etc.

Parfois, nos planches offrent, suivant les éditions, une certaine différence. Ainsi, la figure de l'Ermite a été supprimée dans quelques reproductions, comme dans quelques peintures qui représentent cette légende, ainsi que le prouvent les fresques de Fontenay et de Saint-Riquier, que nous donnons plus loin (voyez les pl. XLVI et XLVII).

Il est pour ainsi dire superflu d'ajouter à tout ce qui précède que le sujet des trois Morts et des trois Vifs est très fréquemment représenté dans les livres d'Heures et d'Offices manuscrits ou imprimés, dont M. Douce (p. 228) a donné une liste incomplète [1]. Cet auteur (p. 34) fait remarquer que la plus ancienne gravure que l'on puisse citer comme se rapportant à cette configuration est celle qui se trouve dans un très rare volume xilographique, ou d'impression tabellaire, imprimé vers 1430, décrit par Dibdin, dans le *Bibliotheca Spenceriana* (t. I, p. 30), et qui a pour titre : *Quindecim signa extremi judicii diem præcedentia*. Dans un *fac simile* que Dibdin a fait graver à l'appui de sa description, on voit, en effet, trois squelettes sortant d'une fosse ouverte, dans laquelle l'un d'entr'eux est même encore en partie englouti, se précipiter vers deux hommes qui s'enfuient avec tous les signes de l'effroi. Nous pensons toutefois qu'il y a là ressemblance fortuite, mais non analogie réelle. Ce sujet représente le dixième signe qui doit annoncer aux humains l'ap-

---

[1] Dans ces livres, les deux gravures ne sont plus accompagnées d'une longue pièce de vers, mais seulement en général de quatrains souvent insuffisans, comme ceux-ci :

Pour les trois Morts :

> Nous auons bien este en chance
> Autrefoys comme estes a present
> Mais vous viendrez a notre danse
> Comme nous sommes maintenant.

Pour les trois Vifs :

> Nous sommes en gloire et honneur
> Remplis de tous biens et chevance.
> Au monde mettant nostre cœur
> En y prenant nostre plaisance.

ou d'inscriptions morales, telles que : *Vigilate ergo quia nescitis diem nec horam. — Mors inevitabilis est et hora ejus incerta.*
Comparez ces vers avec ceux de la peinture de Saint-Riquier.

proche du jugement dernier : les morts sortant de leurs tombeaux et venant effrayer les vivants. Or, entre ce sujet général, s'appliquant à tous les humains, et le sujet en quelque sorte local et spécial de saint Macaire, il n'y a point de rapport direct ni éloigné ; il n'y a qu'une simple coïncidence d'action, une analogie purement pittoresque.

Nous ferons remarquer en terminant que, contrairement à l'usage adopté par presque tous les artistes du moyen-âge, qui cherchaient leurs inspirations dans la Légende Dorée, les artistes qui ont créé le sujet des trois Morts et des trois Vifs ne paraissent point avoir eu recours à cette source féconde. La légende de saint Macaire, d'après Jacques de Voragine, ne contient aucune allusion à une rencontre de la nature de celle que nous venons de décrire. Nous pouvons en dire autant de la vie de saint Macaire l'Egyptien et de celle de saint Macaire l'Alexandrin, publiées par Bollandus, au xv et au ii de janvier (*Acta Sanctorum*); de sorte que nous ne saurions indiquer la source où légendaires, peintres et sculpteurs ont puisé l'idée de la vision de saint Macaire.

Nous devons pourtant ne pas laisser ignorer que quelques écrivains ont cru rencontrer dans l'agiographie de saint Macaire, rapportée par la Légende Dorée, ou dans des Actes plus anciens, une circonstance qui, selon eux, a pu fournir aux artistes l'idée qu'ils auraient exploitée en la transformant. Nous voulons parler de la trouvaille que fit un jour saint Macaire de la tête d'un païen mort, qu'il interrogea sur sa destinée. Or, cette tête, en lui faisant connaître que l'ame qui l'avait jadis animée était aux Enfers, lui révéla, sur ce lieu de tourments et sur la gradation des supplices qui sont infligés aux mécréants et aux pervers, quelques détails qui rappellent les cercles infernaux du grand poème dantesque. Mais cette simple analogie ne nous paraît pas suffisante pour conclure à une imitation formelle ; et nous pensons que l'on rencontrerait facilement, dans la Légende Dorée, une foule de visions funèbres qui, bien mieux que le colloque dont nous venons de parler, pourraient suggérer l'apparition comminatoire des trois Morts aux trois Vifs. Nous citerons comme exemple cette effrayante objurgation adressée par tous les morts d'un cimetière, sortis de leurs tombes, à l'encontre d'un évêque qui avait suspendu certain prêtre de ses fonctions, parce qu'il célébrait chaque jour le saint sacrifice en faveur des morts. Cette mystérieuse apparition est racontée dans la *Légende de la Commémoration des fidèles défunts*. Au reste, il est inutile de chercher à faire absolument sortir de l'ouvrage de J. de Voragine le mythe des trois Morts, puisque, d'après la citation que nous avons faite de trois poèmes du xiiie siècle sur ce sujet, ce mythe paraît plus ancien que la légende elle-même.

PLANCHE XXIV.

FOURREAU DE DAGUE.

L'original de cette magnifique composition est un dessin destiné sans aucun doute à servir de modèle pour un ouvrage d'orfévrerie ou de ciselure. Ce dessin, attribué avec toute probabilité à Holbein, est conservé à la bibliothèque publique de Bâle, parmi d'autres précieux monuments du génie de ce célèbre artiste [1]. Il fut d'abord publié à la fin de la première partie du grand ouvrage qu'un célèbre graveur de Bâle, Chrétien Mechel, consacra à reproduire toutes les œuvres d'Holbein (*OEuvres de Jean Holbein, ou recueil de gravures, d'après ses plus beaux ouvrages, par Chrétien de Mechel.* Bâle, 1780-92, pet. in-f°. — Première partie : *Le triomphe de la Mort*, quarante-six sujets, en douze planches). M. Peignot en a donné une lithographie ; M. Douce en a fait le frontispice de son curieux volume sur les Danses des Morts, déjà cité

---

[1] M. Jubinal dit (p. 11), en parlant de ce sujet, qu'il a vu dans la bibliothèque de Bâle « *deux poignards dont les fourreaux richement ciselés représentent, l'un une Danse des Morts* attribuée, quant au dessin, à Holbein ; l'autre un sujet plus joyeux. » Il semblerait résulter de cette assertion que l'original de notre gravure serait une ciselure, et non un dessin destiné à servir de modèle. Nous ferons cependant observer que tous ceux qui ont parlé de ce monument ne paraissent avoir eu en vue qu'un simple dessin.

tant de fois dans le cours de cet ouvrage, et il y a joint une courte description (p. 133), dans laquelle il fait remarquer, avec une justesse parfaite, que le mouvement et l'énergie déployés dans ce merveilleux morceau sont véritablement inimitables.

Six figures principales, un Roi, une Reine, un Homme d'Armes, une jeune Femme, un Moine et un Enfant, ayant chacun un Squelette pour compagnon, sont contraints par ceux-ci à suivre le mouvement de leur ronde infernale. Il serait impossible d'exprimer avec plus de sentiment, avec une vérité plus saisissante que ne l'a fait Holbein, le désespoir du Roi, l'abattement de la Reine, l'effroi du Guerrier aux sons de la trompette et du tambour que la Mort fait résonner à ses oreilles, les supplications de la Femme, la résistance du Moine et la désolation du pauvre Enfant. Ces expressions si justes, cette animation si vigoureuse, cet agencement si habile dans un espace aussi exigu, tout révèle la main d'un grand artiste, et fait de cette petite composition un véritable chef-d'œuvre.

PLANCHES XXV ET XXV BIS.

DANSE MACABRE DE FEMMES DANS UN CIMETIÈRE, D'APRÈS UNE GRAVURE DES FRÈRES RIDINGER.

L'original de cette gravure est une vaste estampe, de soixante-trois centimètres de hauteur sur quarante-huit de largeur, gravée à la manière noire, par Jean-Jacob Ridinger, et imprimée, à Augsbourg, par Jean-Elie Ridinger, qui fut lui-même un graveur habile, né à Ulm en 1695, et mort à Augsbourg en 1767. Cette gravure porte, dans l'original que nous avons sous les yeux, la double souscription suivante : *Ioh. Iacob Ridinger sculps. — Ioh. El. Ridinger excudit Aug. Vindel.* Il paraît que cette souscription n'existe pas dans tous les exemplaires, car M. Douce, qui a mentionné et en partie décrit cette importante composition dans son ouvrage souvent cité (*Dance of Death*, p. 164-5), l'indique comme étant anonyme, et ne fournit d'ailleurs aucun renseignement sur son auteur. M. Peignot, qui l'a minutieusement décrite (*Recherches sur les Danses des Morts*, p. 327-33), l'assigne à son véritable auteur, en citant la souscription rapportée plus haut.

Nous ne décrirons pas de nouveau cette planche, après M. Peignot, puisque le lecteur peut s'en former une juste et suffisante idée d'après la réduction au trait qu'il a sous les yeux ; mais cependant nous croyons devoir indiquer la formule latine des maximes qui accompagnent chacun des médaillons. De même que les noms latins des personnages, chacune de ces maximes est répétée au-dessous dans une ligne de vieil allemand. Il est à remarquer en passant que ces vers allemands sont des vers léonins rimant à l'hémistiche.

Au premier médaillon de la ligne supérieure, à gauche (n° 3 de notre planche), on voit la Mort qui entraîne un Pape, et on lit : *Papa. — Nec infulæ parcit quidem mors triplici.*

Au second médaillon (n° 4), représentant la Mort et l'Empereur : *Imperator. — Mundo imperas : sed mors tibi.*

Au troisième (n° 5 et ainsi de suite), représentant la Mort et un Roi, on trouve : *Rex. — Mors sceptra ligonibus æquat.*

Au quatrième, représentant la Mort et un Cardinal : *Cardinales. — Et purpuratos sœva mors rapit Patres.*

La série se continue en descendant à droite, pour rebrousser ensuite à gauche et remonter jusqu'au point de départ.

Dans le cinquième médaillon, on trouve donc la Mort attirant un Evêque, avec cette devise : *Episcopus. — Et Episcopalis mitra juris est mei.*

Dans le sixième, au-dessous de la Mort entraînant un Duc, on lit: *Dux. — Meum (Meus) est in ipsos Principatus Principes.*

Dans le septième, offrant la Mort et un Comte: *Comes. — Comites et ipsos comito invisus comes.*

Le huitième médaillon représente la Mort et un Noble; on lit au bas : *Nobilis. — Nobilis haud quisquam mortem effusit (effugit) etiam.*

Le neuvième représente la Mort et un Bourgeois avec cette inscription : *Civis. — In Civitatem mortis omnes cogimur.*

Le dixième représente la Mort et un Paysan ; on lit au bas : *Rusticus. — Contra vim mortis non est medicamen in hortis.*

Dans le onzième, placé en remontant le long de la ligne de gauche, on voit trois personnages, la Mort, un Soldat et un Mendiant : *Mendicus. — Miles.* — La

Mort s'exprime ainsi : *Non tua me virtus, non debilitas tua terret.*

Enfin, dans le douzième, placé immédiatement au-dessous du premier, on voit la Mort entre un Fou et un Enfant qu'elle tient l'un et l'autre par la main. La devise est ainsi conçue : *Stultus. — Enfans (Infans).* — *Insipiens, sapiens ad mortem œquo pede pergunt.*

Indépendamment de ces inscriptions applicables à chaque sujet du pourtour, il s'en trouve encore deux autres, inscrites dans des cartouches placés au-dessus et au-dessous du tableau central. Ces inscriptions, également répétées chacune en deux vers allemands, se rapportent particulièrement à de petits sujets remplissant les angles de ce même tableau. Ainsi, dans le cartouche d'en-bas (n° 1), placé entre deux sujets qui représentent : d'une part, l'Origine du mal, la Désobéissance de nos premiers pères, et de l'autre, l'Enfer, on lit cette devise :

Per unius peccatum — Mors intravit in mundum.

Et, dans le cartouche d'en-haut (n° 2), correspondant aux deux sujets supérieurs, qui représentent l'un la Crucifixion, l'autre le Paradis, on trouve ce distique :

*Vulneris en nostri certam solamque medelam
En data divina præmia larga manu.*

Le grand sujet, c'est-à-dire la Ronde Macabre des Femmes, qui occupe le centre de cette vaste composition, n'a point d'inscription spéciale qui serve à le caractériser. Ici la Mort se montre galante : elle écarte les maris, que l'on voit dans les médaillons, pour ne danser qu'avec les femmes, moitié au-dedans, moitié au-dehors d'un cimetière, autour d'un cercueil qui renferme deux squelettes étendus, et non un seul, comme l'ont dit MM. Peignot et Leber (voyez sa Lettre, p. 24). M. Peignot a fait remarquer avec justesse que cette ronde était composée de neuf femmes, et que ce nombre était exactement celui des personnages représentés dans les médaillons du pourtour, en faisant toutefois abstraction de trois personnages ecclésiastiques : le Pape, le Cardinal et l'Evêque. De sorte que ces neuf femmes sont en rapport direct de condition et d'ordre successif avec les neuf personnages laïques ci-dessus indiqués, depuis l'Impératrice, qui occupe le centre, jusqu'à la Folle, qui se tient à sa gauche (en regardant l'estampe). Toute cette composition, sous une forme et une distribution inusitées, a donc bien pour objet de représenter la Danse Macabre des Hommes et des Femmes, à l'imitation de celles des artistes du xve siècle. La scène se passe dans un cimetière rempli de tombes et dont la Mort pourrait dire, comme dans les éditions de Troyes :

> Tout bossus sont mes cimetières.....

C'est, en un mot, une véritable *ronde funèbre*, dont tous les personnages, mieux encore que dans la Danse de Lübeck, se tiennent par la main pour danser en rond. L'auteur de cette estampe avait toujours en vue l'idée de la danse; car, même dans les médaillons, il fait gambader le Squelette avec la plupart de ses personnages.

On peut affirmer que M. Peignot et M. Douce ne connaissaient que cette estampe, car ils n'eussent pas manqué, s'ils eussent su qu'elle avait un pendant, de le décrire, ou au moins de le mentionner. Or, nous avons ce pendant sous les yeux; il est de même grandeur que la gravure précédemment décrite, il offre la même disposition, il est gravé par le même artiste et dans le même procédé de la manière noire. C'est la précieuse collection bibliographique de M. Leber, réunie à la Bibliothèque publique de Rouen, qui nous fournit ce pendant. Nous devons supposer qu'il est fort rare, puisque deux investigateurs aussi patients que M. Peignot et M. Douce n'ont pu réussir à le rencontrer. Cette rareté nous invite à le décrire avec quelque détail (voir notre planche XXV bis).

Cette gravure se compose, ainsi que la précédente, d'un grand sujet central et de médaillons d'entourage; toutefois, ces médaillons sont au nombre de dix seulement, la ligne inférieure étant en grande partie occupée par un cartouche oblong supporté par le Temps et la Renommée, et renfermant, sur deux colonnes, une inscription allemande en quatorze vers, qui n'a pas de traduction correspondante, et qui se rapporte au sujet principal [1]; toutes les

---

[1] Voici la traduction des vers moraux qui se trouvent au bas de cette estampe, dont M. C. Leber lui-même ne soupçonnait peut-être pas la rareté; ces vers ont huit pieds et riment parfaitement :
Orgueil, regarde-toi dans ce miroir. — Ambition, vois bien cette image. — Arrogance, approche aussi — pour voir à quoi tu aboutiras. — Vous tous, Vices, veuillez prendre sur cette image

autres inscriptions, que portent des cartouches placés au-dessous des médaillons, sont en deux langues, en allemand et en français [1].

Cette composition a pour objet, dans son ensemble, de représenter la succession des différents âges de la vie humaine, aboutissant à la Mort, qui occupe, en souveraine, le tableau central. La personnification de l'inexorable déité a quelque chose d'étrange et d'inusité qui frappe tout d'abord l'imagination. Elle offre l'aspect d'un cadavre amaigri, dont la face aux cavités vides est pourvue d'une longue barbe blanche ; de grandes ailes déployées sont attachées à ses épaules ; elle tient d'une main la faux, et de l'autre le sablier. C'est la Mort avec les attributs du Temps, ou, si l'on aime mieux, c'est le Temps sous l'aspect effrayant de la Mort. Cette terrible apparition foule aux pieds les attributs de la puissance, de la richesse, des sciences et des arts. A côté d'elle, s'élève un vaste ossuaire comblé d'une pyramide de crânes entassés. Sur un plan plus reculé, deux messagers à cheval sonnent de la trompette ou font résonner leurs

---

un exemple qui parle au cœur. — Jeunes et Vieux, que vous soyez pauvres, — ou que vous soyez riches, — vous voyez tous par cette figure, — ce que c'est que l'homme dans la nature. — Sagesse, Folie et Gaîté — finissent avec la vie, — et sont changées en une image semblable, — que personne n'a envie de regarder.

[1] Les inscriptions allemandes ne forment pas de vers et ne se composent guère que de quelques mots indiquant la position d'âge de l'individu, comme : 10 *Jahr — ein Kind* (10 ans, un enfant); 20 *Jahr — ein Jungling* (20 ans, un jeune homme); ou 90 *Jahr — der Kinder Spott* (90 ans, la moquerie des enfants); 100 *Jahr — Genad dir Gott* (100 ans, que Dieu te soit clément).

timbales : ce sont encore de hideux cadavres décharnés. Tel est le sujet qui domine toute la composition et qui en constitue la véritable moralité. Les dix petites scènes groupées à l'entour sont moins effrayantes d'aspect, et la Mort ne figure en réalité qu'à la dernière, en quelque sorte comme conclusion obligée.

Voici l'indication des sujets représentés dans ces dix compositions accessoires, qui ont pour objet, comme nous l'avons dit, de personnifier la succession des différents âges de la vie humaine. Deux personnages seulement, un de chaque sexe, que l'on peut suivre dans les différentes phases de la vie, forment l'économie de ces petites scènes, gracieuses au début et sévères à la fin. De même que, dans la planche précédente, tous les individus enlevés par la Mort ont à leurs pieds les attributs emblématiques de leur condition, de même ici l'homme et la femme ont toujours à leurs côtés quelqu'animal employé comme symbole caractéristique. Les légendes indiquent que la transition entre chaque époque s'opère par laps de dix années, et pour que l'on puisse mieux suivre la description, nous avons fait numéroter, sur notre planche XXV bis, les écussons comme ils le sont dans l'estampe originale.

Premier sujet : Des jeux d'enfants, et pour accessoire un singe. Légende :

>   X. A dix ans
>   Sont enfans.

Deuxième sujet : Les deux jeunes amants sont en

costume théâtral de bergers ; à leurs côtés est un agneau. Légende :

> XX. A vingt ans la jeunesse
> N'a point de sagesse.

Troisième sujet : Le jeune homme et la jeune femme sont en riche costume de cour; devant eux on voit un paon. Légende :

> XXX. C'est ici la vigueur
> Et de la vie la fleur.

Quatrième sujet : L'homme et la femme d'âge plus mûr se promènent ; à leurs pieds une colombe est sur son nid. Légende :

> XL. Le soin ici commence
> D'acquérir la substance.

Cinquième sujet : L'homme et la femme dans l'âge de la maturité ; à leurs pieds un lion. Légende.

> L. Fin et sage pour gagner
> Il veut son nid préparer.

Sixième sujet : L'homme et la femme vieillissent; ils sont suivis d'une oie et d'un chien. Légende :

> LX. En ce degré de vie,
> L'homme de tout se défie.

Septième sujet : L'homme et la femme portent les traces du progrès de plus en plus marqué de l'âge; chacun d'eux tient un livre d'Heures; pour attribut un chien. Légende :

> LXX. Le vieillard garde sa maison
> Et tout ce qu'il a de bon.

Huitième sujet : Les deux vieillards fléchissent sous le poids des années ; la femme file, et l'homme tient un large hanap ; pour attributs un hibou et un chat. Légende :

>LXXX. Les dents tombants du vin un trait
>Est des vieillards le doux lait.

Neuvième sujet : Nos deux personnages, toujours de plus en plus décrépits, ne marchent plus qu'à l'aide de béquilles ; un âne chemine auprès d'eux. Légende :

>XC. Du monde étant la mocquerie,
>La Mort chez soi nous convie.

Dixième et dernier sujet : Les deux vieillards, complètement impotents, sont affaissés au fond de larges fauteuils ; une bière est aux pieds de la femme, qui la montre du doigt, et un monument funéraire se dresse derrière l'homme. La Mort apparaît entre les deux et s'apprête à les frapper de son dard. Légende :

>C. Ayant atteint de cent ans l'age,
>Le Paradis est notre partage.

Telle est la description de cette planche singulière, qui ne porte au bas à droite que l'une des deux souscriptions que nous avons signalées sur son pendant, celle de l'imprimeur, frère, comme nous l'avons dit, du graveur. Cette souscription est ainsi conçue : *Ioh. El. Ridinger exc. Aug. Vind.* Mais, quoique le nom du graveur soit omis, on ne saurait douter, même après le plus léger examen, qu'elle ne soit de la même main que la précédente.

PLANCHE XXVI.

FIGURES TIRÉES D'UNE ALLÉGORIE QUALIFIÉE COMPLAINTE CONTRE LA MORT.

Cette planche, à deux figures gravées sur bois, est la partie inférieure d'une planche plus grande, insérée dans un très rare volume qu'on suppose avoir été imprimé à Bamberg, vers 1462, par Albrecht Pfister et qui a pour sujet les plaintes des vivants contre la Mort. Nous disons *qu'on suppose avoir été imprimé*, parce qu'en effet, il ne porte ni titre, ni indication d'imprimeur, de date et de lieu d'impression ; mais, comme on l'a trouvé joint à deux autres opuscules dont l'un porte la souscription d'Albrecht Pfister et la date de 1462, et qu'ils paraissent tous trois imprimés avec les mêmes caractères, on leur attribue naturellement la même origine. Camus a consacré un savant Mémoire à la description de ces trois ouvrages, d'après le seul exemplaire probablement complet qui existe et qui fait partie de la Bibliothèque Nationale [1]. Nous puisons dans cette notice les renseignements suivants :

L'ouvrage, composé de vingt-quatre feuillets, est sans titre ; c'est un recueil de plaintes contre la Mort et de réponses de la Mort aux accusations dirigées

---

[1] *Mémoires de l'Institut*, Littérature et Beaux-Arts, t. II, appendice, p. 6 et suiv.

contre elle. Le texte est divisé en trente-quatre chapitres. Le premier chapitre commence, sans préliminaire, par les injures que le plaignant adresse à la Mort; celle-ci se défend dans le second chapitre; le plaignant reprend la parole dans le troisième, et ainsi alternativement jusqu'au trente-troisième, dont le sommaire avertit que Dieu prononce sa sentence entre la Mort et le plaignant. Après quelques lieux communs sur la facilité avec laquelle on se plaint de tout, la sentence est formulée en ces termes : « Le plaignant est jugé; la Mort a gain de cause. De droit, chaque homme doit sa vie à la Mort, son corps à la terre, son ame à nous. » Le plaignant, voyant qu'il a perdu sa cause contre la Mort, prend le parti de prier Dieu pour l'ame de sa femme. Le sommaire du chapitre trente-quatrième annonce ce sujet; il prévient qu'on va lire un modèle de prière, et il avertit, d'une manière assez singulière, que le nom du plaignant est exprimé par les lettres rouges majuscules qui se trouvent semées dans le chapitre; ces lettres rouges sont : I H E S A N W, dont l'auteur de la notice ne propose point l'explication. Le plaignant est plus explicite à l'égard de sa femme : il la nomme Marguerite dans la prière. Cette prière, au reste, est fort originale; Dieu y est non seulement appelé le Saint des Saints, mais encore l'Electeur qui préside au choix de tous les électeurs, le Maître-d'Hôtel de la cour céleste, le Grand-Duc de l'armée céleste, etc. Ce style est en allemand du XVe siècle.

Voici maintenant la description des cinq estampes qui décorent ce curieux opuscule : La première représente la Mort sur un trône ; devant elle un homme et un enfant paraissent se plaindre qu'elle ait enlevé une femme qu'on voit enveloppée dans un linceul, sur une tombe. La seconde représente également la Mort sur un trône, le même personnage qui lui adresse ses plaintes, et plusieurs autres personnages à la tête desquels figure un pape, qui tous se traînent tristement aux pieds de la Mort, pour y déposer les attributs de leur dignité. Dans la troisième, sont deux figures de la Mort dont l'une, marchant à pied, fauche garçons et filles, tandis que l'autre, à cheval, poursuit des cavaliers et leur lance des flèches. Dans la quatrième, divisée en deux parties, la partie supérieure représente le plaignant en présence de la Mort assise sur un trône ; dans la partie inférieure on voit un couvent et des religieux, un jardin et des personnages mondains.

La cinquième estampe est celle dont notre planche reproduit la partie inférieure ; les deux personnages principaux de ce petit drame pieux y sont représentés ; c'est la Mort et le plaignant ; ils comparaissent devant Jésus-Christ, assis sur un trône, dans la partie supérieure, entre deux anges, sous un ciel parsemé d'étoiles [1].

---

[1] Outre la notice de Camus, voyez encore Heinecken (*Idée d'une Collection complète d'Estampes*, p. 276), Dibdin (*Bibliotheca Spenceriana*, t. I*er*, p. 104, note) et Douce (p. 168), qui rectifie une grave erreur de Camus, répétée par M. Dibdin, touchant la description d'une des planches citées.

PLANCHE XXVII.

DANSE DE PLUSIEURS SQUELETTES, D'APRÈS LA CHRONIQUE DE NUREMBERG.

Cette gravure, d'un caractère qu'on pourrait appeler sauvage et d'une énergie si extraordinaire, est extraite de l'important ouvrage connu vulgairement sous le nom de *Chronique de Nuremberg,* mais dont le véritable titre, confondu dans un majestueux préfixe avec l'intitulé de la table des chapitres, peut être ainsi formulé : *Liber Chronicarum cum figuris et imaginibus ab initio mundi.* C'est en effet une histoire universelle décorée de figures gravées sur bois, de toute dimension et d'un nombre tellement considérable, que des amateurs, qui ont pris la peine de les compter, l'évaluent à deux mille deux cent cinquante. Cette étonnante publication, l'une des plus splendides, sans contredit, qu'ait accomplies l'art typographique à la fin du xve siècle, fut achevée et mise au jour en 1493, par Antoine Koberger, imprimeur de Nuremberg, avec l'aide de Hartman Schedel, médecin, qui rédigea le texte, et de deux artistes, Michel Wolgemut et Guillaume Pleydenwurff, qui composèrent les figures : *Adhibitis tamen viris mathematicis pingendique arte peritissimis Michaele Wolgemut et Wilhemo Pleydenwurff quorum solerti acuratissimaque animadversione tum civitatum tum virorum figure inserte sunt.* C'est ainsi que s'exprime la souscription finale de l'ouvrage, et nous ne pensons pas que, d'après ces termes peu explicites, on puisse déterminer quelle part spéciale chacun des deux artistes prit à cette vaste suite de compositions figurées, c'est-à-dire si l'un d'entr'eux fut exclusivement à l'autre le dessinateur ou le graveur. Quelques critiques [1] ont, cependant, tranché cette difficulté, en décidant que Pleydenwurff tailla les planches de bois sur les dessins de Wolgemut, qui fut, comme on sait, le maître d'Albert Durer; mais cette opinion nous paraît hasardée, jusqu'à ce qu'on ait démontré que Pleydenwurff était un graveur sur bois, et non plutôt, comme semble l'indiquer ce titre, *viri mathematici*, que la souscription lui applique, ainsi qu'à son compagnon, un géographe ou quelque chose d'approchant. Le nombre considérable de plans et de vues de cités qui décorent la Chronique nécessitait, en effet, l'intervention d'un savant de ce genre. Quant aux graveurs sur bois, aux *tailleurs de formes*, c'étaient en général de simples ouvriers auxquels les éditeurs accordaient rarement dans leurs souscriptions l'honneur d'une mention. Mais laissons de côté cette digression, qui n'avait pour but que de rechercher à quel artiste on pouvait, avec quelque probabilité, rapporter l'étrange composition qui fait le sujet de notre planche; opinons pour Wolgemut, bien connu, d'ailleurs, comme peintre et graveur en taille-douce, et spécifions tout ce qui peut servir à caractériser le sujet qui nous occupe.

---

[1] Hubert et Rost, *Manuel des Amateurs*, t. 1er, p. 719.

La planche représente cinq squelettes dont trois sont dans l'action d'exécuter une espèce de saltation forcenée, aux sons d'un instrument que fait résonner un quatrième, tandis que le dernier, enveloppé d'un suaire, semble s'éveiller et sortir de sa tombe ouverte, comme s'il se sentait ravivé par les excitations de ce monstrueux sabbat.

Ce sujet, que surmonte l'inscription : *Imago Mortis*, occupe le recto du feuillet CCLXIIII, entre le chapitre : *De morte ac fine rerum*, qui termine le *septima œtas mundi*, et le chapitre *De extremo judicio ac fine mundi*, qui commence une courte division intitulée *Ultima œtas mundi*. Trente-neuf vers latins viennent à la suite de cette planche et lui servent, sinon d'explication, au moins d'accompagnement moral approprié. Voici les premiers et les plus caractéristiques :

Morte nihil melius. Vita nil pejus iniqua
O prima mors hominum. requies eterna laborum
Tu senile jugum domino volente relaxas
Vinctorum que graues adimis ceruice cathenas
Exilium que leuas. et carceris hostia frangis
Eripis indignis. justi bona partibus equans
Atque immota manes. nulla exorabilis arte.
Etc., etc.

Ajoutons, avant de terminer ce qui concerne cette planche, que c'est dans cette Chronique, entre les années 1023 et 1034 (folio CLXXXVII, verso), que se trouve racontée, sous le titre de *Coreizantes per annum*, l'histoire des danseuses du cimetière de S. Magnus, en Saxe, que nous avons citée dans le cours de cet ouvrage.

L'archevêque qui fit cesser la punition des danseuses y est nommé *Horebertus*. Cette légende se termine ainsi : *Hoc scriptum reliquit ubertus qui fuit unus ex eis*, c'est-à-dire un des acteurs de ce drame étrange. Une gravure sur bois représente les victimes de cette punition céleste, au nombre de huit divisés en quatre couples, et paraissant beaucoup plutôt se livrer au plaisir de la promenade qu'exécuter une danse forcenée. Deux musiciens accompagnent les évolutions de ces danseuses du son de leurs instruments.

Une autre danse, qui entraîna également une punition divine, mais où la Mort n'est pas mise en scène, est citée et représentée dans cette chronique, fol. CCXVII, recto, et rapportée aux années 1277 - 1285.

PLANCHES XXVIII-XXXVI.

DANSE DES MORTS D'HOLBEIN.

Il n'est peut-être pas, dans cet ouvrage, de questions plus difficiles à résoudre que celles qui sont relatives à Holbein. Rarement on a vu les savants aussi divisés qu'à cet égard, et cette scission dans les opinions ne date guère que de quelques années. Car, aux derniers siècles, on s'accordait généralement à reconnaître Holbein comme l'auteur de la Danse des Morts qui porte son nom, et aujourd'hui, depuis que des auteurs éclairés ont sérieusement approfondi ce sujet et qu'ils se sont livrés aux investigations les plus complètes, un certain nombre d'entr'eux n'hésite pas à refuser à Holbein toute participation soit au dessin, soit à la gravure de cette suite d'estampes si curieuses. Nous allons, du reste, passer en revue les diverses opinions qui ont été soutenues à ce propos ; mais, auparavant, nous dirons quelques mots de la vie d'Holbein, qui elle-même a été différemment racontée.

Hans (Jean) Holbein est né, soit à Bâle, soit à Augsbourg ou à Grünstadt, en 1495, ou, suivant l'opinion la plus répandue, en 1498. Il était probablement le dernier de trois fils, et leur père, qui était peintre, leur fit prendre à tous trois la même carrière. C'est à Bâle qu'il fut élevé, dans l'atelier de son père, dont il portait le prénom et qui, après avoir quelque temps résidé à Augsbourg, était venu se fixer dans cette première ville. Notre Hans Holbein y travailla de bonne heure ; il fit des travaux de gravure pour le célèbre imprimeur Froben, et se lia intimement avec Erasme, dont il fit même le portrait.

Vers 1526, il quitta Bâle pour se rendre à Londres, attiré, selon les uns, par la cour d'Angleterre, ou, selon d'autres, poussé par la misère et la faim [1]. Il

---

[1] Nicolas Gueudeville (*Biographie d'Holbein*, en tête de la traduction de l'*Eloge de la Folie*, d'Erasme. Leyde, 1713) et, d'après lui, Horace Walpole *(Anecdotes of painting in England,* 1762) ont, en effet, représenté Holbein comme un mendiant libertin et vagabond. Mais Gueudeville n'indique ni les sources auxquelles il a puisé, ni les preuves de ce qu'il avance ; aussi, nous préférons la biographie qu'a donnée M. Fortoul (*La Danse des*

s'adressa à Thomas Moore, avec une lettre de recommandation que lui avait donnée Erasme. Moore, dont il devint l'hôte et l'ami, le présenta bientôt à Henri VIII, qui le prit en affection et le retint dans son palais de Whitehall. Holbein fit les portraits des personnages de la cour, et ne retourna que fort peu de temps à Bâle, en 1529 et en 1538. Enfin, après avoir perdu ses amis Thomas Moore et Erasme, il se fixa près de la cour d'Angleterre, presque seul et sans enfants, et il y mourut, en 1555, enlevé par la peste.

On ne peut préciser l'époque à laquelle il dessina la Danse des Morts, dont l'idée lui fut peut-être suggérée par la vue de celle que Bâle possédait depuis près d'un siècle dans le cimetière des Dominicains. On sait seulement que les premières épreuves parurent sans texte vers 1530, et huit ans plus tard dans un volume de piété que les frères Trechsel imprimèrent à Lyon, sous le titre de *Simulachres de la Mort*.

Morts, *dessinée par Holbein,* Paris [1842], ch. X). Voir encore le travail complet à ce sujet de M. Ulrich Hegner, publié en 1827, à Berlin, sous le titre de *Leben Hans Holbein's des Jüngern* (Vie de Jean Holbein le jeune). Dans le premier volume de ses *Catacombes* (Paris, 1839, 6 vol. in-18), M. Jules Janin a fait aussi une biographie d'Holbein, mais en forme de roman. On ne pourrait s'en rapporter à ce qu'il avance, car il commet deux erreurs à propos de la Danse de Bâle, qui d'abord aurait, selon lui, été peinte par Holbein, et qui se trouverait sur un des ponts couverts de cette ville. Cette peinture était placée, au contraire, sur le mur du cimetière des Dominicains, et il y a ici confusion avec la Danse de Lucerne.

Nous décrirons cette Danse lorsque nous aurons jeté un coup-d'œil sur les opinions contradictoires que, depuis quelques années, elle a soulevées parmi les savants.

Holbein a-t-il dessiné cette Danse des Morts? l'a-t-il gravée? Ces deux questions divisent les érudits.

Nous croyons devoir répondre affirmativement quant à la première : nous pensons qu'Holbein a dessiné cette série d'admirables figures, et nous partageons en cela les avis de MM. Peignot, de Rumohr, Hegner, Brulliot, Massmann, Forltou, Jubinal, Naumann et autres. MM. Leber et Douce s'appuient pour soutenir le contraire sur les phrases suivantes de la dédicace mise en tête de la première édition des *Simulachres* de Lyon, et ainsi conçues :

« Retournant à nos figurées faces de mort, très
» grandement vient à regretter la mort de celluy qui
» nous en a imaginé si élégantes figures; » et « la
» Mort craignant que cet excellent painctre ne la pai-
» gnist tant vifve, qu'elle ne fut plus crainte pour
» mort, et que pour cela même n'en devint immor-
» tel, que, à cette cause, elle lui accéléra si fort ses
» jours, qu'il ne peult parachever plusieurs autres
» figures jà par luy trassées, mesme celle du char-
» retier froissé et espaulti sous son ruiné chariot, les
» roes et chevaulx duquel sont la si epouvantable-
» ment trezbuchez, qu'il y a autant d'horreur à veoir
» leur précipitation que de gaie a contempler la
» friandise d'une mort qui furtivement succe avec un
» chalumeau le vin du tonneau effondré. »(Voyez pl. XVIII.)

Ces deux phrases, indiquant la mort de l'artiste, ont servi à M. Leber (voyez sa Lettre, p. 78) et à M. Douce pour prétendre qu'il ne peut ici être question d'Holbein, puisque ce peintre ne mourut qu'en 1554, c'est-à-dire seize ans après que l'édition de 1538 fut faite.

M. Douce suppose seulement qu'Holbein aurait travaillé à cette suite de figures pour les compléter (car, dans le principe, elles furent publiées au nombre de quarante-une, et plus tard à celui de cinquante-trois), et il émet, à ce sujet, une hypothèse qui est loin de porter en elle un grand caractère de vraisemblance. Il invoque un quatrain du poète Nicolas Bourbon [1], probablement dicté par la flatterie, et dans lequel un artiste inconnu, nommé Georges Reperdius, est comparé à Holbein. M. Douce s'empare donc de ce quatrain, tiré des *Nugæ* :

> Videre qui vult Parrhasium cum Zeuxide
> Accersat a Britannia
> Hansum Ulbium et Georgium Reperdium
> Lugduno ab urbe Galliæ ;

et, rapprochant ces vers de la seconde phrase que nous avons citée plus haut, il suppose, en vertu

---

[1] Nicolas Bourbon dit l'Ancien, par rapport à son petit neveu, naquit en 1503, à Vandeuvre, près de Langres, et mourut au milieu du xvie siècle. Il se fit connaître de bonne heure par ses travaux littéraires, surtout par ses poésies latines, qu'il adressait aux grands personnages de l'Europe, et dont il fit un recueil sous le titre de *Nugæ* (Lyon, 1538, Gryphius, et Bâle, 1540. In-8). Ce recueil n'est qu'une série assez fade de pièces louangeuses adressées à diverses personnes.

du mot *Lugduno*, que ce Reperdius aurait fait la première suite des dessins des *Simulachres*, et qu'après sa mort, Holbein les aurait continués.

Il est fort peu probable que les choses se soient ainsi passées ; car, sauf pour les quatre figures d'enfants qui parurent à la suite de la Danse des Morts, et encore très tard, en 1545, l'uniformité des dessins indique évidemment qu'un seul et même peintre a composé cette série ; de plus, l'invention de sujets d'une originalité aussi piquante eût suffi pour donner un certain renom à son auteur, et nulle autre part il n'est question de Reperdius [1] : aucun biographe n'en parle. Aussi est-il probable que c'est une flatterie d'assez mauvais goût qui aura inspiré à Nicolas Bourbon l'idée de mettre au même rang qu'Holbein un artiste d'un mérite apparemment peu élevé, pour les comparer à deux des plus grands maîtres de l'antiquité.

Enfin, ce quatrain n'accompagnait pas la Danse des Morts ; il n'y est pas non plus question de Reperdius comme dessinateur de ces sujets macabres, tandis qu'il existe un autre quatrain également de

---

[1] A l'égard de cet artiste, M. Massmann demande (p. 7) si ce ne serait pas le même que le Hollandais Jean-Guillaume Riperda (en latin Reperdius), célèbre aventurier qui fut duc, premier ministre d'Espagne, et tour-à-tour protestant, catholique, musulman, et, enfin, qui mourut misérable en Afrique. Mais, quand bien même ce Riperda eût été un artiste distingué, il n'aurait jamais été vanté par Bourbon, puisqu'il naquit à la fin du XVIIe siècle et qu'il mourut en 1737, c'est-à-dire deux cents ans après l'époque à laquelle Bourbon eût pu le connaître.

Bourbon [1], et dans lequel Holbein est spécialement désigné par ce poète, son contemporain et ami, comme le seul auteur de ces figures. Voici ce quatrain, qui suffirait presque à réfuter l'opinion de MM. Leber et Douce :

> Dum mortis Hansus pictor imaginem exprimit,
> Tantâ arte mortem rettulit, ut mors vivere
> Videatur ipsa et ipse se immortalibus
> Parem Diis fecerit, operis hujus gloriâ [2].

---

[1] Voyez les *Nugæ*, p. 127, édit. de Lyon, et p. 445, édition de Bâle.

[2] M. Douce ne croit pas que *les Simulachres de la Mort* soient l'invention d'Holbein ; mais, ne pouvant réfuter ces vers, qui désignent cet artiste comme leur auteur, il fait rapporter ce quatrain à une fresque représentant une Danse Macabre que, d'après le graveur Nieuhoff Piccard, Holbein aurait exécutée de grandeur naturelle dans les galeries du palais de Whitehall. C'est du moins ce que dit N. Piccard dans des notes manuscrites qu'il a adressées à quelques-uns de ses amis (voyez Douce, p. 141). Mais l'incendie qui détruisit le palais, en 1697, nous enlève toute certitude à cet égard et nous livre à des conjectures d'autant moins probables, que Piccard commet une erreur en ajoutant que cette Danse des Morts de Whitehall a été gravée par Holbein lui-même, tandis qu'il paraît certain que jamais Holbein n'a gravé de suite pareille.

Pour soutenir son opinion, M. Douce (p. 145) attribue encore à la Danse de Whitehall des vers anglais de Mathew Prior, qui, dit-il, ne devait pas connaître d'autre peinture de ce genre et dans lesquels :

> Imperious death........
> ......leads up Holbein's Daure

(l'impérieuse Mort mène la Danse d'Holbein). Nous croyons que le poète a eu en vue quelqu'édition des *Simulachres*, et non une peinture faite à Whitehall. Enfin, il n'est question de cette Danse dans aucun écrivain du temps. Charles Patin, dans ses *Relations historiques et curieuses de voyages* (Lyon, 1674, in-18, p. 170 et suivantes), décrit avec assez de soin les curiosités et les tableaux

Ces vers prouvent assez qu'Holbein a dessiné ces planches, et que, si l'opinion qui lui attribue la création de ces dessins est erronée, au moins n'est-elle point le résultat de la confusion des siècles qui ont suivi son époque, mais qu'elle existait déjà du temps de ce peintre.

Pourquoi s'étonnerait-on qu'Holbein, élevé avec la Danse de Bâle sous les yeux, ait dessiné lui-même une Danse des Morts, lui qui, parfois encore, a mis le Squelette en scène dans d'autres peintures [1] ?

---

d'Holbein renfermés dans ce château, qu'il dut visiter en 1671, par conséquent, longtemps avant l'incendie, et il ne dit pas un mot de cette peinture, qui certainement n'aurait pas manqué de le frapper.

[1] Voyez les ornements du fourreau de dague dessinés par Holbein (II.e partie, pl. XXIV, p. 62); voyez aussi un dessin que cite M. Douce (p. 145), copié par Isaac Oliver, d'après Holbein (la Mort et un Electeur d'Allemagne), et encore le tableau à l'huile représentant la Mort et une jeune Fille, dont M. Fortoul fait mention (p. 172).

Les dessins des *Simulachres* sont assez curieux pour que l'on mentionne dans quelles mains ils sont passés. Ils étaient originairement dans la collection Arundel, en Angleterre, et passèrent de là dans les Pays-Bas, où quarante-six devinrent la propriété du peintre Jean Bockhorst. Ils tombèrent ensuite dans les mains de M. de Crozat, à la vente duquel, en 1771, ils furent achetés par le conseiller Fleischmann, de Strasbourg, qui les offrit à Ch. de Méchel. Ce dernier les accepta, mais pour les donner à la bibliothèque de Bâle. Puis le conseiller oublia sa promesse dans ses dernières années; il céda les dessins au prince de Gallitzin, ambassadeur de Russie à Vienne, qui les prêta deux ans à Ch. de Méchel, pour les graver. Ils sont maintenant à Saint-Pétersbourg, dans la collection de l'empereur de Russie (voyez le Catalogue Crozat et Douce, p. 135 et 236). Huber et Rost rapportent qu'en 1797, ces dessins étaient à Bâle (Ellissen, p. 126, note 94). Ce doit être une erreur, et, en tous cas, ils n'auraient pas alors été dans

Le contraire serait presque singulier; car en admettant que le témoignage de Nicolas Bourbon n'existât pas, quel autre peintre de cette époque pourrait-on substituer à Holbein pour lui enlever la création de ce chef-d'œuvre ?

Les quatre premières figures de la Danse sont même mises en tête de la Bible [1], ce qui semble in-

---

les mains de Méchel, puisque ses éditions des copies d'Holbein sont bien antérieures et que sa dernière date de 1796.

[1] Holbein est suffisamment désigné comme leur auteur par Bourbon dans son *Carmen ad Lectorem* qui est ordinairement en tête des diverses éditions des figures du Vieux-Testament, et entr'autres celle de 1539 : *Historiarum Veteris Testamenti Icones, Lugduni, Trechsel fratres*, 1539 :

Holbius est homini nomen.......
Nam tabulam si quis videat quam pinxerit Hansus
Holbius, ille artis gloria prima suæ.....
His Hansi tabulis repræsentantur........

et dans le distique qui suit ces vers :

Cernere uis, hospes, simulacra simillima uiuis
Hoc opus Holbinæ nobile cerne manus.

Nous ne croyons pas qu'il faille entendre par ces mots : *Simulacra simillima uiuis*, les *Simulachres de la Mort*, où celle-ci est animée comme un personnage vivant, mais des représentations imitant parfaitement la nature, sinon la question serait vidée.

A propos de ces vers que Nicolas Bourbon a faits à l'éloge d'Holbein, M. Douce dit (p. 95) que, si l'imprimeur Frellon, qui possédait, à Lyon, les planches originales du Vieux-Testament et de la Danse des Morts, eût regardé Holbein comme l'auteur de cette dernière, il est probable qu'il eût mis de préférence en tête de cet ouvrage les lignes flatteuses de Bourbon, plutôt que d'y mettre la dédicace qui attribue les dessins à l'artiste alors décédé.

Cette observation serait bonne si Nicolas Bourbon eût désigné, dans les vers dont il s'agit, Holbein comme le dessinateur spécial des *Simulachres de la Mort*; mais comme il n'y est question que d'Holbein excitant la jalousie d'Apelle et de Zeuxis, il eût été

diquer que les deux suites ont un auteur commun, et la grandeur des gravures de la dernière, lesquelles sont plus larges et moins hautes que celles des *Simulachres*, est à vrai dire la différence la plus saillante qui existe entr'elles deux.

Mais pour en revenir à cette phrase capitale de la dédicace : « Très grandement vient à regretter la » mort de celuy qui nous en a icy imaginé si élé- » gantes figures, » ne pourrait-elle pas s'entendre aussi de la mort du graveur? M. Leber expose avec vérité que, par les mots cités plus bas de *painctre* et de *figures jà par luy trassées*, on doit entendre le dessinateur. Néanmoins M. Ottley indique, dans ses Recherches sur la gravure (*Enquiry into the origin and early history of engraving*. 1816, IIe vol., p. 759), qu'il s'agit ici du graveur, et son opinion n'est pas dénuée de vraisemblance. Seulement, il est fâcheux, pour résoudre cette question, que l'on ignore la date de la mort de Lutzelburger, graveur auquel on attribue l'exécution de ces planches et dont nous allons parler tout-à-l'heure. Füszly, dans son Dictionnaire, et Brulliot ne citent point cette date, qui, si elle était connue, pourrait peut-être soulever un coin du voile jeté sur cette matière. Cependant, si le graveur fût mort en 1538, il eût fallu que la dernière suite de gravures, qui parut en 1545, eût été achevée par un graveur aussi habile que le premier, ce qui est dé-

---

inutile de mettre cela en tête des *Simulachres* plutôt que des Figures de la Bible. Ces vers allaient aussi bien à un ouvrage qu'à l'autre.

menti par l'homogénéité que l'on trouve sous le rapport de l'exécution dans toutes ces planches.

Enfin, pour terminer, ne pourrait-on pas voir, dans cette dédicace, comme l'ont dit MM. Fortoul et Ellissen, que l'auteur n'a mis cette phrase : « La Mort » craignant que cet excellent painctre...... lui accé- » léra ses jours..... etc., » que pour amener un mauvais trait d'esprit, une figure de mauvais goût, à savoir que la Mort enleva le peintre, parce qu'elle craignait qu'il ne la peignît *tant vifve*, que désormais elle ne fût plus redoutée par les humains ?

A cette occasion, M. Fortoul (p. 171) rapproche ces mots : « Que ce painctre ne la peignist tant vifve » et « que pour cela même n'en devint immortel » des vers du quatrain de Bourbon:

> Tantà arte Mortem rettulit ut mors vivere
> Videatur ipsa et ipse se immortalibus
> Parem Diis fecerit, operis hujus gloriâ,

pour en induire que Nicolas Bourbon serait aussi l'auteur de cette épître dédicatoire adressée à l'abbesse Jeanne de Touszèle, et qu'il y aurait répété en français ce qu'il avait mis en vers latins. Cependant il est plus probable, comme le dit Brunet (1842, t. II, p. 604), qu'il faut attribuer cette dédicace à Jean de Vauzelles, à cause des mots : *Salut d'un vraye zèle*, qui forment sa devise et qui se lisent dans le titre [1].

---

[1] Ce Jean de Vauzelles, prieur de Montrotier, était connu à Lyon, sous le règne de François Ier, comme traducteur et auteur d'ouvrages religieux.

Nous le regardons d'autant plus volontiers comme l'auteur de

Dans ce cas, il est certain que l'un a emprunté ces idées à l'autre.

Maintenant, examinons la seconde question, relative à la gravure de ces planches. Holbein les a-t-il gravées lui-même? Est-ce à lui qu'appartient le monogramme HL que l'on voit sur le lit de la Duchesse? (Voyez pl. XXXIV.) Nous ne le croyons pas, et nous rencontrons la même incertitude dans les opinions. D'un côté, MM. de Rumohr, Naumann, Papillon, de Zurlauben (*Tableaux de la Suisse.* Paris, 1786, in-fol., t. II, p. 133), regardent Holbein comme le graveur; de l'autre, MM. Brulliot, de Murr, Zani, Douce, Fortoul, Jubinal et Ellissen [1], à l'opinion

---

cette épître que l'on trouve dans une des premières phrases les lignes suivantes : « Lequel bon Jesus, non sans divine provi-
» dence, vous a baptisé du nom et surnom au mien unisonante-
» ment consonant, excepté en la seule lettre de T. lettre, par
» fatal secret, capitale de votre surnom : pour autant que c'est
» ce caractère de thau, tant célèbre chez les Hébreux et vers
» les Latins, pris à triste mort. » Il est certain que les mots de Vauzelles et Touszelle terminent de même, et qu'il n'y a pas d'autre moyen de comprendre cette phrase qu'en les rapprochant : c'est alors regarder Jean de Vauzelles comme l'auteur de la dédicace.

[1] Consultez pour M. de Rumohr, le *Kunstblatt* (Journal de l'Art), publié par Schoen, année 1823, ou l'ouvrage intitulé : *Hans Holbein der Jungere in seinem Verhaltniss zur deutschem formschittwesen* (Jean Holbein le jeune dans ses rapports avec les graveurs allemands) Leipzig, 1836 ; pour Papillon, son *Traité de la gravure sur bois*, I, 360 ; pour de Zurlauben, les *Tableaux de la Suisse.* Paris, 1786, in-fol., tome II, p. 133 ; pour Brulliot, le *Dictionnaire des Monogrammes.* Munich, 1832, I, n° 2384, p. 305 ; G. de Murr, *Journal zur Kunstgeschichte* (Journal pour l'Histoire de l'Art), X, p. 74, etc.; Zani, *Enciclopedia metodica delle belle arte*, 1re part., vol. XI.

desquels nous nous rattachons, pensent que ces planches sont l'œuvre d'un excellent graveur sur bois que nous avons déjà cité, Hans Lutzelburger ou Leuczelburger, surnommé Franck, et qui est connu pour avoir gravé d'autres dessins d'Holbein, entr'autres le sujet de la Félicité (Brulliot, Ire p., n° 2280 B, p. 291), et surtout le magnifique alphabet d'initiales avec la Danse d'Holbein, qui porte en toutes lettres le nom de son graveur. (Voyez IIe partie, p. 40, à l'article *Danses des Morts dans des lettres initiales.*)

D'abord, quand on réfléchit à la coutume qu'ont les graveurs de mettre leurs initiales et même leur nom sur les planches qu'ils exécutent, on trouve un motif en faveur de notre opinion. Mais, en admettant que le monogramme en question appartint à Holbein, ce ne serait pas encore une raison pour attribuer à ce peintre l'exécution de la gravure. Combien de planches portent les noms de grands maîtres qui ne les ont jamais gravées, mais sur lesquelles ils se contentaient de tracer tout au plus le dessin pour que le graveur pût y faire ses tailles? Nous ne citerons à l'appui de ce que nous avançons là que l'exemple d'Albert Dürer, qui a laissé un si grand nombre de planches signées et dont on lui attribue l'exécution, qu'en vérité sa vie eût été trop courte pour les faire. (Voyez Bartsch, le *Peintre-Graveur*, t. VII, p. 19.)

S'il fallait admettre avec M. Douce que la première suite de ces dessins fût l'œuvre de Reperdius, la planche de la Duchesse faisant partie des premiers tirages, on ne pourrait douter que le monogramme HL n'appartînt ici en toute propriété à Lutzelburger.

De plus, ce monogramme, composé des deux lettres H et L, paraît beaucoup mieux se rapporter à Hans Lutzelburger qu'à Hans Holbein, qui signait ordinairement ses œuvres par deux HH [1]. Brulliot [2] cite une pièce gravée, en 1522, par Lutzelburger, et qui porte seulement ses initiales HLF, *Hans Lutzelburger Fecit*, ou *Hans Lutzelburger* surnommé *Franck*. Peut-être, dans le cas dont il s'agit ici, est-ce l'espace resserré qu'offre le panneau du lit de la Duchesse qui aura forcé le graveur, tout en supprimant une de ces initiales, de lier les deux premières entr'elles.

Papillon voit dans Holbein le graveur de ces planches. Mais nous ne nous en rapportons nullement à lui, car il mêle les erreurs les plus évidentes à tout ce qu'il dit d'Holbein : « Cet artiste, dit-il (Ier vol., » p. 166), a peint la Danse des Morts dans le Marché » aux Poissons de Bâle, proche un cimetière. Il a » de plus employé son habileté à réduire ces ta-» bleaux en petites estampes qu'il a gravées en bois » d'une délicatesse et d'une beauté sans égale. » D'abord Holbein n'a jamais peint la Danse de Bâle, qui, du reste, n'était point placée sur le Marché aux Poissons, mais dans le cimetière des Dominicains. Il y a ici confusion avec une Danse de Paysans et non de Morts, qu'Holbein peignit effectivement sur

---

[1] Voyez MM. Brulliot, IIe partie, n° 1196 A ; Hegner, p. 165, et Douce, qui donne à la fin de son volume une liste complète des monogrammes vrais ou faux d'Holbein.

[2] Ire partie, n° 2384.

le marché de cette ville. Ses dessins n'ont jamais été une copie réduite de la fresque de Bâle, et enfin, selon nous, Holbein ne les a point gravés lui-même. Voici, du reste, comment Bartsch s'exprime (t. VII, p. 25) en parlant de Papillon : « Il est tellement épris » d'amour pour son art, qu'il n'hésite pas de faire » graveurs en bois tous les grands peintres de toutes » les nations, d'après les dessins desquels on a des » tailles de bois. »

Enfin, Brulliot nous apprend que le baron de Rumohr refuse d'accorder l'exécution de la gravure à Lützelburger, parce qu'il connaît une pièce portant son nom en toutes lettres et qui n'est pas si bien faite. Mais Brulliot répond justement que cette raison n'est pas satisfaisante : « Car, dit-il, l'histoire de » l'art nous apprend que les artistes ne se ressem- » blent pas dans tous leurs ouvrages; on a même une » gravure de Lutzelburger, de la même année 1522, » que M. le baron de Rumohr croit indigne du gra- » veur des pièces de la Danse des Morts, qui est si » parfaitement bien travaillée, qu'on peut la mettre » parmi ce qui existe de plus beau en gravure sur » bois. » En un mot, il dit, en parlant de l'idée de M. de Rumohr : « Nous ne pouvons pas partager son » opinion, parce qu'il ne paraît pas vraisemblable » qu'un artiste aussi parfait dans son art que Hol- » bein ait pu avoir la patience d'apprendre le méca- » nisme de la gravure en bois et d'y réussir si par- » faitement, qu'il serait presqu'impossible de faire » mieux. » A cette raison concluante de Brulliot nous ajouterons que, lorsqu'on compare avec les *Si-*

mulachres de la Mort l'alphabet de lettres initiales qui porte le nom de Lutzelburger et que l'on reconnaît sans contestation comme étant de lui, on trouve dans toute l'exécution de la gravure les mêmes tailles, la même finesse, la même perfection de l'art, le chef-d'œuvre d'un seul et même artiste. Aussi, ne saurions-nous mieux conclure qu'en répétant que Lutzelburger était très capable de graver lui-même les sujets de la Danse des Morts dessinés par Holbein.

Cette Danse n'est pas, comme la plupart de celles du moyen-âge, une suite non interrompue de personnages enlevés par la Mort, qui gambade avec des poses plus ou moins comiques. C'est une représentation fidèle des scènes de la vie humaine. Le peintre, peut-être moins satirique que Nicolas Manuel dans sa Danse de Berne, mais plus habile et plus heureux que lui dans le choix de ses tableaux, a su animer son Squelette avec une originalité piquante, et placer ses personnages dans une scène propre à leur état, à leur position. Voyez, par exemple, les sujets du Pape (pl. XXVIII), du Juge (pl. XXX), du Médecin (pl. XXXI), du Marin (pl. XXXIII), du Soldat (pl. XXXV), et encore ceux du Prédicateur [1], du Marchand, du Brigand, du Laboureur,

---

[1] Ici le Prédicateur est en chaire, et pendant qu'il prêche devant des personnes de diverses conditions, la Mort, portant une étole, vient par derrière le saisir. Ce sujet, placé en quelque sorte dans un ordre hiérarchique, est le vingt-unième de l'édition des *Simulachres* de 1538. Aussi faut-il bien se garder de le confondre avec celui du Prédicateur, qui se trouve ordinairement en tête des autres Danses (comme à Bâle, à Strasbourg ; comme dans

du Prêtre portant le viatique, que la Mort en sacristain guide près du mourant, et, enfin, du Magistrat qui, sous l'inspiration du Diable qui lui souffle dans l'oreille, donne raison à l'homme riche et repousse l'homme couvert de haillons.

Les dessins d'Holbein parurent pour la première fois au nombre de quarante, vers 1530, à Bâle. Imprimés d'un seul côté, ils ne faisaient point alors, comme plus tard, partie d'un livre de piété et ne portaient que le titre des sujets en allemand. M. Douce (p. 86 et 110) a mis en doute la date de cette première édition, croyant que les planches ne virent le jour qu'en 1538, à Lyon. Mais les citations suivantes, données par M. Massmann (*Litteratür der Todtentanze*, p. 7), nous fournissent les preuves que les impressions originales de 1530 sont bien authentiques [1]. Ainsi, dès 1531, une copie de la

---

plusieurs éditions allemandes de la Danse des Morts), sujet dans lequel on ne voit jamais le Squelette, mais où le Prédicateur, en dehors de l'action et ne faisant par partie, pour la circonstance, des personnages enlevés par la Mort, est censé prêcher aux lecteurs sur les fragilités de la vie humaine.

[1] M. Fortoul suppose (p. 88) que Nicolas Bourbon, qui était à Londres en 1535, et qui laissa cette ville pour venir habiter Lyon jusqu'en 1538, aurait pu apporter aux libraires de Lyon la suite encore incomplète des dessins d'Holbein, qui parurent en 1538. A l'appui de ce qu'il avance, il ajoute que l'auteur de la dédicace, qu'il suppose être Bourbon lui-même, connaissait la dernière série des dessins, puisqu'il parle de la figure du Charretier et de la Mort, qui ne parut qu'en 1545, et qu'il ne pouvait avoir vue qu'à Londres. Cette hypothèse pourrait être soutenue si l'apparition de la Danse d'Holbein datait de 1538. Mais elle doit être repoussée puisque les dessins parurent dès 1530, à Bâle et

Tentation d'Adam et d'Ève, gravure qui fait toujours partie de la Danse des Morts, paraît dans la Bible imprimée en allemand, à Zurich, par Christophe Froshauer; en 1535, les copies des quatre premières figures de la Danse d'Holbein, qui ont été réunies aux figures de l'Ancien-Testament dessinées par le même maître, paraissent encore, à Anvers, dans une Bible de Jacob de Liesvelt; enfin, la même année, Albrecht Glockendon copie, à Nuremberg, dans un magnifique livre d'Heures à l'usage du duc de Bavière, deux sujets de la Danse des Morts proprement dite, celui du Prêtre et celui des Armes de la Mort (pl. XXXVI), où les deux personnages sont remplacés par deux Squelettes. M. Massmann ajoute aussi qu'il est de toute probabilité que ces dessins, connus à l'étranger, ne l'étaient pas à la même époque en France; car Nicolas Bourbon ne parle pas d'Holbein dans son édition des *Nugœ*, de Paris (1533), tandis qu'il lui donne des éloges dans le même ouvrage, publié à Lyon, chez Gryphius, en 1538; de même que, dans l'édition des *Icones Veteris Testamenti* de 1538, on ne trouve pas la pièce de vers intitulée : *Carmen ad Lectorem*, dans laquelle Bourbon ne cesse de louer

---

non à Lyon, c'est-à-dire cinq ans avant le départ de Bourbon de Londres.

Papillon croit aussi que ces planches parurent en 1530, et pour le prouver, il dit que l'on trouve les quatre premières figures de la Danse parmi celles du Vieux-Testament, imprimées, à la vérité, en 1539, c'est-à-dire un an après l'édition authentique de 1538; mais, toutefois, il ajoute qu'il était facile de voir que ces planches avaient déjà fourni plusieurs milliers d'exemplaires.

Holbein, et qu'on la trouve dans l'édition de 1539 [1].

Ces premières impressions sont de la plus grande rareté. M. Massmann en cite quelques suites incomplètes et quatre seulement complètes, dont deux sont en Angleterre, et les autres à Bâle et à Berlin [2].

En 1538, ces planches furent imprimées pour la

---

[1] Dans quelques livres de prières, imprimés par François Regnault, tels qu'un, avec la date de 1533, à l'usage de Rouen, sont deux gravures qui ressemblent beaucoup à deux sujets d'Holbein : l'Expulsion du Paradis et Adam travaillant à la terre.

Ce volume porte pour titre : « Ces presentes heures a l'usage de Rouen..... imprimées à Paris l'an M. cccc. xxxiii... On les vent à Paris en la rue saint Jaques a l'enseigne de Lelephant devant les maturins et a Rouen a lenseigne de la Leuriere deuant la belle image. » In-12, goth.

La Mort est seule omise dans ces planches, qui sont gravées en sens inverse de celles d'Holbein. Le sujet d'Adam bêchant est conforme, sauf le Squelette, et l'on pourrait croire qu'il a été copié d'après cet artiste, à moins que celui-ci n'y ait par hasard puisé quelques inspirations ; cette dernière opinion est aussi celle de M. Douce (p. 137).

[2] Voici, d'après cette dernière suite, les titres des sujets placés dans leur ordre primitif, qui diffère beaucoup de celui que présentent les nombreuses réimpressions postérieures, et dans lesquelles on n'a pas séparé comme ici les personnages laïques des personnages religieux : les Armes de la Mort, la Création du Monde, la Tentation d'Adam et d'Ève, leur Expulsion du Paradis, Adam travaillant à la terre ; le Pape, le Cardinal, l'Evêque, l'Abbé, l'Abbesse, le Chanoine, le Prêtre, le Prédicateur, le Moine, la Nonne, l'Empereur, l'Impératrice, le Roi, la Reine, le Duc, la Duchesse, le Comte, la Comtesse, le Noble, la Femme Noble, le Chevalier, le Juge, l'Avocat, le Magistrat, le Médecin, l'Homme Riche, le Marchand, le Marin, le Mercier, le Laboureur, le Vieillard, la Vieille, le Jeune Enfant, le Concert des Squelettes et le Jugement Dernier (Massmann, p. 9). Les deux sujets de la Femme Noble et du Riche sont aussi connus sous les noms des Amoureux et de l'Avare.

Dans l'édition de 1538, les Armes de la Mort, qui commencent

première fois en France, à Lyon, chez les frères Trechsel, sous le titre de : *Simulachres et historiees Faces de la Mort*, titre qui remplissait beaucoup mieux le but de l'artiste que ne l'eût fait celui de Danse des Morts. Elles étaient accompagnées de sentences latines et de quatrains moraux composés en français par le savant imprimeur parisien Gilles Corrozet, et suivies de sermons et de traités pieux de peu d'importance, tels que des sermons de saint Cyprien, de saint Jean Chrysostome, la Médecine de l'Ame [1], etc.; ce qui fait dire à M. Ellissen (p. 97), en parlant de ce livre, que les images en sont la meilleure médecine, et qu'il nous importe peu qu'elles soient ordonnées par le docteur ou par l'apothicaire. Elles étaient au nombre de quarante-et-une, le sujet de l'Astrologue ayant été ajouté aux précédentes, et dès-lors elles furent toujours publiées, comme ici, dans un livre de piété. Dès 1542, elles furent réim-

---

ici la série, furent rejetées à la fin, tandis que le Concert des Squelettes vint occuper le n° 5, après les quatre sujets tirés de l'Ecriture. Quant aux planches des personnages, elles furent mêlées et placées sans ordre. Cette disposition, malgré son irrégularité, fut cependant généralement suivie dans toutes les réimpressions postérieures.

[1] M. Kist cite (p. 61) un manuscrit du xve siècle, en sa possession, qui servit à des moines Carthusiens de Waard, près d'Utrecht, et qui, sous le titre de : *Liber Infirmorum*, renferme, avec des sujets mortuaires, des oraisons à l'usage des malades et des agonisants, tirées des Pères de l'Eglise, telles que : *Meditatio animæ discessum suum memorantis ; — Orationes super agonisantes per alios dicendæ*, etc. Ces sortes d'ouvrages, en usage au xve siècle, ont bien pu fournir l'idée du texte qui accompagne les figures des *Simulachres*.

primées dans des éditions latines du même ouvrage,
et ce fut le beau-frère de Luther, Georges Œmler
(Æmylius), qui traduisit en tétrastiques latins à cette
occasion les quatrains français de Gilles Corrozet.

Mais le nombre des planches ne devait pas tarder
à s'augmenter ; car, dans une des éditions qui suivirent, en 1545, on en trouve douze de plus qu'auparavant, ce qui en élève le nombre à cinquante-trois [1]. Ici s'arrête la série faite par Holbein ; ce qui
n'empêcha pas qu'en 1562 le nombre de ces gravures
ne fût augmenté, et qu'au XVIIe siècle Eberhard
Kieser n'ajoutât aux précédentes sept estampes nouvelles.

Les planches originales sur bois servirent encore
à un certain nombre d'éditions, dans le XVIe siècle
seulement (voir plus loin la Notice bibliographique).
Dans tous les cas, les exemplaires, quoique rares
maintenant, durent être extrêmement nombreux.

---

[1] Ces douze planches sont : le Soldat, le Joueur, le Buveur, le
Fou Débauché, le Brigand, l'Aveugle, le Charretier, le Mendiant
Lépreux et quatre autres représentant des sujets d'Enfants. Dans
ces cinq dernières figures, on ne voit pas la Mort, quoiqu'il en
soit question dans les quatrains qui les accompagnent, et il est
probable qu'elles n'ont jamais dû être gravées pour faire partie de
cette suite macabre ; car elles n'ont pour bordure qu'un filet,
tandis que toutes les autres planches en ont deux. — Dans le sujet du Mendiant criant de douleur et assis au coin d'une porte,
le poète Ludowic Bechstein croit voir le Juif-Errant. Quant aux
figures des Enfants, M. Naumann ne croit pas (à tort, selon
nous) que ce soient des dessins d'Holbein. Il est, au contraire, fort
croyable que, si ces planches ont été mises là, c'est qu'elles sont
dues à ce grand maître. On croit y trouver des personnifications
allégoriques de l'Ivresse, de la Guerre et de la Victoire.

Papillon estime (I, 169), eu égard à l'état de fatigue de quelques planches, qu'elles ont dû fournir un tirage de cent mille exemplaires au moins. Ce nombre est peut-être exagéré, mais il n'en pas moins certain qu'elles ont énormément servi, même à ce point que les filets des bordures de quelques-unes ont en partie disparu (voyez nos planches XXX et XXXIII). Les bois finirent par être dispersés, et Papillon dit (I, 177) qu'une de ces planches, celle des Amoureux, lui passa par les mains. Quant à nous, nous avons été assez heureux pour en retrouver huit, que nous avons fait imprimer (pl. XXVIII-XXXV), et qui ne sont pas le moins bel ornement de cet ouvrage. Elles portent les sentences de l'Ecriture traduites du latin en français, et les quatrains de Gilles Corrozet, tirés de l'édition française de Lyon (1547) [1].

Ces considérations générales étant terminées, nous décrirons toutes les planches que nous donnons d'Holbein, y compris celles qui portent dans notre publication les n°[s] XVI et XVIII.

La XVIe planche offre une copie exacte de la XXXVe [2]. La Mort est aux prises avec un Soldat suisse;

---

[1] Nos planches 28, 29, 30, 31, 32, 33, 34 et 36 portent les n°[s] 6, 10, 18, 26, 27, 30, 36 et 41 dans l'édition originale de 1538. Quant au n° 35, le Soldat, il ne se rencontre point, comme nous l'avons déjà dit, dans cette dernière édition ; on ne le trouve que dans celle de 1545, dont il forme la quarantième figure.

[2] Les planches XVI et suivantes étaient gravées déjà depuis longtemps, lorsque la découverte fut faite des huit bois originaux d'Holbein, parmi lesquels se trouve celui du Soldat. Nous avons alors préféré répéter ce sujet, plutôt que de supprimer, en retirant

celui-ci lève une large épée à deux mains sur son terrible adversaire, qui n'a qu'un os pour toute arme, et dans le fond on voit un autre Squelette qui, avec un tambour, excite et conduit les hommes au combat. L'énergie que l'artiste a su donner aux deux champions fait de cette estampe une des plus curieuses de toute la série [1].

Le bas de cette même planche est occupé par le sujet de la Comtesse ou, selon M. Naumann, de la Fiancée. Ici, la Mort fait l'office de chambrière, et, pendant qu'une femme présente des parures à la Comtesse, la Mort met au cou de la dame un collier d'ossements et la pare pour son bal funèbre. Cette figure est accompagnée de la sentence suivante :

---

notre copie inutile, la figure de la Comtesse, qui s'y trouve jointe.

Cette copie a été entièrement achevée ; mais quant aux trois autres qui suivent, celles de la Comtesse, du Charretier et du Concert des Squelettes, M. Langlois a préféré ne conserver que le trait, probablement parce qu'il n'avait alors pour modèles que de mauvaises épreuves originales.

[1] Dans l'édition de 1547, cette gravure et les onze autres qui servent de complément aux quarante-et-une premières sont accompagnées de quatrains français de tous points semblables aux précédents de G. Corrozet. Or, cet auteur n'étant mort qu'en 1568, nous sommes assez portés à croire qu'il a fait les douze quatrains supplémentaires, de même que G. Æmylius, qui ne mourut qu'en 1569, les aurait également traduits. Du reste, comme on connaissait avant l'édition latine de 1545, et, à plus forte raison, avant l'édition française de 1547, les planches supplémentaires qui devaient y figurer, ainsi que le prouve la gravure du Charretier (n° 46), dont il est question dès 1538, peut-être G. Corrozet et G. ŒEmylius ont-ils fait d'un seul trait et sans y revenir en deux fois ces quatrains, qui semblent être sortis de la même plume et nés de la même inspiration.

> Ils passent leurs temps heureusement et en un moment descendent au sépulcre.
>
> Job XXI.

et du quatrain suivant :

> En biens mondains leurs iours despendent
> En voluptés et en liesse,
> Puis soudain aux Enfers descendent
> Ou leur ioye passe en tristesse [1].

Les graveurs qui ont copié les figures d'Holbein à de fréquentes reprises ne les ont pas toujours suivies avec soin. Certains artistes les ont reproduites plus grandes qu'elles ne sont dans le principe ; d'autres les ont gravées en sens inverse, c'est-à-dire que les personnages qui sont à droite dans l'original se trouvent à gauche dans la copie ; d'autres, enfin, ont fait subir aux dessins des changements plus ou moins grands. Aussi, pour que l'on puisse comparer, nous offrons, dans notre planche XVIII, l'exemple d'une copie d'Holbein à la fois agrandie et retournée. Ce sujet représente un Concert de Squelettes dans un cimetière, devant le porche d'une église. Il est tiré d'une édition latine de Cologne intitulée : *Imagines Mortis.... Coloniæ, apud hæredes Arnoldi Birckmanni, anno 1566*, et accompagné des passages de l'Ecriture et des vers latins suivants :

---

[1] Ce quatrain n'est pas précisément écrit de même dans l'édition de 1538, où le mot *tristesse* est à tort répété deux fois :

> En biens modains leurs iours despendet
> En uoluptez, et en tristesse,
> Puis souhdain, etc., etc.

Væ, væ, væ, habitantibus in terrâ.
Apocalypsis VIII.

Cuncta in quibus spiraculum vitæ est, mortua sunt.
Genesis VII.

Væ nimium vobis misero qui viuitis orbe,
Tempora vos multo plena dolore manent.
Quantumcunque boni vobis fortuna ministret,
Pallida mors veniens omnibus hospes erit.

Ces vers d'Æmylius sont la traduction, comme nous l'avons déjà dit, des vers français de Gilles Corrozet, et, pour mieux en montrer l'exemple, nous citerons les vers correspondants de ce dernier :

Malheureux qui uiuez au monde
Tousiours remplis d'aduersitez,
Pour quelque bien qui vous abonde,
Serez tous de Mort uisitez.

Cette planche, pour peu qu'on veuille la comparer attentivement à la planche originale d'Holbein, présente une foule de différences dans ses détails. Il en est de même de toutes les autres planches de cette édition ; de telle sorte qu'il est évident que l'artiste, loin de chercher à faire une contrefaçon, s'est borné à produire une imitation qui laissât quelque liberté à son génie inventif.

La seconde partie de notre planche présente une copie, d'après les éditions originales, du Charretier et de la Mort (n° 46). C'est sur cette figure, dont nous avons déjà parlé, que roule la discussion de la préface de l'édition de 1538. Un Squelette enlève une roue en riant, pendant qu'un autre Squelette, monté sur la voiture, s'efforce de briser un tonneau ; le Charretier, dans une attitude de désespoir, lève les mains au ciel en voyant un de ses chevaux étranglé par son collier retourné et mourant sous le poids du chariot. Ici, l'auteur de la préface de 1538 avance encore une erreur en décrivant cette planche dans la phrase déjà citée plus haut (p. 82); car ce n'est pas le Charretier, mais bien le cheval qui est abattu sous la voiture; le tonneau n'est pas effondré, et la Mort, au lieu de sucer le vin avec un chalumeau, semble délier les chaînes qui retiennent le tonneau, pour le mieux renverser.

Voici les vers français, tant soit peu obscurs, qui accompagnent cette figure :

> Il cheut en son chariot.
>
> I Rois IX.
>
> Au passage de mort peruerse
> Raison chartier tout esperdu,
> Du corps le char, et cheuaux verse,
> Le vin, sang de vie espendu.

Le Charretier porte un large couteau à sa ceinture; et si quelque chose d'analogue doit nous étonner, c'est la grande épée qu'Holbein a donnée au Colporteur ou au Mercier (n° 37), de même que dans les Danses de Bâle et de Dresde on voit aussi le Paysan porter un sabre énorme.

Passant maintenant à la description des gravures sur bois originales, nous trouvons, dans la XXVIIIe estampe, le sujet du Pape, un des plus satiriques de tout le recueil, et qui fut conçu, sans contredit, sous l'impression des idées de la Réforme. Holbein ne s'y est pas, à coup sûr, montré moins piquant que Nicolas Manuel dans le même sujet de la Danse de Berne. Ici, l'Empereur, agenouillé, a déposé son globe impérial pour baiser la mule du Pape, lequel s'apprête à lui poser la couronne sur la tête, pendant que la Mort, qui tient la béquille du prélat, semble en riant l'engager à se lever pour la suivre. Au-dessus du Pape sont deux Diables, dont l'un soulève la draperie du dais, qui porte, chose assez singulière, des ornements fleurdelisés [1], et dont l'autre se montre plus loin tenant un bref auquel une rangée de sceaux est attachée, ce qui semble être une allusion critique aux lettres d'indulgences. Près des marches du trône, on voit un Cardinal, suivi lui-même de la Mort affublée de son propre costume. Ce dernier sujet est traité spécialement dans une des estampes de la série d'Holbein, et l'on pourrait presque dire qu'il forme ici double emploi. On a prétendu que l'artiste, voulant mettre dans sa Danse les portraits de quelques-uns de ses contemporains, aurait fait celui de Léon X. Mais la ressemblance dans ce portrait, de même que celle de Maximilien dans le sujet de l'Empereur, n'existe pas autant que celle de François Ier dans l'estampe du Roi.

---

[1] Ces fleurs de lis ne sont amenées ici par aucune cause et ne doivent être considérées que comme de simples ornements. On n'en dirait pas autant des dessins de la tapisserie placée derrière François Ier, dans le sujet de la Mort et du Roi (n° 8), si, comme beaucoup d'auteurs l'ont pensé, on devait y voir des fleurs de lis; mais la forme de ces ornements s'éloigne complétement de ce type consacré. Nous croyons d'autant moins qu'Holbein ait voulu reproduire ici ce signe caractéristique, que, dans les figures du

Notre XXIXe gravure représente l'Impératrice. Celle-ci est en grand costume et porte la couronne; la Mort, sous la forme d'une vieille femme, lui prend le bras et lui montre du doigt sa fosse, pendant qu'aucune des Dames d'honneur, qui sont toutes dans la même toilette, ne s'aperçoit de la chute dont l'Impératrice est menacée. Dans cette planche, l'artiste graveur a su fort bien imiter les étoffes veloutées dont la plupart des têtes sont couvertes.

Planche XXX. La Mort, derrière le Juge assis, vient casser son bâton de justice, quand il tend la main à l'Homme riche, dont il a peut-être pris les intérêts au détriment du Malheureux qui, la tête découverte, le regarde d'un air suppliant.

Planche XXXI. Le Médecin est occupé à travailler, quand la Mort, tenant une fiole qu'elle lui montre, amène un Vieillard se traînant à peine, dont le Docteur semble condamner les jours. L'expression des figures du Médecin et du Malade sont très bien rendues, et Papillon dit que cette gravure est une des plus belles de toute la suite.

Planche XXXII. Cette estampe de l'Astrologue est magnifique dans tous ses détails, dans ceux des figures comme dans ceux des meubles. L'Astrologue étudie profondément, les yeux attachés sur un globe céleste, pendant que la Mort, se renversant à force

---

Vieux-Testament, au sujet d'Assuérus prenant Esther pour femme, il a mis, et cela sans motif, des ornements de tapisserie absolument semblables.

de rire, paraît lui demander s'il voudra bien aussi faire quelques réflexions sur le crâne qu'elle lui présente [1].

Planche XXXIII. Le Naufrage ou le Batelier. Un navire est assailli par la tempête, les matelots effrayés paraissent avoir perdu tout espoir, et l'un d'eux s'apprête à se jeter à l'eau ; les vagues envahissent le navire, la voile est en lambeaux, quand la Mort, pour ajouter à cette horreur, s'efforce de briser le mât, dernier espoir de salut des matelots.

Planche XXXIV. Cette estampe représente la Duchesse. Elle est au lit, portant encore une toilette assez recherchée, et la Mort vient la faire lever en tirant ses draps, pendant qu'un autre Squelette, à moitié caché, joue du violon devant elle. Il est d'autant plus curieux pour nous d'avoir retrouvé cette planche, qu'elle porte le monogramme dont il a déjà été tant question et sur lequel roulent des discussions si difficiles à résoudre.

Nous terminons dans notre planche XXXVI cette petite série de dessins d'Holbein par une copie des *Armoiries de la Mort* [2]. Un socle brisé en plusieurs

---

[1] Le sujet de l'Astrologue, que l'on rencontre dans presque toutes les Danses Macabres, se trouve aussi dans l'ouvrage allemand intitulé : *Das Schaltjahr (l'Année bissextile)*, par Scheible (Stuttgard, 1846, II° vol., p. 81). Ce n'est point, du reste, une copie d'Holbein ; la gravure est beaucoup plus grande. Néanmoins, l'Astrologue est, comme ici, dans son cabinet, assis à une table, et la Mort, placée à gauche, lui présente également un crâne.

[2] Cette copie est la même que celle que MM. Bonner et Byfield ont faite à Londres pour l'ouvrage de M. Douce.

endroits soutient un écusson en lambeaux qui porte une tête de mort, et qui est surmonté lui-même d'un casque fracturé ; autour de ce casque est jetée une draperie dont les débris tombent jusqu'à terre, et au-dessus on voit l'attribut de la Mort, le sablier encadré par deux bras de squelette tenant une pierre ; ce que l'on peut ici considérer comme le symbole de cette fatale menace d'accident inopiné que la Mort tient constamment suspendue sur notre tête, et qu'elle est à chaque instant près de laisser échapper. Enfin, de chaque côté, sont deux personnages, un homme et une femme, en costume de ville allemand. Quant à ceux-ci, Papillon croit, sans raison, que ce sont les portraits des personnes pour qui Holbein dessina la Danse des Morts ; M. Naumann (p. 37) avance que ce sont les portraits d'Holbein même et de sa femme. Mais il nous semble qu'il est à peu près impossible de résoudre cette question. Nous croyons plutôt que cette image est la représentation de l'humanité soumise à la Mort, et comme il est généralement dans la donnée des armoiries suisses ou allemandes de figurer des personnages pour soutenir de chaque côté les écussons, il est probable qu'ici l'artiste a été guidé par cette habitude, et qu'il n'a mis l'homme et la femme que dans le but de symboliser l'espèce humaine réunie sous le sceau de la Mort [1].

---

[1] En créant sa Danse des Morts, Holbein suivait les traditions adoptées depuis l'origine pour ces sortes de monuments. Ainsi, en tête de la série, il a mis des Squelettes formant un concert. Cette

SUR LES DANSES DES MORTS. 109

Pour reprendre maintenant ce qui est relatif aux nombreuses éditions des figures d'Holbein, nous ajouterons que, dès 1542, Jobst de Necker grava sur bois la première suite complète, qui, en 1544, parut à Augsbourg, et qu'à son exemple, son frère et

---

scène pouvait, sans inconvénient, être retranchée de sa Danse, qui ne se passe pas dans un cimetière, mais dans autant d'endroits qu'il y a de sujets différents, tandis que, dans les premières peintures, cet orchestre funèbre se conçoit d'autant mieux que les mortels, formant tous un même cortège, sont amenés dans un cimetière dont les habitants les reçoivent au son de leur lugubre musique.

De même, Holbein a donné des armes à la Mort. Cet usage remonte assez loin, et les livres d'Heures gothiques en offrent, à la partie inférieure de leurs riches bordures, un certain nombre d'exemples. C'est même là que M. Langlois a puisé l'idée du blason qu'il a su enjoliver dans la vignette placée à la page 13 de ce volume.

Ces sortes de blasons, qui se ressemblent presque tous, sont composés d'un écusson portant pour toute pièce d'armoiries un crâne décharné. Autour de cet écusson se déroulent de riches feuillarts, et pour cimier il porte un casque surmonté d'un coq, d'un sablier ou d'un cadran; sur une banderole, qui s'en détache à droite et à gauche, on lit ces avertissements funèbres : *Cogita mori, Sequere me*, ou enfin *Vado mori*.

Maintes fois le sujet de l'Ecusson de la Mort a été traité par différents artistes. Nous citerons, entr'autres, une gravure sur cuivre qui n'est pas décrite par M. Douce, et qui peut encore, mieux que le sujet d'Holbein, être regardée comme les Armoiries de la Mort. Elle représente un grand écusson surmonté d'une couronne ornée de crânes en guise de pierreries, et encadré dans deux branches d'arbres desséchées. Au bas de l'écusson se trouvent, sur cinq gradins, vingt-cinq têtes de mort rangées par ordre hiérarchique avec les attributs de chaque état. Au-dessus d'elles, la Mort, tenant le sablier et la faux, est assise dans une bière placée debout qui lui sert de trône, et le tout est sur un champ de sable semé de larmes d'argent. Cette estampe doit être du XVIIe siècle et porte les noms de *P. Nolin f.* et *Henry Heneau inventor*.

bien d'autres artistes ne tardèrent pas à en faire paraître de nombreuses copies à Leipzig, Saint-Gall, Venise, Strasbourg, Cologne, Lubeck, Prague, Bâle, Wittenberg, Anvers, et, plus récemment, à Londres et à Newhaven. Les copies sur cuivre ne se montrèrent que beaucoup plus tard : elles parurent au XVIIe siècle, d'abord à Francfort-sur-le-Mein, gravées par Eberhard Kieser ; puis à Nuremberg, par G. Strauch et A. Khob ; à Londres, à Edimbourg, par Hollar, et au XVIIIe siècle, par Piccard et Deuchar ; à Zurich, Hambourg, par Conrad et Rodolphe Meyer ; à Paris, par Th. Neale ; à Laybach, Salzbourg, par Weichard Valvasor ; à Venise, à Anvers, à Augsbourg ; à Amsterdam et Nuremberg, par Salomon de Rusting ; à Linz, Passau, Vienne, Hambourg, par Michel Rentz ; à Bâle, par Chr. de Méchel, et de nos jours, à Leipzig et Dresde, par Frenzel.

Enfin, il n'est pas jusqu'à la lithographie qui n'ait, à notre époque, fourni de très belles copies de la Danse des Morts d'Holbein, à Magdebourg et surtout à Munich, grâce au talent de M. Schlotthauer.

Nous donnons la liste de toutes ces éditions différentes, qui, comme on pourra le voir, ont été tour à tour imprimées avec un texte français, latin, allemand, italien, bohémien, anglais et hollandais. Leur nombre considérable s'élève, à notre connaissance, jusqu'au chiffre de quatre-vingt-dix-huit, sans compter dix-neuf autres éditions dont l'authenticité est révoquée en doute, et qui formeraient avec les précédentes un ensemble total de cent dix-sept publications sur ce sujet.

Pour dresser ce catalogue, nous avons principalement puisé nos renseignements dans l'ouvrage de M. Massmann, dont le travail est fort étendu et dans lequel on trouve cités, sauf un petit nombre d'exceptions, tous les volumes dont nous parlons [1]. Au lieu de suivre, sans aucune division, un ordre rigoureusement chronologique, et sans nous astreindre à observer absolument la même marche que celle du docte professeur allemand, nous réunissons, dans un ordre peu différent du sien, les éditions publiées dans une même ville, pour les mentionner l'une après l'autre, en ayant soin de séparer les copies sur bois de celles sur cuivre ou sur pierre. Nous croyons qu'ainsi l'on peut embrasser avec plus de clarté le nom des artistes auxquels on doit ces copies et celui des villes d'où elles sont sorties.

ÉDITIONS ORIGINALES.

BALE.

1. — (1530.) La première édition de la Danse des Morts d'Holbein est de Bâle et date de 1530. Les gravures, au

---

[1] C'est particulièrement sous le rapport de la bibliographie de la Danse d'Holbein, que le catalogue de M. Massmann est beaucoup plus complet que ne le sont ceux de MM. Peignot, Douce et Brunet. Nous nous bornons à citer les éditions avec quelques détails; mais, pour de plus amples descriptions sur quelques-uns de ces volumes, nous renvoyons aux articles de ces bibliographes,

nombre de quarante, ne sont pas réunies en volume et n'ont pas de titre général.

LYON.

1° CHEZ LES FRÈRES TRECHSEL.

2. — 1538. Les simulachres et historiees faces de la mort, avtant elegamment pourtraictes, que artificiellement imaginees. a Lyon soubz. l'escu de Coloigne. M.D. XXXVIII. *A la fin* : Excudebant Lugduni Melchior et Gaspar Trechsel fratres. 1538. Pet. in-4, 41 pl. [1].

2° CHEZ LES FRÈRES FRELLON.

3. — 1542. Les simulachres et historiees faces de la mort, contenant la medecine de l'ame, vtile et necessaire non seulement aux Malades, mais a ceux qui sont en bonne disposition corporelle. D'avantage, la forme et maniere de consoler les Malades. Sermon de sainct Cecile Cyprian, intitulé, de Mortalite. Sermon de S. Jan Chrysostome, pour nous exhorter a Patience : traictant aussi de la consommation de ce

---

et surtout à la *Litteratür der Todtentanze* de M. Massmann, qui mentionne, avec de nombreuses autorités à l'appui, où se trouvent actuellement ces éditions, quels sont les auteurs qui en ont parlé à diverses époques, etc., et qui donne aussi la liste des différentes éditions des figures du Vieux-Testament d'Holbein, renfermant les quatre premiers sujets de sa Danse des Morts.

[1] A côté de cette édition, M. Peignot en cite deux autres (p. 55 et 56), l'une sous le titre de : *la Danse des Morts* ou *Icones Mortis* (sans date, in-8), et l'autre sous celui de : *les Figures de la Mort des bons et des mauvais de l'ancien et nouveau Testament.* (Lyon, 1538.) Comme le fait remarquer M. Massmann, il doit y avoir, quant à la première, confusion avec une copie postérieure de Cologne (nous ajouterions aussi de Francfort ou de Nuremberg), et pour la seconde, elle n'est autre que l'édition n° 2, rapportée sous un titre inexact, d'après le catalogue Mariette.

siecle, et du second Aduenement de Iesvs christ, de la loye eternelle des iustes, de la Peine et Damnation des mauuais. et autres choses necessaires a vn chascun chrestien, pour viure et bien mourir. A Lyon, a l'escu de Coloigne, chez Jan et François Frellon, freres. 1542. Pet. in-8, 41 pl.

4. — 1542. Imagines de morte, et epigrammata, e Gallico idiomate a Georgio Aemylio in Latinum translata His accesservnt, medicina animæ, etc...... Lugduni, sub scuto coloniensi, apud Joannem et Franciscum Frellonios, fratres. 1542. Pet. in-8, 41 pl.

5. — (?)[1] 1544. Imagines mortis, Lugduni.
Edition citée par Panzer et de Rumohr, qui, selon M. Massmann (p. 15), la confondent avec la première copie sur bois de Denecker, à Augsbourg.

6. — 1545. Imagines mortis his accesserunt, epigrammata, e Gallico idiomate, etc. *A la fin* : Lugduni excudebant Joannes et Franciscus Frellonii fratres, 1545. Pet. in-8, 41 pl.

7. — 1545. Imagines mortis (même titre que ci-dessus). Pet. in-8, 53 pl.

8. — 1547. Imagines mortis, Dvodecim Imaginibus præter priores, totidem que inscriptionibus, præter epigrammata è Gallicis à Georgio AEmylio in latinum versa, cumulatæ... *A la fin* : Lugduni, Excudebant Joannes et Franciscus Frellonii, fratres, 1547. In-8, 53 pl.

3° CHEZ JEAN FRELLON.

9. — 1547. Les Images de la mort, auxquelles sont adjoustées douze figures. Davantage, la médecine de l'ame, etc.

---

[1] Toutes les éditions dont la date est précédée d'un signe dubitatif sont celles dont l'authenticité est révoquée en doute.

A la fin : Imprimé à Lyon a l'escu de Coloigne, par Jehan Frellon, 1547. Pet. in-8, 53 pl.

10. — 1547. Imagines Mortis (même titre que le n° 8). *A la fin* : Lugduni, excudebat Joannes Frellonius. 1547. Pet. in-8, 53 pl.

11. — 1547. Icones mortis (idem).

12. — 1549. Simolachri, historie, e figvre de la morte. la medicina de L'anima, etc. In Lyone appresso Giovan Frellone, M. D. XLIX. Pet. in-8, 58 pl. Imité de l'édition italienne mentionnée plus bas n° 25.

13. — (?) 1551. Simulachre, historie e figure de la morte... Lyone, 1551. In-8. Cité dubitativement par M. Massmann, p. 20, d'après Weigel.

14. — (?) 1552. Les Images de la mort... Lyon, 1552. Édition citée par Peignot et le *Journal littéraire de la Haute-Allemagne* (Oberdeutsche Litt. Zeitung, 1805) ; incertaine, selon Massmann.

15. — 1562. Les Images de la mort, Auxquelles sont adioustees dix-sept figures. Davantage, La Medecine de l'Ame, etc.... Lyon, par Jehan Frellon. 1562. *A la fin* : à Lyon par Symphorien Barbier. Pet. in-8, 58 pl. en tout, dont 5 nouvelles, non d'Holbein. Par rapport aux éditions précédentes, qui renferment 53 pl., ce volume n'en offre que 5 de plus ; mais relativement aux premières éditions, qui n'en contiennent que 41, il y a bien ici 17 nouvelles figures.

16. — (?) 1574. Imagines mortis... Lugduni, Frellonius, 1574. In-12. Édition citée par Peignot, p. 62, mais révoquée en doute par MM. Brunet, 1842, I, p. 605, et Massmann ; celui-ci croit à une confusion de chiffres avec l'édition de 1547, n° 10, ou avec une copie de Cologne de 1574, n° 41.

BALE.

17. — 1554. Icones mortis, Dvodecim Imaginibus (*même titre que le n° 11*)... Basileae, 1554. Sans nom de libraire. Pet. in-8, 53 pl.

18. — (?) 1654. Icones mortis, Basileæ. Dans cette citation de Fiorillo, il doit y avoir confusion avec le numéro qui précède ou avec une copie d'Anvers, 1654 (De doodt vermaskert), n° 65.

COPIES SUR BOIS.

AUGSBOURG.

GRAVÉ PAR JOBST DENECKER.

19. — 1544. Todtentantz.... Suivent huit vers allemands, puis la date M. D. XLIIII, et quatre vers latins. *A la fin*: Gedruckt inn der Kaiserlichen Reychstatt Augspurg, durch Jobst Denecker, Formschneyder. Pet. in-fol., 42 pl., dont 40 d'Holbein, gravées en sens inverse; les deux autres représentent l'Adultère et le Christ en croix. La pl. 32 porte la date de 1542.

20. — 15..? Todtentanz.... Pet. in-fol. sans nom, sans lieu ni date, avec quelques différences dans le titre. Mêmes planches que ci-dessus; celle de l'Adultère porte la marque de Jobst Denecker.

21. — 15..? M. Massmann cite une troisième édition de quarante de ces planches sans titre et sans date, avec la marque de Jobst Denecker comme ci-dessus Le texte diffère.

AUGSBOURG, LEIPZIG, SAINT-GALL.

GRAVÉ PAR DAVID DENECKER.

22. — 1561. Todtentantz... M. D. LXI. Même titre que le n° 19. *A la fin* : Getruckt inn der loblichen Reychstatt Augspurg — durch Dauidt Denecker — Formschneyder. Pet. in-fol., 42 pl.

—

23. — 1572. Todtentantz durch alle Stende der Menschen... Leipzig, durch David De Necker, formschneider. In-4, 42 pl.

—

24. — 1581. Todtentantz, Durch alle Stendt der Menschen..... Getruckt zu S. Gallen, bey Leonhart Straub. M»D»LXXXI». In-4, 40 pl. de Denecker. Cité à tort par Dibdin parmi les copies sur cuivre.

VENISE.

CHEZ VINCENT VAUGRIS.

25. — 1545. Simolachri, historie, e figvre de la morte. oue si contiene, La Medicina de l'anima... Con privilegio de l'Ill. Senato Vinitiano.... Appresso Vincenzo Vaugris. MDXLV. Pet. in-8, 41 belles planches un peu plus grandes que les originales.

26. — 1546. Imagines mortis. his accesserunt, epigrammata, etc. Venitiis apud Vincentivm Valgrisivm. MDXLVI. In-8, mêmes planches.

27. — 1596. Vingt-quatre de ces planches parurent dans l'ouvrage suivant : Discorsi morali dell' Excell. S. Fabio Glissenti. Contra il dispiacer del morire, Detto athanato-

philia... In Venetia, appresso Domenico Farri. M. D. XCVI. In-4.

28. — 1609. Ce dernier ouvrage fut réimprimé sous le même titre : Discorsi... in Venetia, Appresso Bartolomeo de gli Alberti. M.DCIX. In-4, mêmes planches.

29. — 1608. La Morte Inamorata, Venitia. In-8. — C'est un autre ouvrage de Glissenti, qui renferme la même Danse, et que M Massmann cite en note, p. 28, n° 4, mais sans l'avoir vu.

30. — 1670. Six des planches de Vaugris furent ajoutées à d'autres gravures dans un ouvrage anonyme intitulé : Tromba sonora per richamar i morti viventi dalla tomba... Venetia, 1670. In-8. On a fait quatre éditions de ce volume. (Douce, 113.)

31. — 1677. Enfin, vingt-cinq de ces mêmes planches parurent encore dans : Il non plus ultra di tutte le scienze ricchezze honori.... Venetia, 1677. In-24.

STRASBOURG.

32. — 1546. M. Douce cite, page 113, une suite incomplète de copies exactes de la Danse d'Holbein : ce sont des planches sur bois qui ne paraissent avoir fait partie d'aucune publication ; quelques-unes portent la date de 1546, et sur le lit de la Duchesse, on trouve la lettre S au lieu du monogramme HL Selon M. Massmann, p. 29, elles ont été faites à Strasbourg.

COLOGNE.

1° CHEZ LES HÉRITIERS D'ARNOLD BIRCKMANN.

33. — (?) 1543. Imagines mortis. — Cité par Weyden dans l'ouvrage intitulé : *Coln's Vorzeit* (le Temps passé de Cologne, p. 277) ; mis en doute par M. Massmann, p. 34. La

première édition authentique qui parut dans cette ville est la suivante.

34. — 1555. Imagines Mortis. His accesservnt, Epigrammata, e Gallico idiomate à Georgio Aemylio in Latinum translata. Ad haec, Medicina Animae, etc... Coloniae Apud hæredes Arnoldi Birckmanni. Anno 1555. Pet. in-8, 53 pl. Copie de l'édition n° 10 ; les planches, gravées en sens inverse et plus larges d'un pouce que les originales, leur sont inférieures. Elles ont pour marque un A, dont un des jambages recourbés forme un S (monogramme de Ant. Silvius, Brulliot, I, n° 722). Au sujet du Roi, on a substitué à François I*er* son successeur Henri II.

35. — 1555. Imagines Mortis. His accesservnt, Epigrammata... et Erasmi Roterod. liber De praeparatione ad mortem... (*à la place de Medicina Animæ*...). Idem. 1555.

36. — (?) 1556. Imagines mortis, etc. Cité par Fiorillo, II, 400 ; mais il doit y avoir ici confusion avec les éditions suivantes de 1566 ou de 1655.

37. — 1557. Imagines mortis, etc. 1557. Même titre que le n° 34.

38. — 1566. Imagines mortis... Idem. 1566. Le revers du titre porte la date de 1555.

39. — 1567. Imagines Mortis... 1567.

40. — 1573. Imagines Mortis... Idem, 1573. Édition citée, avec la date de 1572, par Jocher et Adelung. *Bibl. Christ.* Massmann, p. 38.

41. — (?) 1574. Imagines Mortis, etc. Coloniae, Birckmann. Pet. in-8. Ne serait-ce pas l'édition de Lyon, n° 16 ? Massmann, p. 39.

42. — (?) 1655. Imagines Mortis, etc. Coloniae, Birckmann. Pet. in-8. Ces deux dernières éditions, citées par

Courtois et Fiorillo, paraissent douteuses à Hegner, qui croit à une confusion avec celles de 1566, 1556 ou 1555. Massmann, p. 39.

43. — (?) 1657. Imagines Mortis, etc. Coloniae. In-8. Cité par Jocher, probablement pour l'édition de 1557.

A la suite de quelques éditions de Birckmann, qu'il cite, M. Peignot mentionne (p. 61) d'autres copies exécutées en taille-douce, à Augsbourg, en soixante feuilles in-4; il veut sans doute parler ici de l'édition n° 101.

2° PUBLIÉ PAR G. SCHEYT.

M. Massmann indique comme sortant de Cologne les éditions suivantes, dans lesquelles on trouve une préface en vers et la traduction du latin en allemand, par Gaspard Scheyt :

44. — 1557. Der Todten-Dantz, durch alle Stend und Geschlecht der menschen.... Im Jar M. D. Lvij. (La Danse des Morts dans les deux sexes et dans tous les états des hommes.. . en l'année 1557.) S. L. ni nom d'imprimeur. Pet. in-8, 55 pl.

Les éditions précédentes de Birckmann sont toutes latines; celles-ci, au contraire, sont toutes allemandes.

45. — 1558. De Doden-dantz, dorch alle Stende und Geslechte der Minscken... (idem). M.D.LVIII. S. L. ni N. d'imp.

Cité comme poème de la Danse de Lubeck par M. Douce, p. 45.

46. — 1560. Der Todten-dantz... (même titre que le n° 44). Im Jar M.D.LX. Pet. in-8, S. L. ni N. d'imp.

47. — 1573. Der Todten-dantz....... (idem). Im Jar M. D. L. XXIII. Pet. in 8, etc.

48. — (?) 1574. Der Todten-dantz, etc. Cité par Fiorillo

(IV, 157), pour les éditions (latines) de 1547 ou de 1574. Massmann, p. 41.

49. — (?) 1575. Der Todten-Dantz, etc., pris par Panzer (Bibl., III, 302) pour l'édition de 1557. Massmann, p. 41.

LUBECK.

50. — (?) 1557. Imagines mortis. Lubecae. In-8.

51. — (?) 1558. *Idem*. Fiorillo, en citant ces deux éditions avec 53 planches, doit les avoir confondues avec celles de Cologne de 1557 et 1558, n°s 37 et 45.

52. — 1604. Imagines mortis. His accesserunt Epigrammata e gallico, etc... Ad haec medicina animae.. Lubecae, sumptibus L. Alberti bibliopolae. 1604. In-24. Sans gravures et sans pagination, mais avec cinquante-deux épigrammes de G. Æmylius. M. Peignot considère ce livre comme un ouvrage de piété.

PRAGUE.

53. — 1563. Knigha Erasmi Roterodamskeho, w kterez gednomu kazdému, Krestianskéam Czlowěku naucny y nepomenuty se dawa, yokby se k Smrti hotowiti měl Letha, Prag, G. Melantrych, 1563. In-8, 53 pl. (Livre d'Erasme de Rotterdam, dans lequel des avis et des exhortations sont donnés à chaque chrétien sur la manière dont il peut se préparer à la mort.) Cité par Falkenstein et Ebert ; mentionné seulement par M Massmann (p. 35) et M. Depping, qui ne spécifie pas ce volume comme renfermant la Danse d'Holbein. (Voir la fin de sa Lettre, Ire partie).

BALE.

1° CHEZ HULDERIC FROLICH.

54. — 1588. Zween Todtentantz : Deren der eine zu Bern...

Der Ander zu Basel, etc. *A la fin* : Getruckt zu Basel, Durch Huldericum Frolich, Im Jar nach der Gnadreichen Geburt Jesu Christi M. D. LXXXVIII. In-4, 44 pl., dont 33 seulement d'Holbein ; les autres appartiennent aux peintures de Bâle et de Berne. Ce mélange, que l'on retrouve dans les éditions suivantes des Mechel, provient de ce que, dès le principe, la Danse de Bâle fut confondue avec celle d'Holbein. Dans toutes ces éditions, la planche de l'Expulsion du Paradis porte la marque GS et la date de 1576 ; on voit aussi sur les figures de Bâle les lettres R, DR, HW, HIW (Massmann, p. 30). On y trouve la traduction en vers latins, par Frolich, du poëme allemand de la fresque de Bâle.

55. — 1608. Der hochloblichen und weitberumpten Statt Basel kurtze, aber nutzliche Beschreibung : Inn welcher... tractieret sampt des Todtentantzes, Basels und Berns, Reumen, mit darzu dienstlichen Figuren gezieret... Jetzt widerumb durch Hulderichum Frolich Plavi : P L. und Burger zu Basel... cIↃIↃcvIII, Gedruckt zu Basel, Durch Sebastianum Henricpetri. (Courte, mais utile description de la louable et célèbre ville de Bâle, dans laquelle il est question de la Danse des Morts de Bâle et de celle de Berne, avec les vers et les figures qui s'y rapportent ; revu avec soin par Hulderic Frolich, de Plauen, P (oète) L (auréat) et Bourgeois à Bâle. 1608. Imprimé à Bâle par Sébastien Henricpetri. Pet. in-8, 44 pl. — M. Massmann ajoute (p. 31, n° 1) qu'une autre édition, portant à peu près le même titre avec la date de 1581, est citée par Haller dans son *Histoire de la Suisse* (Schweizer Geschichte, IV, 387).

2° CHEZ CONRAD DE MÉCHEL.

56. — 1715. Der Todten-Tantz, wie derselbe, in der weit berühmten Stadt Basel, als ein Spiegel Menschlicher Beschaffenheit, gantz künstlich mit lebendigen Farben gemahlet, nicht ohne nutzliche verwunderung zu sehen ist. Basel,

Druckts Johann Conrad von Mechel, Anno MDCCXV. (La Danse des Morts comme on la voit, non sans une surprise utile, artistiquement faite en tableaux vivants, dans la célèbre ville de Bâle, pour servir de miroir aux conditions humaines) Pet. in-8, 41 pl. : 27 d'après Holbein, 7 d'après la Danse de Bâle, et 7 probablement d'après celle de Berne.

57. — 1724. Der Todten-Tanz (même titre que le numéro précédent). MDCCXXIV. Pet. in-8. Georgi cite une édition de Méchel de 1624 ; mais c'est une erreur évidente pour 1724. (Massmann, p. 52.)

58. — 1735. Der Todten-Tantz (idem). MDCCXXXV. Pet. in-8, 41 pl.

59. — 1740. Der Todten-Tantz (idem). MDCCXL.

3° CHEZ LES FRÈRES DE MÉCHEL.

60. — 1769. Der Todtentanz (idem). Basel, bey Joh. Conrad und Joh. Jacob von Mechel, 1769. Pet. in-8.

61. — 1786. Der Todten-Tantz (idem). Basel, gedruckt bey Gebrüdern v. Mechel, 1786.

62. — 1796. Der Todten-Tantz (idem). Bey Gebrüdern von Mechel, 1796.

WITTEMBERG.

63. — 1590. Libellvs Davidis Chytraei, De morte et vita aeterna, editio postrema : cui addita sunt Imagines mortis.... Vvitebergae, Impressus a Matthaeo Welack. Anno M. D. XC. In-8. Au milieu de ce volume sont les 53 planches d'Holbein avec ce second titre : Imagines mortis, illustratae Epigrammatis Georgii Aemylii, etc. Quelques planches offrent des changements et portent pour marque une croix et un W avec un burin.

ANVERS.

64. — (?) 1557. Imagines Mortis. In-8, 53 pl. Selon Fiorillo (IV, 154), cette édition incertaine serait sortie d'Anvers avec un texte latin, en 1557. Mais il doit exister ici une erreur avec l'édition latine de Cologne de la même année, n° 37. (Massmann, p. 44.)

65. — 1654. De doodt vermaskert met des weerelts ydelheyt afghedaen door Geeraerdt van Woolsschaten... Verciert met de constighe Beldher van den vermaerden Schilder Hans Holbeen. T'Antwerpen, By Petrvs Bellervs M. DC. LIV. (La mort masquée, avec les vanités du monde, par Gerard de Wolsschaten, ornée des ingénieuses peintures du fameux peintre Holbein.) In-12, ne renfermant que 18 planches, dont M. Douce croit que 14 sont des bois originaux et 4 de mauvaises copies (p. 109); mais 7 portent la marque que l'on rencontre dans l'édition de Cologne, n° 54.

LONDRES.

1° GRAVÉ PAR BEWICK.

66. — 1789. Emblems of Mortality, representing in upwards of fifty cuts, Death seizing all ranks and degrees of people, etc. London. Printed for T. Hodgson, in Georges Court, St. John's Lane, Clerkenwell. 1789. In-12. (Emblèmes de mortalité, représentant en plus de cinquante gravures la Mort saisissant tous les rangs et degrés du peuple. Imprimé pour Hodgson, etc.) — 51 gravures fidèlement exécutées par Bewick, frère de Bewick, de Newcastle-sur-Tyne, et un élève de Hodgson, avec une dissertation sur la Danse des Morts et une traduction en anglais des vers latins d'Æmylius, par J.-S. Hawkins. Douce, p. 112.

67. — 1...? Emblems of Mortality, representing Death seizing all ranks and degrees of people. Imitated in a series of

wood cuts from a painting in the cimetery of the Dominican church at Basil in Switzerland , with apropriate texte and scripture... London , printed for Whittingham and Arless, juvenile library, Paternoster-row. In-12. Mêmes planches, avec la traduction de Hawkins. Ce titre offre une erreur évidente en confondant la Danse de Bâle avec celle d'Holbein.

68. — 1825. The Dance of Death, of the celebrated Hans Holbein , in a Series of fifty-two Engravings on wood by Mr. Bewick, with Letter-Press, Illustrations. London , William Charlton Wright, 1825, in-12. Ce titre annonce cinquante-deux planches , mais il y en a cinquante d'Holbein, ridiculement modernisées et d'une exécution médiocre. M. Douce hésite à croire qu'elles soient de Bewick. Le texte est copié littéralement sur celui que M. Douce publia dans l'édition gravée sur cuivre par Hollar. Ces deux dernières éditions paraissent destinées au bas peuple. (Douce, 119 , et Massmann, 45.)

2° GRAVÉ PAR BONNER ET BYFIELD.

69. — 1833. The Dance of Death , exhibited in elegant engravings on wood.... By Francis Douce, Esq. F. AS, etc.... London, William Pickering, 1833. In-8 , 55 pl. — C'est l'ouvrage de M. Douce dont nous parlons si souvent. Le nom des graveurs Bonner et Byfield se trouve mentionné à la page vj. Ces cinquante-trois copies sont très fidèles et admirables.

3°.

70. — (1849) Hans Holbein's Dance of Death with an Historical and Literary Introduction , by an antiquary. Square post 8vo, with engravings being the most accurate copies ever executed of these gems of art, cloth , 9 s. London, Russel Smith (1849 ?). Nous ne connaissons pas cette récente édition , qui n'est peut-être pas ici à sa place. Est-ce une réimpression des gravures de Byfield ? sont-ce de nouvelles copies? Nous ne saurions l'affirmer.

NEWHAVEN.

71. — 1810. Emblems of Mortality, Representing, in upwards of fifty Cuts, Death seizing all ranks and degrees of People. Imitates from a Painting in the cemetery of the Dominican Church at Basel, in Switzerland; with an apostrophe to each, translated from the Latin, etc. Sidney's Press, New-Haven, 1810.

Encore même erreur qu'au n° 67.

COPIES SUR CUIVRE.

FRANCFORT-SUR-LE-MEIN.

GRAVÉ PAR EBERHARD KIESER.

72. — 16..? Todten Dantz Durch alle Stand und Geschlecht der Menschen, etc. Eberh. Kieser excudit. In-4, S. L. ni D. 60 pl. avec bordures accompagnées de stances allemandes. Le titre et le texte sont copiés sur ceux de Gaspard Scheyt (n° 44).

73. — 1617. Todten Dantz Durch, etc..... 16-17 Eber. Kieser — excudit. In-4, mêmes planches.

74. — 1618. Todten Dantz... idem. Eberh. Kieser — excudit. 1618. In 4, mêmes planches.

75. — 1623. Icones Mortis, Aliquot Imaginibvs præter priores, totidem que inscriptionibus cumulatæ, Versibus quoque Latinis, Gallicis ac Germanicis illustratæ. — Les Images de la Mort Augmentées de quelques figures nouelles et illustrées des vers Latins, François et Allemans. — Der

Todtendantz Durch alle Stande, etc. Franckfurt am Mayn, by Eberhardt Kieser Kufferstechern zu finden. Anno 1623. In-4, mêmes planches. — Il est probable que les éditions précédentes sortent, comme celle-ci, de Francfort.

76. — (?) 1638. M. Massmann cite dubitativement (p. 48) une autre édition, in-8, de Francfort, de 1638.

NUREMBERG.

GRAVÉ PAR A. KHOL.

77. — (1647.) Icones mortis sexaginta imaginibus totidem que inscriptionibus insignitæ versibus quoque latinis et novis germanicis illustratae. ǁ Vorbildungen des Todes durch alle Stande, etc. *A la fin* : Gedruckt zu Noremberg durch Christoph Lochner. Pet. in-8, S. D., 60 cuivres gravés par A. Khol. C'est une copie des planches d'Eberh. Kieser. Cette édition renferme une nouvelle traduction des vers latins en allemand et un frontispice de l'invention de Georges Strauch, qui dessina peut-être les autres planches d'Holbein pour aider au graveur. Nous croyons que huit des premières planches de cette série sont des copies d'Aldegrever, qui, selon MM. Peignot et Douce, portent la date de 1541.

78 — 1648. Icones mortis (*même titre latin que ci-dessus*), Norimbergæ, Christ. Lockner. In-8. Edition non citée par M. Massmann, mais par Douce, qui détaille la précédente (p 125) avec les autres copies sur cuivre d'Holbein, et qui indique celle-ci dans son chap. X, p. 148, au milieu des Danses des Morts différentes de celles de ce peintre. Est-ce une erreur? Nous l'ignorons.

LONDRES.

1° GRAVÉ PAR WENCESLAS HOLLAR.

79. — (1647.) The Dance of Death, engraved by W. Hol-

lar. In-4, 30 beaux cuivres imprimés à Londres et copiés par Hollar, de Prague, en partie sur les éditions de Lyon, en partie sur l'édition de Cologne de 1555.

80. — 1651. Mortalium nobilitas iconibus ab Holbenio delineatis et a W. Hollar exsculptis expressa. Abraham a Diepenbecke. 1651. In-8. — Diepenbecke entoura les gravures de Hollar de bordures à sujets funèbres ; il aurait fait ce travail à Anvers, selon M. Douce, qui ajoute (p. 126) que ses planches tombèrent à Paris dans les mains des marchands d'estampes Petau et Van Morle, et que ceux-ci en firent tirer des épreuves portant leur adresse.

81. — 1682. The Dance of Death, by Hollar, 1682, etc. (Massmann, p. 55.)

82. — 1789. The Dance of Death ; painted by H. Holbein, and engraved by W. Hollar. S. D. In-8, renfermant : The Daunce of Machabree, by Dan John Lydgate.... (Massmann, p. 56.)

83. — 1790. Le Triomphe de la Mort, Gravé D'après les desseins de Holbein. par W. Hollar. Explication des Sujets du triomphe de la Mort de J. H. Pet. in-8, publié en 1790, à Londres, chez James Edwards, d'après Renouard (Catalogue, III, 270) et Peignot.

84. — 1794. The Dance of Death painted by H. Holbein and engraved by W. Hollar. to whids is added The Daunce of Machabree...... by Dan John Lydgate..... (London, J. Edwards, 1794.) Cette édition renferme de mauvaises épreuves des anciens cuivres de Hollar, avec la première explication des Danses des Morts qu'ait publiée M. Douce.

85. — 1796. A Historical dissertation upon the ancient emblematical Paintings of the Dance of Death, with 30 beatiful plates etched by W. Hollar, after drawings by Holbein and three engravings of portraits.... also the dance of Macaber by Lydgate, at is was represented in St. Pauls

before the fire of London. London, 1796. In-8. Cité par MM. Massmann et Fiorillo, et renfermant la dissertation de M. Douce.

86 — (1804.) The Dance of Death; painted by H. Holbein, and engraved by W. Hollar. In-8, 30 pl., avec la dissertation de M. Douce et The Daunce of Machabree.

87. — (?) 1814. The Dance of Death, etc. 30 pl. N'y aurait-il pas confusion avec l'édition de 1804 ? (Massmann, p. 57.)

88. — 1816. The Dance of Death, from the original designs of Hans Holbein. Illustrated with 33 plates engraved by W. Hollar.... London, by Coxhead, in Holyweel Street, Strand. 1816. In-8, 33 pl. Même édition que celle de 1794, avec des additions, une courte biographie d'Holbein et des descriptions en anglais et en français.

2° GRAVÉ PAR NIEUHOFF PICCARD.

89. — (1720.) Imagines Mortis, or the Dead Dance of Hans Holbeyn, painter of king Henry the VIII. — Ce titre sur cuivre est suivi de 19 planches d'Holbein gravées, avec quelques changements, par Nieuhoff Piccard. La planche de la Tentation porte la date de 1720.

LONDRES, EDIMBOURG.

GRAVÉ PAR DAVID DEUCHAR.

90. — 1788. The Dances of Death.... from the original designs, which were cut in wood and afterwards painted by John Holbein in the town house at Basle..... Edinburgh, MDCCLXXXVIII. (Les Danses de la Mort, d'après les dessins originaux qui furent gravés sur bois et ensuite peints par J. Holbein dans la maison de ville de Bâle.... In-4, 46 pl. Ce titre est, comme on le voit, rempli d'erreurs. Les quarante-six planches sont entourées de bordures

empruntées en partie à celles de Diepenbecke ; trente sont copiées d'après Hollar, les autres d'après l'édition de Cologne de 1555, et elles sont moins belles ; les descriptions sont en anglais et en français, d'après le texte de l'édition de Mechel, et l'on trouve à la fin le Fourreau de poignard et la Mort planant sur le Monde, d'après la copie que Mechel donna de ces dessins d'Holbein dans l'édition de Bâle citée plus loin, n° 115.

—

91. — 1803. The Dances of Death (idem), etched by D. Deuchar. London, by Gosnel. 1803. In-4, 46 pl. Semblable à l'édition précédente.

92. — 1786. Le Triomphe de la Mort Gravé d'après les Dessins originaux de Jean Holbein par David Deuchar. 1786. Mors sceptra ligonibus aequat. Même édition.

93. — 1813. Il y aurait eu en 1813 une édition pareille de Deuchar ; mais M. Massmann révoque en doute son authenticité.

ZURICH, HAMBOURG-LEIPZIG.

GRAVÉ PAR LES FRÈRES MEYER.

94. — 1650. Rudolf Meyers : Todten-Dantz. Ergantzet und herausgegeben Durch Conrad Meyern Malern in Zürich. In Jahr 1650..... Getruckt zu Zürich Bey Johann Jacob Bodmer. (La Danse des Morts de Rod. Meyer, completée et publiée par Conrad Meyer, peintre à Zurich, en l'an 1650.) In-4, 60 beaux cuivres. Quelques planches, gravées par Rodolphe, portent la date de 1637. Rodolphe l'aîné mourut en 1638, et son frère en 1689.

95. — 1657. Sterbenspiegel, etc. Durch Bodmer neu aufgelegt. Zurich. In-4. (Miroir de la Mort, nouvellement imprimé par Bodmer.) Douce, p. 150.

96. — 1759. Die menschliche Sterblickkeit unter dem Titel Todten-Tanz, in LXI. Original kupfern, von Rudolf und Conrad Meyern..... Hamburg und Leipzig. 1759. In-4. (La Mortalité humaine sous le titre de Danse des Morts, en 61 cuivres originaux par R. et C. Meyer.) Même suite, augmentée de nouvelles planches.

PARIS.

GRAVÉ PAR THOMAS NEALE.

97. — 1657. Mortalium nobilitas ‖ Memorare nouissima et in œternum non peccabis ‖ H. Weyen ex. ‖ — Les armes de la Mort servent de frontispice, et on lit au bas de cette planche : Tho : Neale 1657 Paris. — In-16. 30 gravures assez jolies, copiées d'après Hollar, plus petites que les planches originales et exécutées en sens inverse. Beaucoup d'entr'elles portent : Tho. Neale fecit ou T. N. simplement. — Se trouve à Rouen (Bibl. Leber, n° 1363). Cité par Brunet (1842, II, 606), et non par Massmann.

VENISE.

98. — 1669. Varii e veri ritratte della morte disegnati in immagini, ed espressi in Essempii al peccatore duro di cuore, dal padre Gio. Batt. Marmi della Compagnia de Giesu. Venetia, 1669. In-8 (Aspects divers et véritables de la mort, dessinés en images et exprimés en exemples pour le pécheur dur de cœur, par le P. J.-B. Marmi, etc.), renfermant six gravures sur cuivre copiées d'après les planches originales, et cinq d'après l'édition de Bâle de 1769. — Douce, p. 123 ; non cité par Massmann.

LAYBACH-SALTZBOURG.

GRAVÉ PAR ANDRÉ TROST.

99. — 1682. Theatrum mortis humanae tripartitum. I. Pars

Saltum Mortis. II. Pars. varia genera Mortis. III. Pars. Pœnas Damnatorum continens. Cum Figuris aeneis illustratum Das ist: Schau Bühne Desz Menschlichen-Todts, etc. (même titre répété en allemand). Durch Johannem Weichardum Valvasor, Lib. Bar.,..... Gedruckt zu Laybach, und zu finden bey Johann Baptista Mayr, in Saltzburg. Anno 1682. (Par Jean Valvasor, imprimé à Leybach, et se trouve chez J.-B. Mayr, à Saltzbourg). In-4, 54 pl. en tout, copiées sur l'édition de 1555, n° 34, et gravées par And. Trost, dont le nom est sur un beau frontispice, en tête des autres planches.

ANVERS.

100. — 1698. De Doodt vermaskert met des Werelts ydelheyt afghedaen door Geeraerdt van Wolfchaten. t'Antwerpen, by Jan Baptist Jacobs. In-12, S D., avec privilége de 1698. Même texte que dans l'édition de 1654, n° 65; celle-ci renferme cinquante-deux planches qui offrent des changements.

AUGSBOURG.

101. — 1704. Erbaulicher Sterb-Spiegel, Das ist : Sonnenklahre Vorstellung Menschlicher Nichtigkeit, Durch alle stande und Geschlechter : Vermittelst schoner kupffern, Lehz-reicher Bey-Schrifften, und hertzbeweglich angehangter Todten-Lieder..... von dem Poeten Aug. Casimiro Redelio,.... Augspurg, 1704. In-4. (C'est le miroir édifiant de mortalité, représentant la nullité de l'homme dans toutes les positions et générations, au moyen de très belles gravures sur cuivre, d'inscriptions instructives et de chants de la mort propres à émouvoir, par le poète Redel.) Ce volume porte aussi le titre latin suivant : Tripudium mortis per victoriam super carnem universæ orbis terræ erectum, ab. A. C. Redelio. — 57 cuivres (52 selon Douce) copiés sur ceux des Meyer, moins beaux et présentant quelques changements.

AMSTERDAM, NUREMBERG.

PUBLIÉ PAR SALOMON DE RUSTING.

102. — 1707. Het schouwtooneel des Doods ; waarop na't leeven vertoont wort De Doot op den Throon des Aardbodems : heerschende over alle Staatten en Volkeren. Verciert met dertig zinnebeelden. Door Salomon van Rusting Med. Doct. t'Amsterdam bij Jan ten Hoorn enz. 1707. (Le Théâtre de la Mort, dans lequel la Mort est représentée au naturel occupant le trône de la Terre et étendant son empire sur tous les Etats et les Peuples. Orné de trente gravures avec sentences, par Sal. de Rusting, doct.-méd. Amsterdam, chez Jean ten Hoorn, etc.). — Pet. in-8. Trente belles gravures, dont six copiées sur les dessins d'Holbein et dont le reste y est en partie puisé. M. Kist donne la reproduction d'une de ces planches originales qui montre la Mort poursuivant des patineurs en patinant elle-même.

103. — 1726. Het Schouw-toneel des Doods... Twede Druk . t'Amsterdam, by Nicolaas ten Hoorn... 1726. In-8.

104. — 1736. Het schouwtoonell des Doods.... 1736. Troisième édition, non citée par M. Massmann, mais par M. Kist : M Douce la mentionne avec la date de 1735.

105. — 1741. Het Schoow-toneel Des Doods, etc. Vierde Druk . Damsterdam, by Joh. Rotterdam, 1741. Pet. in-8.

106. — 1736. Schau-platz des Todes, oder Todten-Tanz in Kupffern und Versen vorgestellet : Ehemals von Sal. van Rusting, Med. Doct. in Nieder-Teutscher sprache ; nun aber in Hoch-Teutscher, mit nothigen Anmerkungen, herausgegeben von Joh. Georg Meintel, Hochfürstl. Brandenburg-Onoltzbachischen Pfarrer zu Petersaurach. Nürnberg, bey Peter Conrad Monath, 1736. (Théâtre de la Mort ou Danse des Morts représentée en gravures sur cuivre ornées de

vers : autrefois publiée en hollandais, par S. de Rusting, D. M. ; mais maintenant donnée en haut allemand avec des notes nécessaires, par J.-G. Meintel, prêtre à Petersaurach, au service du duc de Brandebourg. Nuremberg....) 30 pl. qui sont des copies des précédentes, mais où les costumes sont plus modernisés (Massmann, p. 54).

PASSAU, LINZ, HAMBOURG, VIENNE, PRAGUE.

GRAVÉ PAR MICHEL RENTZ.

107. — 17..? Die Erwogen Eilelkeit (pour Eitelkeit) aller menschlichen Dinge (la Vanité rabaissée de toutes les choses humaines). Pet. in-fol. 50 pl., par Michel Rentz. — Cette édition, citée par M. Massmann, p. 52, n'a pas d'autre titre et doit sortir d'une des villes susnommées.

108. — 1753. Geistliche Todts-Gedancken bey allerhand Gemahlden und Schildereyen.... (les Pensées spirituelles de la Mort, en peintures et tableaux de toute espèce). Passau, Gedruckt bey Friderich Gabriel Mangold. 1753. Lintz, Frantz Anton Ilger.... Pet. in-fol. Mêmes cuivres avec deux nouveaux, en tout cinquante-deux, par Michel Rentz.

109. — 1759. Geistliche Todts-Gedancken... Hambourg, 1759. In-fol. Réimpression de l'édition précédente faite avec quelques changements, à Hambourg, selon M. Douce (p. 153), qui cite ces deux volumes parmi les Danses différentes de celles d'Holbein. M. Massmann ne connaît pas cette édition ; et M. Douce a peut-être confondu avec le n° 96.

110. — 1767. Der sogenannte Todentanz. — Au deuxième feuillet on lit : Der sogenannte Sinn-Lehr-und Geistvolle vor vielen Jahren auf Befehl, Anordnung und unkosten Sr. Hoh. Reichs-Grafl. Excell. Francisci Antonii Grafen von Sporck,.... durch die kunstreiche Hand des Michaelis Rentz gestochene, und weit und breit bekannte, auch in dem,

von obgedacht. Sr. H. R. G. Exc. erbauten, und unter der obforg F. F. Misericordiæ, fur 100. arme Manner fundirten Hospital in Kuckus-Baad in Bohmen, vor Zeiten kunstlich an denen Wanden, in dem unter Gang gemalen gewesene... Todentanz.... Wien, gedruckt bey Joh. Th. Eden von Trattnern.... MDCCXVII. (La Danse des Morts ainsi nommée, pleine de sens, d'instruction et d'esprit, gravée depuis un grand nombre d'années sur les ordres et aux frais de Son Altesse Roy. Excell. Fr. Ant. Comte de Sporck, par la main habile de Michel Rentz ; connue au loin et au large, exécutée par l'ordre de son altesse déjà nommée et sous les soins des Frères de la Miséricorde, dans l'hôpital de Kuckus-Baad en Bohême, fondé pour 100 pauvres, et peinte autrefois artistiquement sur les murs de l'allée intérieure.... Vienne, etc.) Massmann, p. 52. Pet. in-fol., 52 cuivres, accompagnés de vers faits par Patricius. Les planches d'Holbein se trouvent ici avec des sujets de la Danse de Kuckus-Baad. (Voyez Ire partie, p. 229.)

111. — 1777. Die erwogene Eitelkeit aller Menschlichen Dinge.... gestochen von M. Rentz. Linz, zu finden bey Theresia Frenerin, 1777. Pet. in-fol., 52 pl.

112. — 1...? Todentanz von M. Rentz : 53 kupferst mit deutschen Versen, Prostat Miero-Pragae in gradib. arcis apud P. Hilliger Minua ac Picto. Artisq. chalcogra. ac Propotam (*sic*). In-fol. (Massmann, p. 52, d'après le Catalogue de Weigel). Cet ouvrage sort probablement de la ville de Prague.

BALE.

GRAVÉ PAR CHRETIEN DE MECHEL.

113. — 1780. Le Triomphe de la Mort, 47 pl. sur cuivre fort bien exécutées et formant la première partie de l'œuvre de J. Holbein, par Ch. de Mechel. Basle, 1780-92. 4 parties in-fol.

LEIPZIG.

GRAVÉ PAR FRENZEL.

114. — 1831. Der Todtentanz, ein gedicht von Ludwig Bechstein, mit 48 kupfern in treuen conturen nach H. Holbein. Leipzig, Leo, 1831. (La Danse des Morts, poëme, par L. Bechstein, avec 48 cuivres fidèlement copiés d'après Holbein.) In-8. Ce poëme est du genre épique et raconte le pouvoir de la Mort sur l'humanité ; les belles gravures à l'eau-forte sont de M. Frenzel, inspecteur du Musée d'estampes du roi de Saxe, à Dresde.

COPIES SUR PIERRE.

MUNICH, PARIS.

GRAVÉ PAR SCHLOTTHAUER.

115. — 1832. Hans Holbein's Todtentanz in 53 getreu nach den Holzschnitten littographirten Blattern. Herausgegeben von J. Schlotthauer, K. Professor. Mit erklarendem Texte. München, 1832. Auf Kosten des Herausgebers. (la Danse des Morts d'Holbein, fidèlement lithographiée en 53 feuilles d'après les planches sur bois. Publiée par J. Schlotthauer, professeur, avec un texte explicatif. Munich, aux frais du publicateur). In-8. Le texte est dû aux professeurs Schubert et Massmann. Ces 53 planches de Schlotthauer sont d'une exquise perfection et ont été réimprimées dans l'ouvrage suivant de M. Fortoul, que nous avons souvent cité.

116. — (1842.) La Danse des Morts dessinée par Hans

Holbein, gravée sur pierre par Joseph Schlotthauer, Professeur à l'Académie de Munich : expliquée par Hipp. Fortoul, Professeur à la Faculté des Lettres de Toulouse. Paris, J. Labitte. In-8, 53 pl.

MAGDEBOURG.

GRAVÉ PAR HELLMUTH.

117. — 1835. Der Todtentanz oder der Triumpf des Todes nach den Original-Holzschnitten des Hans Holbein, Magdeburg, bey Robrahn und Co, 1835. Pet. in-fol., 46 feuilles en six livraisons. Ces copies, signées L. H. (Hellmuth), sont faites d'après l'édition de Denecker de 1544, n° 19.

———

Il n'a pas été fait seulement des copies plus ou moins complètes de la Danse d'Holbein; il n'est pas rare de rencontrer, gravés séparément, des sujets tirés de cette admirable suite. Ainsi, M. Douce cite (p. 137) le sujet du Juge, qui se trouve dans le *Théâtre des bons engins* de La Perière (1561, in-24, fol. 66); celui d'Adam travaillant à la terre, dans le *Bibel's Tresor* de Cornelius van Sichem Amsterdam, 1646, in-4); ceux du Cardinal, de l'Empereur et de l'Evêque, dans les initiales du livre intitulé : *Memorable expulsion de los Moriscos de la Espana*. Pamplona, 1615 (in-4, ff. 1 et 66); il mentionne encore des copies anonymes de l'Avare et de la Dame Noble; l'Astrologue et l'Avare, reproduits sur cuivre par Leblond; le Laboureur, copié sur cuivre également par Brebiette, et le Marchand, avec deux quatrains français, dans une suite de gravures du xviie siècle. M. Massmann parle de huit planches d'Holbein laissées par Aldegrever (voyez n° 77); du sujet du Moine, copié en sens inverse par C. B. (Cornelius Bosch ou Bus) et de la Création, reproduite avec quelques changements et un monogramme composé des lettres B P retournées. La Nonne et le Comte se retrouvent dans l'ouvrage de M. Ottley ; la Duchesse dans celui de M. de Rumohr (Ellissen, p. 126, n° 95) ; la Dame Noble, dans le *Bibl. Decameron*, du Dr Dibdin (I, 40) ; le Fou, dans les *Recherches* de M. Peignot (p. 57), et le Pape, dans l'ouvrage de M. Kist. L'Avare et le Malade ont été reproduits probablement seuls, mais sur une même feuille, de format grand in-4, et avec des sixains et quelques changements, « à Paris, chez Chiquet, rue Saint-Jacques, au Grand St-Henry » (bibl. Leber, Rouen). Dans le *Recueil de la diversité des habits* (Paris, 1657, in-12), on reconnaît le Gentilhomme suisse des Armes de la Mort ; dans une gravure du xviie siècle, par Langlois, et qui représente la Mort venant chercher un Avare, la figure de ce dernier est la même que celle du Charretier d'Holbein, etc.

Enfin, l'on retrouve encore des souvenirs des dessins de ce peintre dans plusieurs danses originales que nous avons décrites dans notre chapitre IX, telles que les deux Danses de Lucerne et celle d'Erfurt. (voyez p. 224, 228 et 231.

PLANCHE XXXVII.

PIERRE TUMULAIRE DANS L'ANCIEN CLOITRE DE LA CATHÉDRALE DE ROUEN.

Cette pierre ou dalle funéraire, gravée en creux, suivant le procédé généralement en usage du xiiie au xvie siècle, se voit encore en place dans l'unique galerie subsistante de l'ancien cloître de la cathédrale de Rouen. Malheureusement, elle est beaucoup plus fruste aujourd'hui qu'à l'époque où elle fut dessinée, et un certain nombre de détails alors apparents, surtout vers le bas de la pierre, ne se laissent plus maintenant distinguer. Elle porte 0,92ᵐ de longueur et 0,54ᵐ de largeur. L'inscription qui la contourne, usée par le frottement précisément dans la partie qui exprimait le nombre caractéristique des années de la date, pourrait laisser des doutes sur l'époque de la confection de ce petit monument, s'il n'était évident, d'après la forme des caractères, qu'il appartient au xvᵉ siècle, et si les restes du millésime, qui laissent encore apercevoir assez nettement ces mots : *Anno mill*......... *vigesimo secundo*, ne permettaient d'induire la date entière et de la rapporter à l'an 1422. L'inscription complète du pourtour est ainsi conçue :

Hic iacet : Robertus . touse . nu'rius huius ecclesie qui obiit a'no domini mil............ vigesimo se'do ii die mensis iunii. p'cat sibi deus :

Au milieu de la pierre est représenté un cadavre dans un état de décomposition très avancé, rongé de vers qui semblent sortir de toutes les parties du corps, ayant le ventre entr'ouvert et laissant, par cette ouverture hideusement béante, s'échapper les intestins. Aux mâchoires décharnées de cette horrible effigie vient se rattacher l'extrémité d'un rouleau déployé en bandelette, sur lequel on lit :

Expecto . resurrectionem . mortuorum .

Il est à propos de remarquer, à l'occasion de cette figuration, que c'est bien le mort gisant sous la pierre qui est ici représenté étendu dessus en état de décomposition et en proie aux vers du sépulcre, et non pas cet être abstrait, formidable aux vivants, la Mort destructrice de toute chair. Cette substitution d'un hideux cadavre aux nobles et calmes figures des défunts, représentés dans les habits de leur profession, et dans une attitude de quiétude et de sérénité qui semblait un présage de la béatitude éternelle, caractérise une tendance à l'exagération qui eût été incompatible avec les simples et majestueuses données de l'art gothique à ses belles époques. Aussi, en chercherait-on vainement des exemples aux XIIIe et XIVe siècles. Aux XVe et XVIe siècles, au contraire, ces exemples abondent, et, pour en citer de concluants, on n'a que l'embarras du choix. Contentons-nous de rappeler, pour ne citer que ceux qui présentent un caractère monumental, la curieuse effigie mortuaire placée dans une chapelle de l'église de Gisors, attribuée à tort à J. Goujon, et que nous avons décrite en passant en revue différents monuments relatifs à la Danse des Morts (I, p. 307). Citons enfin, pour produire un exemple d'un renom encore populaire, le singulier monument commémoratif d'Etienne Yver, chanoine des églises de Paris et de Rouen, mort en 1467. Ce monument, placé sous la tour septentrionale de la cathédrale de Paris, près de la porte de l'escalier, représente, à sa partie inférieure, en bas-relief et avec une vérité triviale assez saisissante pour produire un sentiment de répulsion et d'effroi, un cadavre étendu près d'un sépulcre et dévoré par les vers.

A Bar-sur-Aube, dans l'église de Saint-Maclou, il existe une tombe plate, gravée en creux, du XVe siècle, qui présente avec celle que reproduit notre planche une singulière analogie. C'est également un cadavre, horriblement éventré, avec les intestins pendants, qui est couché sur la pierre; de sa bouche s'échappe une banderolle sur laquelle on lit : *Sum quod eris, quod es eram; pro me, precor, ora* [1].

Il y a une foule d'inscriptions tumulaires, avec ou sans représentations figurées, qui se rapportent bien mieux encore à ces affreuses effigies du cadavre rongé par les vers. Nous pouvons citer entr'autres cette épitaphe que l'on voit, en Picardie, sur la tombe d'une dame trépassée vers la fin du XIIIe siècle :

> Ce qu'or es je la fuc
> Et vous serez ce qu'or je sui
> Priez pour nous
> Celle qui dit ces vers
> Est mangié des vers
> Et serez vous [2].

---

[1] Cette tombe est gravée dans le *Voyage archéologique et pittoresque dans le département de l'Aube*, par Arnaud (in-4), et l'inscription dont elle est ornée ressemble à celle du Squelette de Gisors dont nous venons de parler.

[2] Voyez dans le *Bulletin Monumental* (vol XI, p. 370) le Mémoire sur les inscriptions recueillies dans le Nord de la France, par M. Woillez.

Dans les dernières lignes de cette épitaphe, on trouve encore un exemple de ces tristes jeux de mots que nous avons déjà signalés. Mais il en existe un bien plus frappant dans la planche 54 de la publication du *Moyen-Age Pittoresque* : il s'agit d'une râpe à

Ce qui rappelle aussi ces paroles prêtées, dans les premières éditions gothiques, à un des Squelettes qui se trouvent en tête de la Danse Macabre :

> Et si seront menges de vers
> Vos corps. helas : regardes nous
> Mors : pouris. puans. descouvers
> Comme soͤmes : telz serez vous.

Remarquons, en passant, que le cadavre plus ou moins émacié, plus ou moins horriblement décomposé même, était, bien plus que le squelette complétement dépouillé de chair, dans le sentiment et les habitudes pittoresques des artistes de cette période. Qu'on passe en revue toutes les figurations connues des Danses Macabres, qu'on interroge toutes les représentations des trois Vifs et des trois Morts, c'est toujours le cadavre et presque jamais le squelette qu'on y verra grimacer son perpétuel sarcasme. On pourrait alléguer plusieurs raisons pour expliquer cette préférence ; d'abord, la représentation exacte du squelette était au-dessus des connaissances anatomiques des dessinateurs de cette époque. Que l'on voie, dans notre planche XXVII, que nous avons reproduite d'après la *Chronique de Nuremberg*, à quel degré de barbarie pouvaient tomber ces artistes, lors-

---

tabac qui porte pour ornements d'un côté le Diable enlevant l'Amour, et de l'autre la Mort debout dans son suaire et râpant elle-même du tabac ; au-dessus d'elle on lit : *In pulverem reduces me*, singulière équivoque qui témoigne du peu de gravité que certains artistes apportaient à de si lugubres contemplations.

qu'ils tentaient de reproduire la charpente compliquée du corps humain. Le cadavre plus ou moins décharné convenait bien mieux à leur degré d'instruction et à la tournure fantasque de leur imagination. Dans ces membres anguleux, mais encore couverts de muscles et de tendons ; dans ces corps efflanqués, qu'ils éventraient hideusement pour en laisser pendre les intestins, ils trouvaient, bien mieux que dans la froide représentation d'un squelette, le moyen d'inspirer un sentiment d'horreur et d'épouvante. Le squelette, qu'on ne saurait doter de mouvement qu'à l'aide d'une supposition que la plus légère réflexion renverse, fait en quelque sorte de la Mort un être abstrait, tandis que le cadavre, cru plus naturellement susceptible de se ranimer, ainsi que le prouvaient les exemples nombreux de rappel à la vie après des ensevelissements précipités, présentait la Mort sous son aspect le plus saisissant et le plus formidable, par cela même qu'une distance de quelques jours à peine pouvait séparer le spectateur vivant de cette horrible décomposition.

Terminons tout ce que nous avions à dire sur cette planche en précisant ce qu'on doit entendre par cette qualification de *nuncius ecclesiæ*, donnée à Robert Tousé sur son monument funéraire. D'après l'analogie qu'expriment de nombreux exemples cités par Ducange, on ne saurait douter que cette désignation ne répondit à celle d'appariteur, c'est-à-dire à celle de ces officiers inférieurs ou gardiens d'église qu'on appelle aujourd'hui coûtres, suisses ou bedeaux. Robert Tousé était donc quelque humble bedeau de la cathédrale, que le Chapitre, en considération de ses bons et sans doute anciens services, fit inhumer dans son cloître, et auquel il accorda l'honneur de ce modeste monument.

PLANCHE XXXVIII.

FIGURE TIRÉE DES LOUPS RAVISSANTS.

Cette composition singulière est extraite d'un livre fort rare, que M. Leber, dans sa dissertation en forme de lettre annexée au présent ouvrage, a parfaitement fait connaître, en décrivant les vingt-quatre planches qui en forment la dernière partie et qui constituent une véritable Danse Macabre. Sous ce titre bizarre : *Les loups ravissans.... Ou autrement, Doctrinal moral*, l'auteur, qui s'appelait Maistre Robert Gobin, et qui était *prestre, doyen de la chrestienté de Laigny-sur-Marne*, a composé un traité ou plutôt une vision en vers et en prose que M. Leber a spirituellement qualifiée de *pastiche mystique, philosophique, soi-disant moral et tant soit peu gaillard ;* dans laquelle les loups ravissants, et surtout le grand *Archilupus*, qui n'est autre que le diable, engagent un combat d'arguments et de sophismes contre *Sainte Doctrine*. C'est là la partie principale de l'ouvrage, la seule même qui se trouve dans l'une des deux rares éditions que l'on possède de ce livre, celle de Philippe Lenoir (vers 1525), in-4° gothique. Mais l'édition imprimée vers 1503, pour Anthoine Vérard, Paris, in-4° gothique également, avec quarante-trois planches gravées sur bois, contient en outre un important appendice de soixante-deux feuillets, décoré lui-même de vingt-quatre planches, et non vingt-et-une, comme le dit par erreur M. Douce ; c'est dans ce dernier appendice que se trouve exposée une nouvelle vision de l'auteur, où la Mort et son inséparable compagnon *Accident* sont substitués aux loups ravissants.

« Et fut la vision telle, dit l'auteur dans l'épilogue de
» sa première partie, qu'avis m'estoit que la mort et
» ung nommé Accident, qui moult estoient espouuan-
» tables à veoir, menoient une danse en laquelle
» estoient dançant plusieurs gens qui en leur vie
» avoient esté remplis de vice et iniquité..... Pour
» laquelle chose auoient esté punis en ce monde. »
Dans ce drame, en effet, différent à cet égard des Danses Macabres ordinaires, ce n'est plus seulement la Mort qui livre un combat aux humains, c'est la Mort aux prises avec l'être vicieux que lui livre Accident, le héros de la pièce ; et la morale qui ressort de cette allégorie, c'est que le pécheur, exposé à tant d'accidents qui peuvent le tuer au moment où il y pense le moins, ne doit point attendre la maladie ni la vieillesse pour se réconcilier avec Dieu. (Leber, lettre citée.)

Nous renvoyons à cette dissertation de M. Leber pour les détails bibliographiques et descriptifs relatifs à cette originale composition, qui semble dirigée contre le clergé, et qui renferme aussi quelques fables, entr'autres celle du Meunier, son Fils et l'Ane, que La Fontaine ne croyait devoir qu'à Malherbe (Brunet, t. II, p. 419). Nous nous bornerons à dire que notre planche est la XVe de la *Danse* que nous venons d'indiquer, et qu'elle représente Accident présidant au supplice de deux favoris de prince qui ont abusé de leur pouvoir. L'un des deux, déjà suspendu au gibet, est Aman, le persécuteur des Juifs, et l'autre, que le bourreau va lancer de l'échelle sur laquelle il pose encore, n'est rien moins qu'Olivier Le Dain, barbier et favori de Louis XI.

Accident, dans son monologue, caractérise ainsi cette scène :

> Il vous souviengne, comme Maistre Olivier
> Le Dain, je fis estrangler d'un fort chevestre,
> Qui du roy Louis onzième fut barbier,
> Et Montfaucon fis son cymetière estre.
>
> . . . . Plus parler
> De ce ne vueil, mais je vous admoneste
> Que se faictes le peuple ainsi fouller
> La main mestrai sur votre col ou teste.

Dans la *Danse aux Aveugles*, ouvrage que l'on sait se rapprocher des *Loups ravissans* et de notre sujet en général par le rôle que la Mort y joue, il y a quelques vers débités par cette dernière, ou mieux par *Madame Atropos*, et qui semblent tout-à-fait convenir à ce tableau. Ce sont les suivants :

> La Justice qui souvent m'anticipe
> Plusieurs larrons fait à ses gibets pendre,
> Et les départ l'ung de l'autre et dissipe,
> Pour les faire venir en mes mains rendre.
> Et se je vueil lors mon pouvoir estendre,

L'ung est noyé, l'aultre est decapité ;
L'aultre en espoir pour un temps reputé,
Par don de prince ou par aultre auenture;
Mais tout après sans mercy ne pitié
Je les tresbuche en terre et pourriture.

Une des particularités de la Danse de Gobin, c'est qu'au lieu de mettre exclusivement en scène des types généraux, des représentants abstraits de chaque condition humaine : le pape, l'empereur, le roi, le chevalier, par exemple, elle ne livre à ses deux bourreaux, la Mort et l'Accident, que des personnages historiques, des héros de l'antiquité ou des célébrités du moyen-âge : Alexandre, Xercès, Cyrus, Gaudon, Gauvain ; les papes Jean XXII, Boniface VIII, etc. Les planches en furent en partie copiées, mais sans les personnalités, dans les *Accidents de l'Homme,* suite de figures qui parurent au nombre de vingt-quatre également dans les livres d'Heures gothiques, et qui empruntèrent leur titre au nom d'un des héros des *Loups ravissans.*

PLANCHE XXXIX.

LA MORT ET LES PRINCIPALES CONDITIONS HUMAINES.

Ce sujet a été copié d'après un vieux tableau peint sur bois, à l'eau d'œuf et sur fond d'or, que M. de Triqueti, l'habile sculpteur, auteur des portes de la Madeleine, découvrit, il y a quelques années, chez un marchand de curiosités de Paris, et dont il rencontra, quelque temps après, une répétition à peu près identique. Il représente quatre personnages qui personnifient les principales conditions humaines : le Guerrier, représenté par un empereur tenant le globe et l'épée en main et portant la couronne impériale sur la tête; l'Artisan, l'Homme du Peuple, figuré par un Laboureur; l'Homme d'Eglise, par un Moine, et l'Homme de Loi, par un Procureur; ce dernier coiffé du chaperon, avec la plume à la main, l'écritoire et l'aumônière à la ceinture. Ces quatre personnages expriment, par des inscriptions placées au-dessous, dans le soubassement des niches gothiques qui encadrent et séparent chacun d'eux, la mission qu'ils remplissent dans l'ordre social, chacun au profit de tous. Ainsi, le Guerrier : *Je combats pour tous quatre ;* le Laboureur : *Je labeure pour tous quatre ;* le Moine : *Je prie pour tous quatre ;* le Procureur : *Je procure pour tous quatre.* La Mort, qui remplit la cinquième niche, brandit de ses deux bras décharnés un dard, dont elle semble menacer les quatre représentants de l'humanité tout entière, et leur adresse ce terrible arrêt : *Je vous emporterai tous quatre.*

La rencontre simultanée de deux tableaux représentant identiquement le même sujet témoigne que cette allégorie, qui n'est, sous une forme réduite, que l'expression de l'idée développée dans les Danses Macabres, était déjà répandue à une époque assez ancienne. Elle offre quelque ressemblance avec la seconde figure des Loups ravissants (voyez la Lettre de

M. Leber, p. 63); les sculptures de quelques ossuaires de Bretagne ne paraissent en être que des copies (I, p. 322), et il existe une gravure allemande du xviie siècle, dont le sujet est tout-à-fait pareil [1].

Plus tard, cette allégorie est devenue véritablement populaire ; nous l'avons retrouvée, en effet, représentée en tête de ces larges pancartes, décorées d'ornements funèbres, que l'on envoyait autrefois, avant l'adoption des lettres de faire-part, aux parents et amis d'un défunt, pour les convoquer à son service et convoi. Dans un exemplaire d'une de ces pancartes, ce sujet, gravé sur bois par Papillon, est ainsi représenté : cinq squelettes, revêtus des habits d'un *Marchand*, d'un *Juge*, d'un *Évêque*, d'un *Guerrier* et d'un *Berger*, sont placés en tête, à la suite les uns des autres. Le Marchand, tenant une balance sur l'un des plateaux de laquelle on voit un crâne, est accompagné de cette devise inscrite sur un ballot de marchandises : *Stulte, hâc nocte animam tuam repetunt à te*. Le Juge déroule une pancarte sur laquelle on lit : *Statutum est hominibus mori*. L'Évêque tient une large tablette portant ces mots : *Pulvis es*

---

[1] Cette gravure oblongue que cite M. Douce (p. 204) est ornée de vers latins et allemands ; elle représente un personnage de plus que la nôtre, la Dame, et voici les noms de ces mortels avec leurs inscriptions respectives : la Dame : Je vous charme tous (*ich erfrew euch alle*); le Noble : Je vous honore tous (*ich eruhr euch alle*); l'Avocat : Je parle pour vous tous (*ich red fur euch alle*); le Soldat : Je combats pour vous tous (*ich fecht fur euch alle*); le Prêtre : Je prie pour vous tous (*ich bett fur euch alle*), et, enfin, la Mort, qui s'apprête à faucher les humains : Je vous tue tous (*ich todt euch alle*).

et in pulverem reverteris. Le Guerrier s'appuie sur son bouclier timbré de cette devise : *Nemini parco.* Enfin, le Berger, qui semble demander l'aumône en tendant son chapeau, porte sur sa panetière : *Mori lucrum.* Chaque devise est, comme on voit, en rapport avec la profession de chaque individu.

Enfin, cette même allégorie fait encore aujourd'hui le sujet d'une de ces grossières gravures sur bois, barbouillées de vives couleurs et destinées au bas peuple, qui dépendent du commerce de la dominoterie, et qui sortent des imprimeries de Montbéliard ou d'Epinal. Au reste, dans ces imitations modernes on ne trouve pas la figure de la Mort [1], et l'inscription du *Procureur* est : *Je vous mange tous;* ce qui indique que l'intention morale de ce sujet complexe a été transformée en une allusion satirique.

PLANCHE XL.

FIGURES DES PARABOLES D'ALAIN DE LILLE.

Cette composition, qui représente deux couples amoureux, l'un à pied, l'autre à cheval, auxquels la Mort, venant à leur rencontre, semble barrer le

---

[1] Parmi ces gravures, il en est bien une qui renferme la Mort, mais elle représente un sujet tout différent de celle dont nous parlons ici. Elle a pour titre : *Les 3 chemins de l'Eternité*, et montre les humains laissant de côté le chemin étroit de la vertu

passage, est copiée d'après une miniature extraite des paraboles d'Alain de Lille; non point d'après un manuscrit, comme on pourrait le supposer, mais d'après une de ces belles éditions imprimées sur papier vélin, décorées de miniatures et même de titres de chapitres transcrits à la main. La Bibliothèque nationale possède deux magnifiques exemplaires de ce genre, imprimés par Antoine Vérard (Paris, 1492, in-f°, goth.), et dont l'un est décoré de 129 miniatures, et l'autre de 32 seulement. L'exemplaire de la bibliothèque du duc de la Vallière n'avait pas moins de 205 miniatures.

L'ouvrage original d'Alain de Lille, écrit en vers latins, est intitulé: *Doctrinale altum, sive liber parabolarum Alani*. L'édition française que nous venons de mentionner contient à-la-fois le texte original en vers latins, la traduction en vers français, faite par un anonyme, à la requête de Charles VIII, et un commentaire en prose du même auteur sur ces paraboles, qui sont au nombre de 132. (Brunet, *Nouveau Manuel*, t. I, p. 47).

La parabole qu'accompagne notre miniature est la dernière du livre; elle porte pour titre:

» Comme ceulx qui mectent tant leur felicité et sollicitude aux biens du monde, quilz en lessent à Dieu seruir sont reprouuez, car c'est toute vanité. »

La traduction s'exprime en ces termes:

---

qui conduit au Ciel, et prenant la route la plus large, celle du vice, qui les mène droit aux Enfers, où la Mort les fait tomber avec sa faux, en disant : *L'heure est sonnée, il faut mourir.*

« S'ensuit une autre parabole, derreniere de ce liure, en laquelle maistre Alain reprouue sus tout les vanites de ce monde et la vile condition de ceulx qui prennent de sollicitude aux biens de fortune quilz en laissent totalement à Dieu servir et dit ainsi : Helas pour quoy met lomme tant son entendement a acquerir les biens de ce monde qui a si peu a viure; a toute heure lumbre de mort suyt lomme. Et la ou il cuide estre sain, portera la mort en son sain. Celui ny a qui de la mort puisse eschapper, rien nest plus certain a lhomme que la mort et que lymage delle qui tant est vil et detestable. Helas pourquoy doncques sesiouyt lomme? Pour quoy mene il grantestat qui nest de son corps que cendre et pourriture. Pour quoy a il voulente de submettre a luy toutes choses, semer et recueillir tout ce qui na point de demain Cest vne chose bien vaine que la gloire de ce monde qui par ung seul iugement de Dieu incongneu est abatue. »

A la suite de cette paraphrase viennent les vers d'Alain, dont voici les deux premiers :

> Heu quid homo tantum querit qui transit ut vmbra
>   Qui nunc stare putat nunc cadit ima petens.

Puis enfin la traduction en vers français en trois strophes, suivie d'un *envoi*, en forme de chant royal :

> Helas pourquoy veult tant homme acquerir
> De biens mondains oultre sa nourriture,
> Qui chascun iour ne cesse de mourir
> Et ne sera son corps que pourriture ;
> Si tres orde que vers nen auront cure
> Cest adonc a lui grande fatuite

De tant bouter en biens mondains sa cure,
Fy du monde ce nest que vanite.

Helas comment se peut lomme esiouir
La ou la mort a le tuer procure,
Helas pour quoy se veult il orgueillir
Et esleuer son estat hors mesure,
Pour quoy veult il par rapine et usure
Subuenir tout a son auctorité
Quant mourir faut et que si pou on dure
Fy du monde ce nest que vanite.

On ne scauroit a lhomme secourir,
Qant la mort vient cest force quil endure,
Et ne fault point de grace requerir
Contre la mort et sa sure morsure.
Las pourquoy donc prent lhomme lauenture
De soy damner en eternalite
Pour biens mondains ou il ny a que ordure
Fy du monde ce nest que vanite.

Prince du ciel donne a ta creature
Finablement gloire et felicite,
Car au regard de ta vision pure
Fy du monde ce nest que vanite.

On remarquera, dans notre miniature, une figure en costume doctoral, qui marche du même côté que la mort, et qui, sans doute, remplit ici un rôle grave, en admonestant les mondains qui viennent à sa rencontre. Selon toute apparence, ce n'est rien moins que *l'acteur* (l'auteur), c'est-à-dire maître Alain de Lille en personne, à moins toutefois que ce ne soit un médecin ; car un personnage de cette profession est représenté d'une manière identique dans une autre peinture du même volume. Des mauvais plaisants verraient dans ce dernier cas une double allégorie de la Mort. Il est difficile au moins de n'y pas voir celles des maladies qui conduisent l'homme à sa dernière demeure.

PLANCHE XLI.

DEUX SUJETS D'APRÈS HANS SEBALD BEHAM.

Ces deux petites compositions, exécutées au simple trait d'après deux gravures terminées avec le fini le plus précieux, sont de l'invention de Hans Sebald Beham, l'un des petits maîtres les plus originaux de la primitive école allemande. On y retrouve le génie bizarre, l'étrangeté de conception, l'obscurité d'intentions ou de détails qui caractérisent la plupart des œuvres de ces féconds et singuliers artistes. Ici, Beham a voulu exprimer deux fois, et à l'aide de deux manifestations différentes, la même pensée, formulée d'ailleurs par une légende identiquement répétée sur les deux planches, savoir: que la Mort est la destruction de toute beauté : *Omnem in homine venustatem mors abolet*.

Dans la première planche, une jeune femme, vêtue de ce costume splendide, de ces atours un peu surchargés qui caractérisent les modes allemandes du XVIe siècle, se promène dans un jardin, tenant des fleurs à la main, tandis qu'un odieux bouffon, qui déguise à peine, sous un carapoue à deux oreilles, son horrible tête de squelette, l'accompagne en se penchant vers elle et en paraissant lui conter d'un ton goguenard quelque amère plaisanterie à propos du sablier qu'il tient à la main ; la légende est inscrite dans le champ, au bord supérieur de la gravure, et le monogramme de l'artiste ainsi que la date 1541 sont tracés au-dessous.

Dans la seconde planche, c'est une jeune femme entièrement nue, aux proportions un peu courtes et ramassées, mais à laquelle l'artiste s'est efforcé de donner toute la perfection de beauté que son imagination pouvait concevoir et que son burin pouvait rendre, qui se trouve inopinément saisie par derrière par un affreux génie funèbre, aux larges ailes déployées et aux membres à demi décharnés. La malheureuse victime semble vouloir se dégager, mais en vain, de cette horrible étreinte. Un sablier est posé sur le sol, à leurs pieds, et sur une pierre longue qui se dresse à leurs côtés est inscrite la légende fatale. Le monogramme est inscrit à l'un des angles supérieurs de la planche.

MM. Bartsh (le peintre graveur, tome VIII, p. 174 et 175) et Douce (p. 189-190) décrivent ces deux planches, ainsi qu'une troisième du même graveur, dans laquelle la Mort, aux prises avec trois femmes nues, tire l'une d'elles par les cheveux. Le premier décrit, en outre (t. IX, p. 464), une autre planche, marquée du monogramme F. B., qui présente avec les deux précédentes une grande analogie, et qui porte aussi cette même légende: *Omnem in homine venustatem mors abolet;* elle représente une femme, tenant d'une main un bouquet de roses et de l'autre un gant, que la Mort surprend par derrière en lui montrant son sablier.

PLANCHE XLII.

DANSE DES MORTS DE LA CHAISE-DIEU.

Cette Danse des Morts, peinture murale de la fin du xve siècle, est maintenant la seule à peu près complète qui subsiste en France. Elle se trouve en Auvergne, dans l'église abbatiale de la Chaise-Dieu, fondée en 1046. Appliquée sur la face extérieure d'un mur construit entre les piliers du chœur pour servir de clôture à ce dernier et permettre d'y adosser les stalles, elle longe le bas-côté septentrional obscur et humide, ce qui a contribué aux dégradations qu'elle a subies.

Toutefois, quoique assez détériorée pour que l'on déchiffre difficilement aujourd'hui les détails et les accessoires des figures, cette Danse paraît avoir conservé intacts sa disposition primitive et son caractère ; elle se développe à deux mètres du sol, sur une très grande longueur, mais ne contourne point les piliers, comme paraît l'indiquer M. Ach. Jubinal dans sa description de cette peinture (Paris, 1841, p. 15, note 1) : ceux-ci étaient occupés par des tableaux différents, dont il ne reste que peu ou point de traces, et qui, du reste, n'étaient que des épisodes de la Danse ordinaire. Ainsi, l'on voit sur l'un le sujet du Prédicateur en chaire (comme à Bâle, à Strasbourg, etc.); sur l'autre, un Squelette qui décoche des traits sur un groupe de personnages ; enfin, sur un troisième, Adam et Ève, entre lesquels est le Serpent, qui porte une tête de mort (comparez ce sujet avec celui que nous reproduisons, pl. VII). Ces sujets non seulement paraissent ne pas être de la même main, mais encore ne pas appartenir à la même époque : ils sont peints sur la pierre nue, tandis que toute la Danse placée sur le mur est peinte sur une couche d'enduit, de sorte qu'il est fort probable que la date de leur exécution est postérieure à celle de la Danse entière.

Quant à celle-ci, elle est restée à l'état d'ébauche. Cependant toutes les premières figures furent primitivement peintes et terminées avec grand soin ; mais on les recouvrit plus tard d'une nouvelle teinte, pour rendre toute la Danse uniforme. Peut-être l'artiste voulut-il faire, dans le quatrième personnage, le portrait du Roi de France, car, en y regardant attentivement, on aperçoit encore des fleurs de lis sur son manteau. Les figures ont un mètre de hauteur, la majeure partie ne fut jamais ombrée ; il n'est absolument resté qu'une silhouette, et les trois couleurs employées furent l'ocre rouge pour le fond uni, l'ocre jaune pour le terrain, et une couleur de gris sale couvrant à la fois les squelettes, les chairs et les draperies. Le dessin au trait qui arrête maintenant tous les contours de cette peinture a été inconsidérément ajouté, il y a peu d'années, par un artiste contemporain, qui a pris à tâche de faire un tracé à la pierre noire sur cette ébauche, et qui doit vivement se le reprocher, car ce trait nuit singulièrement à la facilité de l'interprétation de l'idée primitive.

Cette Danse serait encore complète, si l'on n'avait détruit, au commencement de ce siècle, pour faire l'entrée d'une chaire à prêcher, une petite partie de la muraille sur laquelle elle est peinte et qui portait un personnage et la Mort. Le cortége funèbre occupe l'espace de trois travées comprises entre quatre piliers, et, comme l'indique la partie moyenne de notre planche, c'est à l'une des extrémités de la travée intermédiaire que le mur a été percé et que la lacune subsiste. La Danse devait, dans le principe, se composer de vingt-quatre personnages, et aujourd'hui elle n'en compte plus que vingt-trois, qui sont, autant qu'on peut les reconnaître :

Le Pape, l'Empereur, le Cardinal, le Roi, le Patriarche, le Duc, l'Evêque, le Chevalier, l'Homme d'Eglise, le Bourgeois ou le Bailli, la Chanoinesse, le Marchand avec son escarcelle, la Religieuse, le Sergent, la Vieille, l'Amoureux avec de longues manches et des fleurs à la main, comme dans la Danse Macabre; l'Avocat ou le Procureur avec son encrier à la ceinture, le Ménétrier, l'Avocat, le Laboureur, le Moine, l'Enfant et le Clerc.

Il règne un certain ordre hiérarchique dans la première série de cette Danse, et par suite il est à croire que le personnage qui manque est celui de l'Ecuyer.

Chaque personnage est accompagné de la Mort, et tous ici semblent se tenir et former une chaîne. De même que dans les Danses de ce genre, tantôt la Mort gambade, tantôt elle sourit à ses victimes. Elle se renverse à force de rire avec la Vieille, elle se cache la tête derrière son bras ou son linceul pour jouer avec la Religieuse et l'Enfant, et elle est assez obligeante pour porter le cercueil du Clerc, qui ne paraît guère disposé à la suivre.

Ce monument n'a jamais porté de date ni d'inscriptions commémoratives ou morales. Mais au costume des personnages, il est facile de lui assigner la seconde moitié du xve siècle comme l'époque de son exécution. Elle a été plusieurs fois reproduite, mais sans description complète, d'abord sous forme d'un long rouleau colorié, par les soins de M. Jubinal, d'après les dessins de M. Planhol; puis elle a été fidèlement copiée dans *l'Ancienne Auvergne et le Velay*, par M. Tudot [1], un des collaborateurs de cet ouvrage, qui fait honneur aux presses de Moulins.

PLANCHE XLIII.

LA MORT ET LE GUEUX.

Ces deux figures, dont l'exécution tout à la fois ferme et recherchée rappelle complétement le style

---

[1] C'est à l'amitié de cet artiste distingué, notre compatriote, que nous devons la réduction de sa copie primitive de cette Danse, qui embellit notre ouvrage, et nous nous empressons, en le remerciant sincèrement ici, de rendre témoignage aux soins qu'il a apportés à cette reproduction.

Achevons aussi ce qui est relatif aux copies de cette peinture de la Chaise-Dieu, en ajoutant que M. Taylor en a mis quelques fragments dans ses *Voyages dans l'ancienne France*, et que l'ouvrage encore inachevé *le Moyen-Age et la Renaissance* offre, à l'article *Costumes*, une planche coloriée composée de six personnages, mais sans les Squelettes, tirés tous de cette Danse.

des premiers maîtres de l'école allemande, ont été déjà publiées par M. Douce (p. 223), d'après un dessin de sa propre collection. Cet érudit nous informe, dans la courte description qu'il a donnée de cette pièce, qu'elle est exécutée en hachures noires sur fond bleu avec des rehauts de blanc et de rouge. Elle représente la Mort, couverte d'un large suaire aux plis exagérés, entraînant un Mendiant boiteux couvert de haillons, et qui est figuré presqu'aussi maigre qu'elle.

Deux chiffres arabes, en caractères anciens, tels qu'ils étaient usités au XVe siècle, et exprimant le nombre vingt-quatre, sont placés dans la partie moyenne et inférieure de ce dessin. Ils signifiaient, sans aucun doute, suivant le sentiment de M. Douce, que ces figures ont fait partie d'une suite assez nombreuse, dont l'ensemble devait constituer une véritable Danse des Morts dans le genre de toutes celles que nous connaissons, et qui sont ainsi distribuées par groupes de deux personnages, dont l'un est invariablement la Mort.

PLANCHE XLIV.

DANSE DES MORTS DE BALE.

La connaissance de la Danse Macabre ne va guère chez les gens du monde au-delà de cette notion, qu'à Bâle il existait une peinture de ce nom; Jean Holbein en était, dit-on, l'auteur, et cette croyance, démontrée fausse aussi bien par l'histoire que par de graves discordances chronologiques, n'en est pas moins restée dominante jusqu'à nos jours, malgré les preuves contraires qu'en ont données quelques savants, et surtout M. Peignot. C'est encore pour contribuer à combattre ce préjugé, que nous plaçons sous les yeux des lecteurs les lignes suivantes de la préface que le graveur Matthieu Mérian mit en tête de sa copie de la Danse de Bâle, en 1649; préface qui, dans la suite, fut traduite en français. Suivant cette traduction, reproduite en 1789, Mérian retrace ainsi l'origine et l'histoire de cette peinture :

« Pour ce qui regarde le contenu (de ce livre) vous y trouverez le fameux tableau de la *Danse des Morts* qui est dans l'illustre et très célèbre ville de Basle, auprès du couvent des Dominicains dans cette belle cimetière qui est pleine de tilleuls sur le chemin pavé à côté droit à l'entrée et fermé d'une galerie et d'un toit. Ce tableau est un vieux monument et une rare antiquité qui y fut fondée dans le grand concile (comme l'on croit d'une manière très probable) par les pères et les prélats qui y assistoient du temps de l'empereur Sigismond, en mémoire perpétuelle de la mortalité ou de la peste qui y régnoit en 1439, pendant ce concile, et qui emporta beaucoup de monde entre lesquels il y avoit plusieurs personnes de qualité et même (puisque ce concile commença en l'an 1431 sous le pape Eugène IV, et dura 17 années 9 mois et 27 jours) des cardinaux et des prélats dont quelques-uns sont enterrés dans cette même (cimetière)....

» Or, comme nous venons de le dire, les Pères du Concile y ont fait peindre en huile cette œuvre louable, par un des meilleurs Maîtres, dont on ne sait pas le nom. Ce qu'il y a ici de remarquable, c'est que les hommes presque de toutes conditions y sont peints d'après nature, et dans le même habillement qui était usité alors. La figure du Pape représente Félix V, qui y fut élu au lieu d'Eugène; la figure de l'Empereur est le portrait véritable de Sigismond; celle du roi est le portrait d'Albert II, alors roi des Romains; car tous ceux *(sic)* assistaient à ce Concile.

» Quant aux rimes, elles sont ajoutées au même temps et composées selon la poësie et la propriété de la langue allemande alors usitées, comme on peut le voir au-dessus de chaque figure et que l'on trouvera ici imprimées selon l'original, etc. »

Les deux sujets que représente notre planche XLIV ne sont point de l'époque indiquée dans la citation précédente; ils n'ont été peints que beaucoup plus tard, en 1568, par Klauber, qui s'y peignit lui-même avec sa famille. Voici ce que Mérian dit encore à ce propos :

« Or, puisque le temps avoit un peu effacé ce tableau, le magistrat le fit réparer en l'an 1568, par un habile maître nommé *Jean Hugues Klauber*, Bourgeois de Bâle, qui y réüssit si bien, que l'on ne voyoit pas la moindre différence, et puisqu'il restoit encore dans cette longue muraille quelque place vuide, on y fit peindre l'image du pieux et savant homme, Jean Oecolompade, en mémoire de la réformation nouuellement precedée, savoir en l'an 1529, pour signifier qu'il n'a pas manqué à prêcher l'Evangile aux hommes de toute condition. Au bout de toutes ces figures, le Peintre peignit soi-même, sa femme et ses enfans dans l'habillement qui était alors en usage, comme la table, écrite en latin, qui est à la fin de cette galerie, nous apprend cette rénovation. Longtemps après on fit renouveller ce tableau; et c'est ainsi qu'il existe encore aujourd'hui. »

Effectivement, on voit, en tête de la Danse, OEcolampade en chaire prêchant devant huit personnages de conditions différentes, tandis que les deux peintures reproduites par notre planche sont rejetées tout à la fin. OEcolampade, que ce soit son portrait ou non, est placé précisément ici en dehors de la Danse, pour jouer le même rôle que le Prédicateur dans les autres Danses des Morts.

Par la *table écrite en latin*, Mérian désigne une inscription latine mentionnant les noms des magistrats de la ville qui avaient fait réparer cette Danse, et se terminant par une légende morale en grec [1].

---

[1] Voici cette inscription grecque, qui est conservée par Hentzner, dans son *Itinéraire*, et dont on a voulu tirer une étymologie du mot *macabre* :

Ορα τελος μακρου βιου
Αρχην ορα μακαριου

(Vois la fin de la longue vie, vois le commencement de la vie heureuse). Le nom de Macabre viendrait des mots μακρος βιος ou μακαριος; mais nous n'ajoutons nullement foi à ces suppositions, dont la dernière se rattache à l'étymologie de M. Douce (saint Macaire), et nous croyons plutôt que l'auteur aura voulu faire ici un véritable jeu de mots. Comme le fait remarquer M. Ellissen (p. 118), ce doit être en pensant à cette dérivation que le mar-

La peinture de Bâle fut retouchée en 1616 : on fit subir quelques changements au dessin, et l'inscription dont nous venons de parler fut encore augmentée des noms des magistrats qui vivaient alors. Enfin, les dernières réparations de la fresque datent de 1658 [1] et de 1703, et, à cette époque, il paraît que l'on ne pouvait plus reconnaître la peinture primitive, tant les artistes qui avaient été chargés du soin de l'entretenir l'avaient défigurée. Depuis ce temps, elle ne fit que s'endommager et disparaître faute de soins : elle tombait du mur par écailles, et, au commencement de notre siècle, un nouvel élément de destruction vint s'ajouter aux autres; on laissa un cordier travailler sous la galerie qui la recouvrait; enfin, en 1805, les magistrats de la ville, prétextant que le mur qu'elle occupait gênait de nouvelles constructions, décidèrent que ce mur serait abattu. Millin raconte, dans son *Magasin Encyclopédique* (Nouvelles littéraires pour l'année), que, dans la nuit du 2 août 1806, une multitude furieuse, qui comptait un grand nombre de femmes portant des lanternes pour éclairer l'expédition, se précipita dans le cimetière, arracha les grilles qui fermaient la galerie, et anéantit en quel-

---

quis de Paulmy et Contant d'Orville ont avancé, dans les *Mélanges tirés d'une grande Bibliothèque* (Paris, 1780, t. VIII, p. 22), que le mot *macabre* vient de deux mots grecs, d'après lesquels on pourrait l'appeler *Danse Infernale*, et encore serait-ce une traduction erronée.

[1] N'y aurait-il pas par hasard dans cette date erreur et confusion avec celle de 1568 ?

ques instants la vieille peinture. Mais il paraît que c'est en 1805 que, dans une nuit, le mur fut abattu sur l'ordre des magistrats, et que, malgré leurs précautions, cet événement donna lieu à une émeute populaire dans le faubourg Saint-Jean, dont les habitants tenaient toujours, malgré l'abandon dans lequel on le laissait, à ce monument, qui depuis longtemps illustrait leur quartier.

Les retouches maladroites que la peinture eut à subir sont d'autant plus à déplorer qu'elles sont peut-être la première cause de sa destruction complète. Si celle-ci eût été maintenue avec soin dans son état primitif, on eût écarté tout motif de la démolir et elle serait encore aujourd'hui considérée comme le plus beau monument de ce genre. L'attachement du peuple était grand pour cette Danse des Morts, où toutes les classes de la société étaient rendues égales. On ne la connaissait que sous le nom de la *Mort de Bâle*, et dans les proverbes du pays ce mot était beaucoup plus répandu que la *Mort d'Andelys* ne l'était chez nous. On la célébra même jusque dans des chansons, et M. Naumann en cite une dans laquelle un mari, dégoûté de sa vieille femme, appelle à grands cris la *Mort de Bâle* pour l'en débarrasser.

Heureusement on a pu conserver, outre les gravures de Mérian, dont nous parlons plus loin, quelques copies de cette importante fresque. En 1773, un boulanger de Bâle, artiste par goût, et du nom d'Emmanuel Büchel, sut mettre à profit son amour pour les beaux-arts en faisant une copie in-folio de cette Danse, qu'il donna à la Bibliothèque de l'Université de Bâle, de même que, peu d'années auparavant, il avait encore donné à la Bibliothèque de cette ville une copie de l'autre Danse, située au Petit-Bâle, dans le couvent de Klingenthal.

En 1806, un artiste, nommé Rodolphe Feyerabend, en fit une autre copie que l'on voit encadrée dans la même Bibliothèque, qui possède aussi quelques fragments de la fresque recueillis lors de sa destruction. Mais, à cette époque, il ne put faire son travail d'après l'original, et M. Massmann nous apprend (p. 81) qu'on y reconnaît, pour le dessin, l'imitation des cuivres que Mérian donna au XVIIe siècle, et pour le coloris, la copie de la première peinture de Büchel. C'est d'après cette nouvelle suite qu'un modeleur de Bâle, Jean-Rodolphe Brenner, a fait en relief les quarante-deux groupes de cette Danse des Morts, dont il a mis des exemplaires dans le commerce.

Enfin, pour rappeler sans doute que c'est aux Pères du Concile que cette Danse doit son exécution, l'on en voit une autre copie, de grandeur réduite, placée autour de la salle dite du Concile, qui dépend de la cathédrale de Bâle, et dans laquelle les Pères se tinrent assemblés.

On ignore quel est l'auteur de cette Danse des Morts, exécutée vers 1440 [1]. Elle a néanmoins été

---

[1] M. Peignot remarque justement (p. 12, note 1) que cette Danse doit avoir été exécutée en 1441 ou 1442, puisqu'elle eut lieu par suite de la peste de 1439, et que Félix V, élu pape en 1440, y figure; elle ne peut guère, continue-t-il, être postérieure à 1443, attendu que ce sont les Pères du Concile qui la firent

attribuée à plusieurs artistes, tels que Holbein, Klauber, Bock, et ces suppositions sont toutes erronées, puisque ces artistes vécurent au xvi⁰ siècle.

Ainsi, l'on voit, par la préface de Mérian, que Klauber n'exécuta pas cette peinture, mais que seulement il la répara, et cela en 1568. Georges Keysler, dans ses *Voyages* ¹, et, d'après lui, Heinecken, dans son *Dictionnaire des Artistes*, affirment que l'exécution en est due à un peintre de Bâle nommé Jean-Jerôme Bock; mais le baron de Zurlauben ² nous apprend que cet artiste vivait en 1580, et que c'est à tort qu'on lui attribue la fresque de Bâle, que l'on regarde communément, ajoute-t-il par une erreur aussi grande, comme étant l'œuvre de Jean Holbein. Quant à ce dernier, il n'a pas plus fait cette peinture que les autres, puisqu'il vécut de 1498 à 1554, et il ne l'a même jamais retouchée. Enfin, il est presque impossible de donner la liste des historiens et des

---

peindre et que ce Concile termina ses sessions dans cette année. — Au fond, ce ne serait pas une raison; puis, pour expliquer la durée réelle de dix-sept ans que la préface de Mérian donne à ce Concile, qui commença le 14 décembre 1431, nous ajouterons qu'il termina effectivement en 1443 ses sessions dans la ville de Bâle, mais qu'il n'en persista pas moins, et ne fut dissous à Lausanne qu'en 1449.

¹ *Travels trough Germany*, I, 138. — M. Douce, p. 39 et 40.

² Voir les *Tableaux de la Suisse*. Paris, 1786. In-fol. Tome II et dernier, p. 133. De Zurlauben dit de plus que la Danse de Bâle a été gravée en 1544 par Joas Dennacker (Jobst Denecker). C'est une erreur qui se trouve aussi dans l'ouvrage de M. Heinecken. Il y a ici une confusion évidente avec *les Simulachres de la Mort* d'Holbein, gravés par le même artiste.

voyageurs qui, à notre époque même, lui en ont attribué la création dans leurs écrits. Nous nous contenterons de dire qu'il peignit, sur le Marché aux Poissons de Bâle, une *Danse* de Paysans, et que probablement par cette raison on aura confondu sans réflexion les deux peintures, au moins sous le rapport de leur auteur. Puis, comme le fait remarquer M. Douce (p. 139), si Holbein y eût peint une Danse Macabre, Zwinger, entre autres, qui, dans son ouvrage intitulé *Methodus Apodemica*, a mentionné la Danse des Paysans et d'autres peintures qu'Holbein laissa dans cette ville, Zwinger n'eût pas manqué de parler d'une œuvre aussi importante.

Cette Danse, qui est une des plus complètes que l'on connaisse, comptait quarante-deux tableaux et quatre-vingt-douze personnages, tant squelettes que vivants. On voyait en tête, ainsi que nous l'avons déjà dit, le Prédicateur en chaire, faisant face à la Danse qui se déroulait à ses pieds; mais, entre lui et les premiers acteurs de ce drame était un ossuaire, dont nous avons donné une reproduction dans notre Ire partie (p. 147), et c'est ici, à proprement parler, que s'offrait la Danse, dans laquelle les ordres religieux et laïques n'étaient point séparés l'un de l'autre.

Toutes les victimes, s'avançant de droite à gauche, sont censées être amenées par la Mort dans ce cimetière, dont les habitants les reçoivent au son de leur musique. Le Pape commence la série, qui se compose de trente-neuf sujets ou personnages de grandeur naturelle, accompagnés chacun de leur guide habituel [1], mais ne se tenant pas par la main, comme à La Chaise-Dieu et surtout à Lubeck. A leurs formes courtes et épaisses, on peut croire que le peintre qui les dessina était allemand : fidèle aux traditions de son époque, il a donné à la Mort l'apparence d'un cadavre d'une maigreur extrême, aux yeux caves, avec l'abdomen ouvert et laissant échapper et pendre les intestins comme de longues lanières ; pour rendre le spectacle de la décomposition encore plus hideux, il n'a pas manqué de répandre le ver du tombeau sur son épouvantable spectre, qui, par exception, n'est figuré sous une forme différente qu'aux deux tableaux du Médecin et de l'Usurier : dans l'un, c'est un Squelette complétement décharné, et dans l'autre, c'est une Momie toute noire, singulière représentation que nous n'avons rencontrée qu'ici. Puis la Mort est ordinairement du sexe de celui qu'elle entraîne, et l'artiste s'est évertué à lui donner assez généralement les insignes ou

---

[1] Voici les noms de ces personnages : le Page, l'Empereur, l'Impératrice, le Roi, la Reine, le Cardinal, l'Evêque, le Duc, la Duchesse, le Comte, l'Abbé, le Chevalier, le Jurisconsulte, le Magistrat, le Chanoine, le Médecin, le Gentilhomme, la Dame, le Marchand, l'Abbesse, le Mendiant boiteux, l'Ermite, le Jeune Homme, l'Usurier, la Jeune Fille, le Musicien, le Héraut, le Maire, le Prévôt, le Bouffon, le Mercier, l'Aveugle, le Juif, le Païen, la Païenne, le Cuisinier, le Paysan, le Peintre, sa Femme, et enfin Adam et Eve tentés par le Serpent, ainsi que l'indique l'édition de 1789 dont nous nous sommes servis pour cette description.

Cette Danse était peinte sur un fond bleu de ciel avec un paysage insignifiant au bas de chaque tableau, et ne pouvait être, sous ce rapport, comparée à la richesse des vues et des arcades dont Nicolas Manuel avait su orner la Danse de Berne.

le costume de chacune de ses victimes. Ainsi, pour accompagner le Cardinal, elle est coiffée du même bonnet que lui ; devant le Chevalier, à qui elle semble donner un croc-en-jambes, elle porte une cuirasse, et son crâne offre une large et profonde incision verticale, comme s'il eût été fendu dans quelque bataille ; près du Boîteux, elle prend une jambe de bois et des béquilles ; avec le Bouffon, qui tient sa marotte, elle danse, et, costumée presque comme lui, elle agite des grelots.

Tous les tableaux sont d'une vérité saisissante, les costumes en sont d'un fini précieux, et Charles Patin, qui vit ce monument en 1671, ne crut pas pouvoir mieux le qualifier qu'en disant de lui, dans la relation de ses *Voyages* (Lyon, 1674, in-12, p. 133) : « C'est un des spectacles les plus mortifians que » je sache dans le Christianisme, et, quoiqu'il soit » orné de toutes les beautés de la peinture, je ne » l'ay jamais regardé qu'avec de grandes pensées de » notre anéantissement. »

Parmi les groupes, qui sont tous admirables de détails, outre ceux que nous avons déjà cités, on remarque surtout ceux du Mercier, du Médecin, du Paysan, du Gentilhomme, de la Dame occupée à se mirer quand la Mort vient la surprendre ; du Marchand, qui tient une balance dont l'un des plateaux, supportant un monceau d'écus, est enlevé par l'autre qui ne porte qu'une tête de mort. On trouve aussi le sujet de l'Ermite, où la Mort frappe avec un os sur une lanterne allumée qui pend à ses côtés en guise de tambour ; celui du Juif, dont la Mort prend plaisir à faire tomber l'argent et les dés à jouer ; puis encore celui du gros Cuisinier, qui semble laisser à regret le monde et sa broche garnie d'un poulet que la Mort porte fièrement sur son épaule ; enfin, le tableau le plus digne d'attention est peut-être celui de l'Aveugle : la Mort, portant barbe et moustaches et coiffée d'un chapeau de paille à plumes, coupe avec des ciseaux la corde du chien de l'Aveugle, et dirige celui-ci vers une fosse ouverte à ses pieds.

Les deux groupes que nous reproduisons dans notre planche XLIV ne sont pas non plus les moins beaux pour le goût et la finesse de leur exécution ; mais, à l'élégance du dessin, qui s'y fait mieux sentir que dans les sujets précédents, il est facile de voir que ces deux tableaux sont d'une époque postérieure. Ils furent faits effectivement plus d'un siècle après les autres, en 1568, par Jean-Hugues Klauber, qui, le premier, répara toute la suite, et s'y représenta lui-même avec sa femme et son enfant. Le costume seul des figures indique qu'elles sont du temps que Mérian leur assigne dans sa préface. La dague que porte le peintre, ses grosses jarretières et ses vêtements bouffants avec de nombreux crevés, caractérisent bien le costume suisse du milieu du xvie siècle. L'artiste se peignit tenant d'une main sa palette et de l'autre son pinceau. Tout annonce chez lui la tranquillité, pendant que la Mort, couronnée de fleurs, l'appelle en le frappant sur l'épaule. Sur le bord de la table contre laquelle le peintre a déposé sa règle, est le sablier fatal, et enfin, derrière Klauber, on voit, tenant lieu d'apprenti, un petit Squelette, qui lui broye avec force ses couleurs.

L'autre sujet représente la Mort enlevant la femme et l'enfant du peintre, qui, d'après M. Douce (p. 36), portaient les noms de Barbara Hallerin et de Hans-Birich Klauber. De même que dans tous les tableaux de la Danse de Bâle où il s'agit d'enlever une femme, la Mort est ici déguisée sous des habits féminins, et elle porte la coiffure plate des Italiennes, laquelle, à cette époque, était assez répandue même en Allemagne. La Mort semble rire ; elle passe une main sous le bras de la femme, tandis que de l'autre elle lui enlève une partie de sa coiffure. Celle-ci est paisible comme son mari ; elle porte un berceau et paraît rassurer l'enfant, qui, effrayé de la Mort, se retourne et vient se jeter dans les bras de sa mère.

Deux strophes allemandes sans intérêt, formant, comme dans tous les tableaux de cette Danse, l'apostrophe de la Mort et la réponse de sa victime, accompagnaient chacun des deux sujets de Klauber [1]. Seu-

---

[1] Telle est la traduction littérale des vers allemands qui formaient l'allocution de la Mort au Peintre : « Jean-Hugues Kluber, laisse là ta peinture, il faut me suivre et partir d'ici : — Ton art, tes peines, ton travail ne te serviront de rien ; il en sera de toi comme des autres. — Tu as peint mon corps horrible, tu seras fait de même, toi, ton enfant et ta femme. — Aye Dieu toujours devant les yeux. Jette là ton pinceau et ta règle. »

Dans les vers français dont nous allons parler tout-à-l'heure et qui se rapportent à la Danse de Bâle, la strophe formant le pendant de ce quatrain allemand est ainsi conçue :

C'est à ton tour, homme à pinceau !
Peins-toi toi-même en ce tableau.

lement, la réponse de ce dernier, ainsi que celle d'OEcolampade, comprenaient huit vers et se distinguaient ainsi de la série des autres quatrains.

En parlant de ces inscriptions originales, M. Naumann avance (p. 15) qu'en 1568 elles furent remplacées par d'autres ayant trait à la Réforme. M. Douce dit aussi qu'elles durent être changées, et il prend pour exemple la réponse du Pape à la Mort, dont il donne le sens satirique, en soutenant qu'avant la Réforme, on n'eût pas toléré de pareilles inscriptions, et que, par conséquent, les premières durent être effacées pour faire place à celles-ci. Mais, selon nous, c'est une erreur. Ces vers n'ont jamais été changés ; Mérian, qui devait être bien informé, dit, dans une partie de sa préface que nous avons citée, qu'ils sont de la même époque que la peinture, et en les lisant on reconnaît qu'ils sont en vieil allemand. Enfin, nous ajouterons que M. Douce a fait une double erreur en interprétant dans sa traduction non

---

Toi qui n'as vécu qu'en peinture :
Après que sans la voir, par un art sans égal,
Tu sus peindre la mort affreuse à la nature,
Pour prix d'avoir tracé tant de fois sa figure,
Elle-même, aujourd'hui, t'offre l'original.

Dans la réponse de la Femme du Peintre, on trouve aussi :

Mourons, puisqu'il le faut, chers enfans d'un bon père !
Aussi bien n'avons nous aucuns biens sur la terre,
Pour nous dédommager de la perte d'Holbein.

L'auteur des rimes françaises, en nommant Holbein à propos de cette Danse de Bâle, semble indiquer que ce peintre en est l'auteur. Il est alors tombé tout le premier dans cette erreur commune à tant d'autres.

les vers *allemands*, mais les vers *français*, dont nous ne pouvons nous empêcher de dire ici quelques mots.

Dans une édition des planches de Mérian, de la fin du XVIe siècle, et dans un certain nombre d'éditions postérieures, se trouve une soi-disant traduction en vers français de ces inscriptions allemandes. Dans le titre que M. Peignot (p. 72) donne de cette édition de Berlin, 1698 (titre qui est rapporté dubitativement et avec quelques changements par M. Massmann, p. 77), on lit : *La Danse des Morts.... avec l'explication en vers français, traduite de l'allemand par P. Vieu.* Il est possible que P. Vieu, ou, selon M. Douce, P. Viene, soit l'auteur de cette prétendue traduction, qui est faite avec esprit et facilité ; mais il faut reconnaître qu'elle n'est fidèle ni pour le fond ni pour la forme. Néanmoins, si parfois on y trouve la naïveté des huitains de la Danse Macabre, on y rencontre généralement aussi, de la part de l'auteur, protestant ou non, beaucoup d'originalité et de nombreuses intentions satiriques [1].

---

[1] Voici, pour exemple, la traduction textuelle de ce que la Mort dit au Pape, en frappant comme sur un tambour, avec un os, sur un crâne attaché à sa ceinture : « Venez, Saint-Père, digne homme ! — Il vous faut commencer la Danse avec moi : — Les indulgences ne peuvent sauver — Votre double croix ni votre triple couronne. » — Le Pape répond : « J'étais regardé comme un saint sur la terre ; — Après Dieu le plus élevé de tous, ma position était haute : — Les indulgences me servaient fort bien, — Et maintenant la Mort ne veut pas me faire grâce. »

Pour que l'on puisse mieux comparer, nous allons reproduire les rimes françaises qui sont censées traduire les inscriptions allemandes :

Pour achever ce qui a rapport à cette Danse, nous dirons que les premières gravures de la peinture de Bâle parurent dans cette ville en 1588 et 1608, dans un recueil publié par Huldreich Frolich et composé des Simulacres d'Holbein et de quelques sujets empruntés à la Danse de Berne. Les tableaux de la Danse de Bâle n'étaient qu'en très petit nombre, puisque, sur quarante-quatre gravures dont se compose le recueil, trente-trois appartiennent à Holbein, et le reste aux deux autres peintures : celle de Bâle avait fourni, entr'autres, les sujets du Païen, de la Païenne, du Cuisinier, du Peintre, et ces planches sur cuivre portaient des marques de graveurs incon-

LA MORT AU PAPE.

Sans trop de compliments, sans vous baiser la mule,
Grand pape, je vous viens ordonner de partir !
    Il n'est ni Dispense ni Bulle
Qui puisse de ma main jamais vous garantir.
Sachant qu'à vous, Saint-Père, on doit la préférence
A votre primauté je ne ferai point tort :
Je veux que le premier vous fassiez une Danse
    Au son du tambour de la Mort.

LE PAPE A LA MORT.

    Sera-t-il dit qu'un Dieu sur terre
    Un des successeurs de saint Pierre,
    Un puissant Prince, un grand Docteur
Essuye de la Mort l'insolente rigueur ;
Et faudra-t-il sitôt, sans nulle résistance,
    Qu'obéissant à ses édits,
J'éprouve si les clefs que j'eus en ma puissance
    Peuvent m'ouvrir le Paradis ?

C'est précisément cette dernière strophe que M. Douce a prise pour une traduction fidèle de l'allemand.

Voici encore quelques fragments assez originaux de ces vers français :

nus, telles que GS, DR, HW, HIW. Le livre renferme aussi une traduction latine des vers allemands des tableaux de Bâle ; et cette traduction, qui est attribuée à Huldreich Frolich ou à Laudismann, se trouve aussi dans l'ouvrage de ce dernier, publié en 1584 et intitulé : *Decennalia mundanæ peregrinationis Casparis Laudismanni* (Massmann, p. 30, d'après Fabricius, *Biblioth. med. et inf. Lat.* v. III).

Ce mélange des gravures de la Danse de Bâle avec celles d'Holbein prouve que déjà l'on confondait ces deux séries si différentes. Conrad de Méchel commit la même erreur en reproduisant, sans distinc-

LA MORT AU MAGISTRAT.

Chapeau bas devant moi, sévère magistrat !
Je suis le messager de ce grand Potentat
Qui vous commit le soin de rendre la justice,
D'appuyer la vertu, de réprimer le vice;
Et je vous vais, dans peu, faire changer d'état.
Dépouillé du pouvoir qui vous rend respectable,
  Par un retour triste et fatal,
  Comme accusé, comme coupable,
Vous paroitrez bientôt devant son Tribunal.

LE CUISINIER A LA MORT.

Je vous prends à témoin, Messieurs, de l'injustice
  Que la Mort me fait à vos yeux.
D'un cuisinier habile on sait que l'artifice
A la santé de l'homme est plus pernicieux
Que les soins, les chagrins, les travaux et les veilles ;
Et que de mes ragoûts le dangereux appas
  Fait avaler dans un repas
La goutte, la gravelle et cent choses pareilles ;
Enfin que par mon art j'en ai plus fait périr
  Que Galien n'en put guérir ;
Mais tandis qu'à gogo je vis dans ma cuisine,
  L'ingrate Mort, malgré cela,
Veut, de mon pauvre corps, régaler la vermine :
  Qui sait quel sort mon âme aura ?

tion, des planches d'Holbein avec celles de Bâle, et dans les sept éditions différentes de ses cuivres (1715-1796), on trouve toujours quelques sujets de Bâle joints à des estampes, en plus grand nombre, des Simulacres de la Mort, sans que pour cela il ait jamais été question d'Holbein, même dans le titre des volumes. (Voyez la bibliographie d'Holbein.)

Les copies spéciales et complètes de la Danse de Bâle parurent au commencement du XVIIe siècle, gravées par Matthieu Mérian, qui dit lui-même, dans sa préface de 1649 déjà citée : « J'ai copié cette » peinture de la Danse des Morts selon l'original, » il y a à présent trente-trois ans ; ensuite je l'ai » gravée en taille-douce ; et quoique j'aie cédé ces » planches à d'autres personnes, néantmoins je les » ai rachetées et gravées de nouveau et fait réduire » en la forme dans laquelle vous les voyez. » Longtemps on douta que ces gravures eussent paru dès 1621, comme l'indiquent Füessli et Heinecken ; mais maintenant il n'est plus permis d'hésiter à le croire : M. Massmann indique en effet (p. 75) que la Bibliothèque de Bâle possède des éditions de 1621, de 1625, et il les attribue à Jean-Jacob Mérian, frère de Matthieu et comme lui graveur. Cependant ce dernier n'a pas dû faire autre chose que de les publier, car son nom se trouve à la fin de la préface, tandis que les cuivres portent : *M. Mérian fec.* ; de sorte que nous croyons que les premiers cuivres de Matthieu servirent à ces premières éditions, et que les reproductions postérieures de la Danse de Bâle (1649-1733) furent faites avec les planches qu'il recommença.

Nous donnons succinctement la liste et la date de ces éditions complètes. Les trois premières, celles de 1621 et 1625, ne portent pas dans leurs titres le nom de Matthieu Mérian, et c'est peut-être là une des raisons qui engagent quelques personnes à regarder son frère Jean-Jacob comme en étant le graveur, tandis que les publications suivantes (1649-1733), qui sortent avec un texte allemand ou français, de Bâle, de Francfort et de Berlin, mentionnent le nom de Matthieu, et par la suite celui de ses héritiers.

En 1744, un autre graveur, du nom de Chovin, aidé de l'œuvre de Mérian, exécute à Bâle une nouvelle copie de la Danse de cette ville, et ses planches, accompagnées d'un texte parfois en deux langues, continuent à y paraître jusqu'en 1830.

En 1788, on y trouve encore une publication dont l'auteur est inconnu, et qui n'est pas, à vrai dire, une copie de la peinture originale; car les costumes des personnages y sont modernisés et mis en rapport avec les modes du siècle dernier.

Puis, vers 1840, M. Massmann en a fait faire une copie fidèle qu'il n'a publiée qu'en 1847 à Stuttgard.

Voici donc la liste de ces divers ouvrages:

BALE, FRANCFORT, BERLIN.

GRAVÉ PAR MATTHIEU MÉRIAN.

1. — 1621. Todten Tantz wie derselbe in der weitberümpten Statt Basel als ein Spiegel Menschlicher Beschaffenheit gantz Kunstlich mit Lebendigen Farben Gemahlet, nicht ohne nutzliche Verwunderung zu sehen ist. Getruckt zu Basel, bey Johann Schroter 1621. In-4, 42 pl.

Ce titre, ainsi qu'on peut s'en assurer, a été complétement reproduit en tête des éditions que C. de Méchel a publiées à Bâle au xviiie siècle, et qui renferment des sujets de la Danse de cette ville et de celle d'Holbein. (Voyez p. 121, n°ˢ 56 et suivants.)

2. — 1621. Todten-Tantz (même titre que le n° 1). Getruckt zu Basel, n verlegung Mattheus Mieg 1621. (Imprimé à Bâle, dans la librairie de Matthieu Mieg.) In-4, 42 pl.

3. — 1625. Todtentantz (idem)... in Verlegung Mattheus Mieg. 1625. In-4, 42 pl.

4. — (?) 1646. M. Massmann mentionne (p. 76), d'après des catalogues dont il ne précise pas le titre, une édition des cuivres de Mérian faite à Francfort en 1646. Mais il dit lui-même qu'il doit y avoir confusion avec l'édition suivante.

5. — 1649. Todtentantz, wie derselbe, etc. .. Nach dem Original in kupffer gebracht und herausgegeben durch Mattheum Merian den Elteren. Franckfurt a M. (... gravé sur cuivre d'après l'original et publié par Matthieu Mérian l'aîné, Francfort-sur-le-Mein). In-4, 42 cuivres. C'est la première édition des cuivres recommencés de Matth. Mérian, et la préface de ce volume est signée par ce graveur et non par son frère.

6. — (?) 1669. Todten-Tantz, 1669. Citée par Georgi (IV, 225) probablement pour l'édition de 1696. (Massmann, 77.)

7. — (?) 1689. La Danse des Morts. 1689. Edition confondue également par Fiorillo (IV, 161) avec celle de 1698.

8. — 1696. Todten-Tantz, Wie derselbe, etc.... Durch Matth. Merians sel. Erben. Franckfurt, Im Jahr M DC XCVI (publié par les héritiers de Matth. Mérian, Francfort, en l'année 1696). In-4, 42 planches de Mérian. Comme lieu, M. Peignot assigne à cette édition Wurde à la place de Francfort.

9. — 1698. La Dance Des Morts, Telle Qu'on La Voit Depeinte dans la celebre ville de Basle qui represente la fragilité de la vie humaine, comme dans un miroir. Enrichie de Tailles-douces, faites d'après l'original de la Peinture, Et Traduite de l'Allemand en Francois par les soins des Heritiers de feu Monsieur Matthieu Merian. Imprimé à Berlin aux dépens des Heritiers de l'Auteur. M. DC. XCVIII. In-4. Mêmes cuivres. M. Peignot ne cite pas le titre exact et met : « Avec l'explication en vers françois, trad. de l'allemand par P. Vieu, » au lieu de : « par les soins des héritiers, etc. »

10. — 1700. La Danse des Morts.... 1700. (Fiorillo, IV, 164.)

11. — (1725.) Todten-Tantz, wie derselbe, etc... Nach dem Original in Kupffer gebracht, von Matth. Merian sel. Franckfurt am Mayn, Bey Joh. B. Andrea und H. Hort. S. D. In-4, 42 cuivres. A propos du lieu d'impression, M. Peignot commet encore ici la même erreur qu'au n° 8.

12. — (?) 1727. Todten-Tantz. Cité par Haller (Schweizer Geschichte, IV, 391) et mis en doute par M. Massmann, 78.

13. — 1733. Todten-Tantz. 1733. In-4. Cité, d'après Georgi et Heinsius, par M. Massmann (ibid.).

BALE.

GRAVÉ PAR CHOVIN.

14. — 1744. La Danse des Morts, comme elle est depeinte dans la louable et célèbre ville de Basle, pour servir d'un miroir de la nature humaine. Dessinée et Gravée sur l'original de feu Mr Matthieu Merian. On y a aioute, Vne Description de la ville de Basle, et Des vers a chaque figure. A Basle, ches Jean Rodolphe Im-Hoff. 1744. In-4, 42 cuivres, plus un titre semblable gravé en allemand avec des bordures

à sujets funèbres et une autre planche représentant une tête d'homme qui, retournée, n'est qu'une tête de mort. L'ouvrage est en allemand et en français, et la Bibliothèque de Stuttgard possède un manuscrit copié sur cette édition.

15. — 1756. La Danse des Morts, etc. Gravée sur l'original de M. Mérian. 1756. In-4. (Massmann, p. 79.)

16. — (?) 1759. Dans la Littérature des Beaux - Arts (Litteratur der Schonen Kunste), Ersch mentionne une édition chez Im-Hoff, de 1759. Il y a sans doute erreur avec celles de 1756 ou de 1789. (Massmann, p. 79.)

M. Douce cite également comme ayant rapport à la Danse de Bâle une édition publiée dans cette ville, en 1769, par les frères De Méchel. Mais ce volume se rattache, malgré son titre, à la Danse d'Holbein. (Voyez plus bas p. 122, n° 60).

17. — 1789. La Danse des Morts, comme elle est depeinte, etc. Basle, chez Jean. Rod. Im-Hoff et fils, 1789. In-4, 42 pl. Dans ces deux dernières éditions authentiques, qui ne sont que des réimpressions en deux langues de l'édition n° 14, le titre allemand gravé porte toujours la date de 1744, et le titre français indique seul les dates différentes.

La Bibliothèque Leber, à Rouen, offre un magnifique et précieux exemplaire de cette édition, orné d'une double suite de figures, les unes en noir, les autres coloriées et tirées sur un papier particulier; celles-ci sont peintes à la gouache avec le plus grand soin d'après l'original, et dans le tableau du Marchand, sur un ballot qui se trouve à terre, l'artiste a ajouté : *B. H. n° 112. Basel*. Tout en simulant ainsi les marques que l'on rencontre ordinairement sur des marchandises de commerce, l'artiste a probablement indiqué là ses initiales et le lieu de sa résidence. M. Leber croit que cet exemplaire est unique. C'est une erreur selon M. Brunet.

18. — (1830.) Todten Tantz, wie derselbe, etc. Nach dem Originale in Kupfer gebracht. Basel, zu finden bey

Birmann u. Sohne (Bâle, se trouve chez Birmann et fils).
In-4. S. D. C'est une réimpression allemande, faite en
1830, des cuivres de l'édition de 1744 retouchés.

—

19. — 1788. La Danse des Morts, Pour Servir De Miroir à
la nature Humaine. Avec le costume dessiné à la moderne,
et des vers à chaques figures. Au Locle, chez St. Girardet Libraire. In-8. Le titre et les cuivres de ce volume sont
empruntés, malgré les changements, à ceux de Mérian. On
y trouve aussi une pièce composée en 1593, imprimée sous
ce titre : « L'Art de bien vivre et de bien mourir, au Locle,
chez Samuel Girardet, Libraire. M. DCC. LXXXVIII. »
(Massmann, p. 80, et Douce, p. 42.)

STUTTGARD, LEIPZIG.

20. — 1847. Die Baseler Todtentanze in getreuen Abbildungen (les Danses des Morts de Bâle en copies fidèles). Stuttgard (et Leipzig), 1847. — C'est sous ce titre que M. Massmann a publié avec un texte historique la Danse de Bâle et
celle de Klingenthal. Les planches ont dû être faites avant
1840 ; mais nous ignorons quel en est le graveur, et nous
regrettons vivement de ne pas connaître ce nouvel ouvrage
du savant professeur allemand, dont le titre seul est indiqué
par M. Ellissen (p. 123, n° 68).

PLANCHE XLV.

MARQUE TYPOGRAPHIQUE D'UN LIBRAIRE ROUENNAIS.

Cette grande vignette est le fac-similé de la marque d'un libraire-relieur de Rouen, Jean Huvin, qui vécut à la fin du xv⁰ siècle et au commencement du xvi⁰, et dont les éditions sont devenues maintenant fort rares. Son nom se rattache à ceux de quelques imprimeurs rouennais célèbres, tels, entr'autres, que Martin Morin, qui, le premier, introduisit l'imprimerie à Rouen et dans la Normandie. On ne connaît aucun détail sur Jean Huvin ; ses publications, faites en commun avec d'autres libraires du pays, durent être peu nombreuses.

Cependant sa marque, assez grossièrement gravée sur bois, est fort curieuse. Elle représente la Mort frappant, chacun d'une flèche, deux personnages en costume bourgeois, qui soutiennent un écusson portant les initiales de Jean Huvin.

Dans la Pensée et l'Ancolie placées derrière les personnages, il ne faut voir que des plantes de deuil, en rapport avec le sujet ; car il serait difficile de trouver ici, entre le Squelette et la Pensée, une certaine affinité ménagée pour obtenir à-la-fois la représentation d'un jeu de mots et celle d'un sérieux *memento mori : la pensée de la mort*, comme cela se voit assez communément dans ces gravures de piété modernes qui représentent, par exemple, une pensée dont la corolle renferme un crâne, et qui sont consacrées à nous rappeler notre fragilité [1].

---

[1] Pendant ces deux derniers siècles, il a été fait un grand nombre de ces sortes d'estampes, que l'on peut appeler de véritables *memento mori*. Ce sont toujours des sujets funèbres accompagnés d'inscriptions, tels, entr'autres, qu'un Squelette à moitié couvert de son suaire et montrant du doigt ces mots :

Revenons à Jean Huvin. Voici le titre de quelques volumes à la publication desquels il prit part :

1590. — Manuale ad usum ecclesiae Rothomagensis, Rothomagi per Martinum Morin, impendio Jo. de Forestier, Jo Huuyn, et B. Bernard anno Jubilaeo. In-4. (Cité par Panzer, II, 561, n° 22.)

1507. — Legenda sanctorum que lombardica nominatur Historia. *A la fin :* Finit aurea legenda sanctorum.... compilata per fratrem Jacobum de Voragine natione Januen'.... Impressa Rothomagi per magistrum Petru' violette impesis honestoru' virorum Petri regnault necnon Joha'nis Huuin anno ab incar-

---

Souviens-toi que tu es poudre et que tu retourneras en poudre.
Un autre consiste simplement en un sablier ailé surmonté d'un crâne et entouré de ce distique :

> Vive memor lethi, fugit hora, memento salutis
> Dum licet, et vitam, seu moriturus, age.

Thomas de Leu en a gravé un autre qui représente deux Squelettes soutenant un écusson couvert d'emblèmes funéraires et surmonté d'une tête de mort entourée de serpents qui ressortent par la bouche. On y trouve ces vers latins :

> Fleres si scires unum tua tempora mensem,
> Rides cum non sit forsitan una dies.

Il existe deux gravures de ce genre assez singulières et que M. Leber a insérées dans les cartons de sa Bibliothèque ; l'une est la reproduction du dizain de Patrix :

> Je songeais cette nuit que de mal consumé,
> Côte à côte d'un pauvre on m'avait inhumé, etc.,

auquel on a fait toutefois subir quelques changements, et qui est accompagnée d'une gravure figurant les deux morts, le Noble et le Pauvre, sortant de leurs fosses, avec ces mots : *Faites-y reflection*, *Pécheur de condition*. Enfin, la dernière planche, qui mé-

natione domini. m. ccccc. vii. die vero xxix octobris. In-4, goth.

On sait que les professions de libraire et de relieur se confondaient à cette époque. La Bibliothèque de Rouen, qui possède quelques-unes de ces éditions, renferme aussi un Diomède latin imprimé à Paris, en 1498, par Thielman Kerver, sur la reliure duquel se trouve appliqué le nom de Jean Huvin, tel que nous le voyons sur sa marque. Au-dessus est un saint Michel que l'on a représenté tellement maigre, qu'on le prendrait au premier abord pour un squelette, et que l'on croirait volontiers que ce re-

---

rite une mention particulière, rappelle plus directement leurs derniers moments aux personnes pieuses en ce que celles-ci peuvent y voir leurs noms figurer en toutes lettres. C'est une gravure dans la partie supérieure de laquelle est un cadran dont un crâne remplit l'intérieur et qui est entouré de ces inscriptions : *Me voici au terme où vous devez arriver. — Je viens à toute heure et n'en indique aucune.* Au-dessous on lit ces vers bizarres :

> Vous dont l'œil curieux contemple ce tableau,
> Pendant qu'il en est temps, reglés bien votre vie
> Et songés que dans le tombeau
> De mériter le ciel, l'occasion est ravie
> **PENSÉS Y BIEN**
> Et epargnés vous ce triste langage d'un réprouvé :
> Je suis damné
> Je le suis par ma faute
> Je le suis pour toujours
> Quel état ! Grand Dieu ! quel état !

Le tout est encadré en partie par cette inscription principale : *Un jour, mon tour viendra et on dira de moi ce qu'on dit des autres : M. .... est mort.* On comprend aisément que la place laissée en blanc est réservée au nom de la personne qui veut avoir ce *memento* sans cesse devant les yeux.

lieur avait un goût très prononcé pour les sujets mortuaires.

Jean Huvin ne fut pas le seul libraire qui portât ce nom à Rouen. Il y eut aussi un Pierre Huvin, comme l'indiquent des Heures à l'usage de Rouen, imprimées à Paris, en 1503, pour Jean Burges, Pierre Huvin et Jacques Cousin [1]. Il est à croire que ces deux libraires étaient frères, et peut-être cette marque de l'aîné les représente-t-elle tous deux unis pour soutenir l'écusson de leur maison et témoignant par cette alliance qu'ils ne doivent être séparés ici bas que par la mort.

PLANCHE XLVI.

PEINTURE DES TROIS MORTS ET DES TROIS VIFS A L'ANCIENNE ABBAYE DE FONTENAY.

Cette figure, représentant les trois Morts et les trois Vifs, se trouvait sur le mur de l'une des chapelles de

---

[1] Catalogue des livres imprimés sur vélin qui se trouvent dans les bibliothèques tant publiques que particulières, tome I, p. 121.

Nous devons cette indication à notre compatriote M. Edouard Frère, et nous renvoyons nos lecteurs à l'ouvrage qu'il a publié dans notre ville, en 1843, sous le titre suivant : *De l'imprimerie et de la librairie à Rouen, dans les xve et xvie siècles, et de Martin Morin, célèbre imprimeur Rouennais.*

Puisque nous parlons des volumes renfermant la Mort et publiés à Rouen, nous pouvons mentionner aussi *les Pensées de l'Eternité par le Sr de Laserre* (Rouen, Antoine Ferrand, 1652, pet. in-8), dont le frontispice, imprimé au revers du titre, montre la Mort enlevant dans une hotte les symboles des grandeurs humaines, avec ces mots : *Ainsi fuit la gloire du monde.*

l'abbaye de Saint-André de Fontenay, située sur la rive droite de l'Orne (Calvados).

Les ruines de cette abbaye, dont l'architecture était fort belle, subsistaient encore en entier au commencement de ce siècle; mais elles furent complétement démolies vers 1820 ou 1825, et il ne reste plus maintenant qu'une maison assez moderne servant d'habitation. Cette abbaye renfermait des tombes fort curieuses, en ce qu'elles étaient faites non comme à l'ordinaire d'une seule pierre tumulaire, mais de carreaux de terre cuite émaillée qui, par leur assemblage, formaient la représentation du personnage défunt. Il est certain que ces pavés émaillés ou plutôt vernissés d'une couverte vitreuse, se fabriquaient en Basse-Normandie; car c'est dans ce pays que l'on trouve le plus d'exemples de ces curieux pavages [1].

Ces tombes ont heureusement été dessinées dans un manuscrit de la Bibliothèque nationale, n° 1029, renfermant des documents sur quelques abbayes de la Basse-Normandie, et dans lequel se trouve un dessin de la planche que nous offrons.

Cette peinture, d'un style remarquable et peu vulgaire, n'a rien de gothique. Les trois Squelettes

---

[1] Voir le *Bulletin Monumental*, dirigé par M. de Caumont, 14ᵉ vol., p. 478, et 15ᵉ vol., p. 135.

M. de Caumont a bien voulu mettre à notre disposition la gravure de ce recueil qui représente la peinture de Fontenay et qui forme notre XLVIᵉ sujet. Nous le prions d'agréer nos remercîments pour l'empressement qu'il a mis à nous obliger dans cette circonstance.

marchent à la rencontre des vivants et sont complétement décharnés; l'un est couvert d'un linceul et affecte presque la même attitude que ses deux compagnons; ils ne portent pas de couronnes, comme cela se voit parfois dans les peintures du même genre.

Quant aux trois Vifs, ils sont tous à cheval; les deux derniers sont plus jeunes que le premier, qui a l'air d'être en conversation avec les Squelettes. La coiffure du second paraît peu commune; le riche harnais des chevaux et surtout le chapeau orné de plumes de l'un des jeunes gens indiquent suffisamment le XVIe siècle comme l'époque d'exécution de cette peinture. Ces trois personnages sont en chasse, puisque l'un d'eux tient un faucon sur le poing. Toutefois, la croix qui est au milieu du tableau indique que la scène se passe au bord d'un cimetière.

Le manuscrit dont nous avons déjà parlé dit que ces figures avaient trois ou quatre pieds de haut, et qu'une autre représentation des trois Morts et des trois Vifs se trouvait exécutée en bas-relief dans le cloître de la même abbaye.

PLANCHE XLVII.

PEINTURE DES TROIS MORTS ET DES TROIS VIFS A L'ABBAYE DE SAINT-RIQUIER.

L'ancienne trésorerie de l'abbaye de Saint-Riquier, près d'Amiens, en Picardie, renferme des figures qui datent du commencement du xvi⁰ siècle, et qui rappellent, entr'autres, dans une suite de dix tableaux, une solennité où la religion servit au mieux la politique adroite de Hugues Capet : il s'agit de la promesse de la couronne de France que saint Valery avait faite à ce dernier, s'il retirait des mains d'Arnoul, comte de Flandre, les restes de saint Riquier pour les rendre au monastère de ce nom. Ces peintures sont surmontées de deux tableaux d'une dimension plus grande et d'un sujet complétement différent. Ce sont ceux que reproduit notre planche, et qui représentent le Dit des trois Morts et des trois Vifs.

Ces deux tableaux, comme on peut le voir à leur forme triangulaire, occupent, dans le haut de la salle, les tympans de deux ogives ; ils sont placés sur le même plan, de sorte que les trois Vifs sont censés apercevoir juste devant eux les trois Morts.

Nous ne répéterons pas, à propos de ces peintures et de cette légende, ce qui a été dit dans l'explication de la planche précédente, et particulièrement dans celle des planches XXII et XXIII. Nous nous contenterons seulement de dire qu'ici comme toujours, trois jeunes gens de haute condition, ainsi que l'indiquent leurs riches costumes, sont en train de chasser à l'oiseau, lorsqu'ils aperçoivent trois affreux Squelettes qui se dressent devant eux. A cet aspect effrayant, personnages et chevaux semblent saisis d'une épouvante qui se peint dans leurs mouvements désordonnés. Quant aux Squelettes, ils portent l'un une bêche, l'autre une pioche, et le troisième une longue flèche avec laquelle il fait le geste d'arrêter les Vivants.

De même que chaque tableau de la trésorerie de Saint-Riquier est accompagné d'un quatrain qui lui sert d'explication, de même nos peintures ont aussi leurs inscriptions. Elles en ont autant que de personnages, c'est-à-dire sous chaque tableau trois quatrains qui sont placés sur la même ligne, de façon à se rapporter à chacun des acteurs de cette scène. Sous les Squelettes on lit les avertissements suivants :

> Nous vous denonchons tout pour voir [1]
> Qu'il vous convient mort rechepvoir
> Tels come vous un ta'ps no fumes
> Et tels serez come nous somes

> Vous qui estes oultrecuidiez
> Plus briefuemet que ne cuidiez
> La mort en tout ta'ps vous espie
> Pour vous oster du corps la vie.

> O folles gens mal advisées
> Qui estes du hault lieu prisées
> Pensez a la mort très certainne
> Et leschiez la joie mondainne.

Au-dessus des trois jeunes gens, on trouve ces quatrains qui leur servent de réponse :

> Mon pauvre cœur de paour tremble
> Qua't trois morts ainsy voy ensemble

---

[1] *Tout pour voir*, c'est-à-dire tout cela pour vérité.

Defigurez hydeux divers ¹
Tous pourris et mangés de vers.

Ostons du monde les plaisirs
Maluais voloirs et faulx désirs
Car de la mort tous les destrois
Nous passerons come ces trois

Il n'y a point de reconfort
Obéir il nous fault a la mort
Par quoi nous tous jenes et vieulx
Aions la mort deuant les yeulx.

PLANCHE XLVIII.

FIGURE DE LA MORT DANS LES ANCIENS TAROTS.

Soit à dessein, soit par l'effet d'un singulier hasard, les cartes à jouer ont été parfois réunies aux Danses des Morts. Ainsi, M. Peignot a publié dans un même volume son travail spécial sur les Cartes après ses recherches sur les Danses Macabres, qui en sont tout-à-fait distinctes, et dans le Catalogue de sa Bibliothèque, M. Leber a classé les unes à la suite des autres, les pièces relatives à ces deux sujets. Ré-

---

¹ *Divers* doit être employé ici dans le sens de réjouissant. (Voyez Roquefort, *Glossaire de la langue romane*, et le supplément, par D. Carpentier, au *Glossaire* de Ducange.)
Nous avons extrait ces vers de la *Description historique de l'église de l'ancienne abbaye royale de Saint-Riquier-en-Ponthieu*, par A.-P.-M. Gilbert, Amiens, 1836 (p. 134-136).

cemment encore, M. Jacobi a fait paraître à Utrecht une brochure sur les Danses des Morts hollandaises (*De Nederlandsche Doodendans*), dans laquelle il est exclusivement question d'un jeu de cartes qui présente, il est vrai, un certain rapport avec le fond de cette ronde funèbre. Enfin, nous-mêmes, nous parlerons aussi des cartes, et c'est sous ce rapport en général, quelque faible qu'il soit, que nous nous appuierons pour en dire quelques mots.

Nous donnons donc dans ce but la reproduction exacte de l'une des cartes qui composaient le jeu destiné au roi Charles VI, jeu que l'on peut regarder comme le plus ancien monument de l'usage des cartes dans notre pays. Ce devait être un jeu de *tarots* formé de soixante-dix-huit cartes, divisées en deux séries, en *atouts* et en *couleurs*.

On sait que les *atouts* étaient au nombre de vingt-deux, numérotés et comprenant, comme le prouvent les dix-sept cartes qui nous sont restées de ce jeu incomplet, d'abord une série de personnages représentant les diverses conditions humaines, tels que le Pape, l'Empereur, l'Ermite, les Amoureux, le Fou, le Varlet, le Pendu ; puis des emblêmes des vertus ou d'autres allégories diverses, comme la Tempérance, la Justice, la Force, le Soleil, la Lune, la Fortune, le Char, la Maison de Dieu, le Jugement dernier et la Mort.

Enfin, les *couleurs*, au nombre de cinquante-six, se divisaient en quatre séries égales de quatorze cartes chacune, et offrant des marques ou points qui sont des *épées*, des *coupes* ou *calices*, des *bâtons*, des *deniers* ou *pièces de monnaie*, etc. Ces séries de *couleurs* de quatorze cartes comprenaient dix cartes distinguées les unes des autres par le nombre des points, depuis l'as jusqu'au dix, et, en outre, un Roi, une Reine, un Cavalier et un Varlet. On voit donc que notre jeu de cartes françaises n'est autre que celui des *tarots*, dont on a écarté les atouts et dont on a conservé les couleurs, en retirant toutefois de ces dernières les Cavaliers.

Nous ajouterons seulement à ces détails que les cartes nous semblent venir de l'Orient ; qu'elles parurent, dès le XIII° siècle, à la suite des croisades, en Italie, et se répandirent au XIV° dans toute l'Europe, probablement avec les Bohémiens qui, regardés la plupart comme sorciers, devaient en faire un usage habituel.

Quant aux tarots dont nous avons extrait notre planche, on a supposé qu'ils étaient destinés à amuser le roi Charles VI dans sa démence, et on les attribue à un artiste nommé Jacquemin Gringonneur, d'après un passage extrait du registre de la Chambre des Comptes, vers l'année 1392, et dans lequel Charles Poupart, argentier de Charles VI, rapporte :
« A Jacquemin Gringonneux, pour trois jeux de
» cartes à or et à diverses couleurs, de plusieurs
» devises, pour porter devers ledit seigneur (roi)
» pour son ébattement..... LVI sols parisis. »

Ce sont surtout ces mots de *cartes à or et à diverses couleurs* qui, rapprochés du luxe de ces peintures, des costumes et des ornements qui sont de l'époque, ont fait supposer l'identité de ces cartes avec celles dont il est question dans le compte du trésorier du roi. Des trois jeux que Gringonneur peignit pour Charles VI, il ne reste que celui-ci, et encore ne se compose-t-il que de dix-sept atouts de sorte que l'on ignore si, en fait, le jeu se composait aussi des *couleurs*.

Ces cartes étaient, au XVIIe siècle, négligées dans un recueil du cabinet de Gaignières, et maintenant elles sont reliées et conservées avec soin, à Paris, à la Bibliothèque nationale [1]. Elles sont soigneusement peintes à la gouache sur un vélin très fin collé sur une feuille de carton ; le fond est en or bien conservé, avec des dessins pointillés qui se rencontrent aussi sur la bordure, laquelle, en argent dans le principe, est devenue toute noire par l'effet du temps. Enfin, dans ces cartes, le style du dessin est plus heureux, le nombre des personnages plus grand que dans les anciens tarots imprimés, qui, cependant, offrent quelques ressemblances avec elles.

Ici, la Mort est à cheval ; elle tient sa faux levée, et l'on voit à ses pieds quelques victimes de haute

---

[1] M. C. Leber les a fait fidèlement copier pour enrichir le précieux recueil de tarots qui se trouve dans sa bibliothèque, à Rouen, et c'est d'après son fac-simile que M. Tudot a eu la complaisance de reproduire, de même dimension et avec une grande exactitude, la planche que cette notice accompagne.
Plusieurs de ces cartes ont été gravées : Willemin en a mis deux, le Soleil et le Varlet, dans ses *Monuments français* (voyez IIe vol., pl. 176, et l'explication, p. 16); Lenoir en a réduit douze pour son *Atlas des monuments, des arts libéraux, mécaniques et industriels de la France* (Paris, 1838); mais personne n'avait publié cette carte de la Mort avant nous.

condition : un Pape en manteau bleu, des Cardinaux en robe rouge, un Roi dont le costume et la figure offrent une teinte cadavérique ; elle-même porte une robe jaunâtre à bordures rouges, avec la ceinture et le bandeau de couleur blanche. Il est assez bizarre que l'artiste ait ainsi costumé son Squelette, qu'il lui ait mis un ruban autour de la tête au lieu de le couronner, selon l'habitude assez fréquente de l'époque, et, par une singularité encore plus frappante, on croirait qu'il a donné une couleur violâtre assez foncée à son cheval, si l'on n'avait la preuve, par d'autres détails des peintures de ce jeu, que l'argent y était employé avec abondance et que ce métal est devenu partout entièrement noir. Nous pouvons donc en inférer avec certitude que le cheval de la Mort, aujourd'hui de couleur sombre, était jadis rehaussé de reflets d'argent et devait paraître presque tout blanc, ce qui se rapproche des données de l'Apocalypse, d'après lesquelles ce cheval a presque toujours gardé l'épithète de *pâle*.

Il est à remarquer que, dans les anciens tarots, le numéro de l'atout de la Mort est en harmonie avec celle-ci, car partout il porte le nombre XIII, qui, on le sait, a toujours été regardé comme fatal, et qui, par conséquent, convient mieux que tout autre à ce sujet sinistre [1].

---

[1] Comme néfaste, le nombre XIII avait chez les Romains pour rival le nombre XVII ; la cause en est assez bizarre, et consiste en ce que ce chiffre forme, par l'interposition d'une de ses lettres, le mot VIXI, qui signifie *j'ai vécu, j'ai cessé de vivre*, et qui

Dans ces tarots, la Mort était représentée parfois à peu près comme elle l'est sur notre planche, mais cependant avec moins de détails. La collection de M. Leber nous en offre encore une preuve dans un ancien jeu italien de *Minchiate*, de la fabrique de Toscane (XVIe siècle), dont les cartes sont beaucoup plus petites et où la Mort est figurée seule à cheval et brandissant sa faux.

Enfin, dans d'autres tarots italiens, ce n'est qu'un Squelette nu, à pied et rasant de sa faux la terre où gisent des cadavres; c'est même d'après l'un de ces derniers tarots que Court de Gebelin a reproduit, dans son *Monde primitif*, le personnage de la Mort pour sa dissertation sur les cartes; mais pour la composition du dessin, le sujet qu'il a choisi ne saurait être comparé au nôtre.

Il existe encore d'autres jeux de cartes modernes dans lesquels la Mort joue un rôle. Nous n'appuierons pas sur les cartes en tableaux, publiées au commencement de ce siècle, à Tübingen, et dans lesquelles on a emprunté, pour illustrer le quatre de trèfle, la scène principale de la ballade de Lénore, de Burger, le fiancé mort au loin venant, à l'heure de minuit, enlever sa maîtresse.

Nous insisterons plus volontiers sur un jeu de cartes hollandais qui fait l'objet du travail de M. Jacobi. Ce jeu, grossièrement exécuté, se rencontre

---

composait presqu'à lui seul une inscription funéraire. (Voyez Peignot, p. xxviij.)

dans les mains des enfants et des matelots, et, dans certaines parties de la Hollande, il est appelé le Jeu de la *Vie* et de la *Mort* (Dood en Leven), parce que ces deux figures s'y trouvent et qu'elles sont ennemies l'une de l'autre. Il se compose de trente-six cartes sans points ni couleurs et comprend trente-quatre personnages, dix-sept hommes et dix-sept femmes, qui représentent, comme dans les Danses Macabres, les principales classes de la société, avec cette différence toutefois que la condition des femmes répond à celle des hommes, de façon que tous forment dix-sept couples. La série commence par l'Empereur et descend, par ordre hiérarchique, jusqu'au Laboureur. L'Evêque, placé le troisième, représente seul les ordres religieux, et, quoiqu'il ne doive pas, comme les laïques, avoir de compagne, on lui en a néanmoins donné une, pour ne pas faire de différence; seulement, une des règles du jeu consiste à les éloigner autant que possible l'un de l'autre.

Au dernier couple, on voit la Mort en Squelette décochant une flèche avec un arc, et la Vie, figurée par un enfant qui fait avec une pipe des bulles de savon ; c'est, selon nous, une belle allégorie des accidents de la vie que celle des bulles de savon, qui brillent de mille couleurs changeantes et que le moindre souffle fait disparaître. Enfin, toutes ces cartes portent des numéros; mais ceux-ci, au lieu de suivre la hiérarchie strictement observée, sont placés en sens inverse, de sorte que l'Empereur a le n° 36 et la Mort le n° 1. Tout naturellement, cette carte doit être la plus puissante de ce jeu, qui se rapporte, sinon par la forme, au moins par le fond, à l'idée sur laquelle roulent les Danses des Morts ; c'est même ce que semble confirmer un quatrain qui souvent accompagne ces cartes et dont voici la traduction : « Ces » images, jeunesse aimée, vous servent à passer le » temps en joie et en plaisir, et vous apprennent que » le sort de tous les hommes, à commencer par l'Em- » pereur, est de marcher vers la tombe [1]. »

L'idée de donner un cheval à la Mort a été fréquemment employée. De nos jours encore, on la représente souvent ainsi. (Voyez, par exemple, les Danses des Morts faites en Allemagne, en 1849, par Rethel, et en 1850, par Merkel.)

La Belle, au XVII° siècle, est un de ceux qui ont le mieux réussi dans ce genre, et, parmi ses estampes, celle qui représente la Mort dirigeant une bataille sous le costume d'un Maréchal, peut être regardée comme un chef-d'œuvre.

Observons seulement en passant que notre carte

---

[1] M. Schultz Jacobi décrit avec détail ces cartes, pour ajouter un exemple indirect à ceux que M. Kist a déjà cités, tels que la peinture de Zalt-Boemel, le manuscrit des Carthusiens dont nous avons parlé plus haut, p. 98 ; les tableaux de Jordaens et de Van Everdingen, et les poésies de Catz, dans lesquelles il est question de la Mort, etc., le tout dans l'intention de prouver qu'il a dû exister en Hollande des Danses des Morts, et que ces exemples ne sont que des vestiges persistants de monuments en grande partie détruits. Raisonner ainsi, c'est peut-être un peu trop se raccrocher aux branches. En tout cas, quoique la portée de ces différentes preuves soit, jusqu'à un certain point, contestable, les faits qu'elles mettent en évidence n'en sont pas moins curieux et leurs descriptions intéressantes.

est presque unique, sous ce point que le cheval y est gros, gras et nullement décharné, tandis que dans tous les autres sujets analogues, les artistes ont eu raison de le représenter hideux, d'une maigreur excessive, souvent même avec les chairs en lambeaux, et par là plus en rapport avec le Squelette qui le monte.

Cette tradition remonte, sans contredit, aux temps les plus reculés. Saint Jean est le premier qui, dans l'Apocalypse, ait mis cette idée en action. On y lit (vi, 8) :

« En même temps, je vis venir un cheval pâle, et
» celui qui le montait s'appelait la Mort; et l'enfer le
» suivait; et le pouvoir lui fut donné sur les quatre
» parties de la terre pour y faire mourir les hommes
» par l'épée, par la famine, par la mortalité et les
» bêtes sauvages. »

Dans son article que nous avons souvent cité, M. Maury (p. 335) ajoute qu'ici saint Jean s'inspirait des tableaux analogues qu'avaient retracés Ezéchiel, Daniel, Zacharie, et dont l'origine remontait même à la source mazdéenne.

C'est sur son cheval que le moyen-âge représentait la Mort emportant les âmes, de même que les Grecs modernes font aujourd'hui de Caron un messager de mort qui, monté sur un coursier, traverse les montagnes avec sa troupe noire, ayant devant lui les jeunes, derrière les vieux, et les petits enfants attachés à sa selle. (Grimm, p. 803, d'après Fauriel, *Chants populaires de la Grèce*, II, 228.)

Dans l'une de ses bordures du livre intitulé : *Holbenii Alphabetum Mortis*, le peintre Osterwald a aussi figuré le Squelette monté sur un cheval décharné et traînant dans l'espace à sa suite une troupe d'âmes de toutes conditions.

Enfin, M. Grimm cite (p. 803-804) des traditions, des locutions usitées encore dans le nord de l'Europe, et qui prouvent combien est invétérée la croyance au cheval de la Mort. Ainsi, si quelqu'un échappe à une grande maladie, on dit vulgairement qu'*il a donné un boisseau d'avoine à la Mort*, c'est-à-dire qu'il a apaisé la Mort en lui donnant en sacrifice de l'avoine pour son cheval. Le peuple dit aussi en Danemark, en parlant d'un homme qui a peine à marcher : *Il ira bientôt sur le Helhest*, et par le Helhest on entend un cheval qui a trois pieds et qui tourne autour du cimetière en portant la Mort. De même au Sleswig, on croit qu'en temps de peste, Hel ou la Mort rôde sur un cheval à trois pieds et qui étrangle les hommes ; et, bien plus, il faudrait, d'après une singulière tradition, enterrer dans tout cimetière un cheval vivant avant d'y enterrer des morts, afin que ce cheval puisse se transformer en cheval de la Mort.

Ce n'est pas seulement en Europe que l'on trouve ces idées bizarres ; car les Indiens donnent aussi pour monture un buffle à Yama, leur dieu de la Mort, et, comme on le voit, une grossière superstition a partout marqué de son empreinte ces singulières et ridicules croyances.

PLANCHE XLIX ET DERNIÈRE

FRISE, COMPOSITION PAR M. E.-H. LANGLOIS.

La foule des humains est un faible troupeau
Qu'effroyable pasteur le temps chasse au tombeau.

J.-B. ROUSSEAU.

On s'étonnera peut-être de voir succéder à des compositions funèbres, copiées sur des monuments ou empruntées à des ouvrages d'une date ancienne, une œuvre toute moderne et se rattachant aux précédentes bien plus encore par la pensée que par la forme. Mais nous ne faisons, en terminant la série des planches par cette composition philosophique et quelque peu satirique, que déférer aux intentions de son auteur, qui en avait lui-même modestement marqué la place *ad calcem operis*, sans doute à cause de l'analogie du sujet, qui suffirait pour justifier cette insertion; et puis, nous n'en saurions douter, afin d'assigner une destination et de sauver par là de la dispersion et de l'oubli une œuvre fugitive de sa jeunesse, pour laquelle il ne pouvait s'empêcher de montrer de la prédilection. Cette planche, en effet, gravée sur une bande étroite de cuivre qu'elle couvre en entier, témoigne, mieux encore que toute autre de l'œuvre si nombreux de ce maître, de quelle ardente énergie de pensée la nature l'avait doué, et quelles hautes conceptions on devait attendre de sa faculté créatrice, si de douloureuses épreuves ne l'avaient, pendant presque toute sa carrière, tenu enchaîné aux ingrats labeurs des travaux de commande ou de simple reproduction. L'exécution de cette planche remonte déjà à plus de trente années. Ce dut être vers 1815 ou 1816 ; l'artiste n'était point encore venu habiter Rouen, où son talent trouva si tardivement de dignes appréciateurs. Jeune encore, mais déjà éprouvé par de cruelles atteintes, hésitant sur la direction à suivre et sur l'emploi à donner à ses nobles et ardentes facultés, il vivait, en proie à un triste dénuement, non loin du Pont-de-l'Arche, sa patrie, dans un petit village appelé Sotteville-sous-le-Val. C'est là que, d'après ce qu'il nous a lui-même souvent raconté, confiné dans une espèce d'étable ou de pièce basse, ne recevant de jour que par la porte coupée en deux, suivant l'usage des campagnes, il grava, debout, en trois jours, et sans autre dessin préalable qu'un croquis informe, cette composition, de dimensions si réduites, mais cependant si riche par le grand nombre de figures qui s'y pressent, et si grandiose par l'énergie de la pensée qui l'a inspirée. Le sujet, comme nous l'avons fait pressentir, appartient, par sa donnée principale, au genre des Danses Macabres. C'est, à une extrémité, la Mort, qualifiée égalité éternelle, et la Justice divine, sa compagne, appelant à elles et faisant tomber dans un gouffre ouvert à leurs pieds toutes les conditions humaines, depuis les plus élevées jusqu'aux plus humbles : potentats, despotes, oppresseurs des corps et des âmes, et, en même temps, faibles, dépossédés, opprimés et victimes. A l'autre extrémité, pressant de son fouet la marche de cette foule aux contrastes si diversifiés, le Temps, que hâte lui-même la Médecine, semble veiller à ce que nul ne s'écarte, et justifier ces vers de J.-B. Rousseau que nous avons placés en épigraphe, et qui si naturellement paraîtraient avoir inspiré l'auteur de la gravure, si celui-ci ne nous avait affirmé qu'il ne les avait jamais connus ou remarqués avant le jour où nous les lui citâmes pour la première fois. Nouvel et frappant témoignage de la justesse de cette observation : que le génie, quel que soit son mode d'expression, puise à une source commune, celle des grandes vérités générales, et rencontre souvent des analogies singulières, qu'il serait, la plupart du temps, injuste de qualifier d'imitation ou de plagiat.

FIN DU DEUXIÈME VOLUME.

ADDITIONS.

L'impression de cet ouvrage était presque terminée, lorsque nous avons pu prendre connaissance d'un volume récemment publié à Londres avec une reproduction des *Simulachres* d'Holbein, et dont nous avons donné le titre (II° vol., p. 124, n° 70) d'après un catalogue anglais. Supposant que les planches de ce volume pouvaient être une réimpression de celles qui ont été faites pour l'ouvrage de M. Douce, nous les avions placées au rang des copies sur bois ; mais elles ne sont pas ici à leur place. Ce sont les copies sur pierre de M. Schlotthauer, rééditées pour la troisième fois et accompagnées d'un texte anglais. Ce nouveau volume devrait, par conséquent, être classé parmi les copies sur pierre, venir, page 135, après l'édition française de Paris (184), et occuper, toute rectification étant faite, le n° 116.

Sous le titre d'*Introduction historique et littéraire*, on y trouve une dissertation sur les Danses des Morts, par un antiquaire qui a gardé l'anonyme. Il mentionne deux Danses ignorées jusqu'à ce jour.

L'une, dont le dessin est joint au volume, fait les ornements d'un bois de lit en châtaignier, conservé au Musée des Arts d'Aix-la-Chapelle. Elle occupe trois des panneaux inférieurs de ce lit, et consiste en quinze personnages placés sans ordre hiérarchique et escortés chacun d'un squelette. Sur l'un des panneaux latéraux, sont le Docteur, le Soldat, l'Avare, le Pape, le Cardinal et l'Avocat ; sur l'autre, on voit la Vieille Femme, le Charretier, le Laboureur, la Jeune Femme et le Jeune Homme ; enfin, quatre autres mortels, derrière lesquels est un paysage, savoir : l'Impératrice, l'Électeur, l'Empereur et le Roi, occupent la partie placée au pied du lit. Quant au dernier panneau, qui occupe la tête de la couche, il est beaucoup plus élevé et représente, en deux bas-reliefs placés l'un sur l'autre, divers épisodes de la vie de Guillaume Tell et des scènes de pillage exercées par les soldats de Gessler. Ces sujets sont, comme on le voit, totalement étrangers à la Danse des Morts, ainsi que celui qui orne le ciel du lit et qui représente Mars au milieu d'emblèmes de la guerre. Mais il n'en est pas de même de l'ensemble des ornements proprement dits que l'on rencontre sur ce meuble : ce sont, en effet, sur les colonnes, des crânes avec des os en croix, et, sur la bordure supérieure, des enfants appuyés sur des têtes de mort et soutenant des guirlandes de fleurs réliées entr'elles par des têtes de chérubins. Ce genre d'ornementation suffit seul pour désigner le milieu du XVIe siècle comme l'époque d'exécution de ce meuble, dont les figures sont sculptées avec soin et avec élégance, et que l'on serait porté à considérer comme un lit mortuaire, si l'emploi alors habituel de ces décorations funèbres ne tendait à prouver que ce n'est qu'un lit ordinaire, pour lequel la fantaisie de l'artiste ou du propriétaire a déterminé le choix des sujets. L'ensemble de ceux-ci peut même faire supposer que l'artiste qui les a exécutés était d'origine suisse : il se serait, dans ce cas, inspiré des Danses des Morts assez communes dans ce pays.

L'autre Danse dont il est question dans le volume anglais n'est pas moins curieuse que la première. Elle se trouve en Angleterre, et est sculptée sur les *miséricordes* des stalles de l'église Saint-Michel, à Coventry (Warwick). Les figures sont hardiment faites, et la série en est, à ce qu'il paraît, très intéressante. Comme toujours, elle commence par le Pape, et chaque groupe est formé de deux personnages, la Mort et sa Victime; le tout se termine par deux sujets représentant le Jugement dernier. L'auteur anglais dit que cette Danse date de la seconde moitié du XVe siècle; mais il n'indique pas de combien de groupes elle se compose. Il est étonnant que M. Douce n'ait pas, dans sa patrie, connu cette Danse des Morts, qui nous rappelle quelques sculptures dont parle M. Fortoul et qui se trouvent également sculptées sur les stalles d'une église, à Lézardrieux, en Bretagne. Celles-ci, du reste, ne forment pas réellement une Danse Macabre, mais représentent des groupes de personnages se livrant au plaisir et tenant dans les mains des têtes de mort qui leur montrent la fragilité de la vie.

Outre les différents exemples des fréquentes reproductions du Dit des trois Morts et des trois Vifs cités dans le cours de notre livre, nous signalerons encore une peinture à fresque consacrée à représenter cette légende, dans le bourg d'Ennezat, situé en Auvergne, entre Riom et Clermont. Elle est mentionnée dans le *Voyage dans le centre de la France*, par P.-A. Castel, inséré dans le *Bulletin de la Société d'Agriculture, Sciences, Arts et Belles-Lettres de Bayeux*, année 1851. Cette peinture ne consiste que dans un seul panneau sur le mur latéral à gauche du chœur, tandis qu'à droite on voit un sujet que l'auteur auquel nous empruntons cette description a pris pour un jugement dernier, mais qui ne paraît être autre chose que le jugement particulier d'une âme disputée entre l'Ange et le Démon aux pieds du Père Éternel, qui prononce la sentence. Un cadavre étendu au bas du tableau forme l'accompagnement obligé de ce sujet, qui, de même que celui des trois Morts et des trois Vifs, est fréquemment répété dans les miniatures des livres d'Heures manuscrits du XVe siècle.

Aux monuments relatifs à la Danse des Morts que nous avons déjà décrits (p. 307-323 de notre Ier volume), nous pouvons ajouter les suivants :

Dans son *Histoire de l'Art par les monuments* (Peinture, pl. CXXVI, n° 7), d'Agincourt reproduit une peinture à fresque qui se trouve dans le couvent de Subiaco, près de Rome, et qui représente la Mort à cheval, foulant aux pieds des cadavres et frappant d'une grande épée deux personnages vivants.

Le *Bulletin des Comités historiques* (février 1851) donne la reproduction d'un tableau du XVIe siècle, peint sur bois et que l'on voit dans l'église du Bar (Var). Ce tableau, de 1m75 de largeur sur 0m85 de hauteur, est accompagné de trente-trois vers monorimes en patois provençal; il offre dix-huit personnages des deux sexes, dont plusieurs en train de danser sont atteints par la Mort, qui décoche sur eux des flèches. Au-dessus de la tête de chaque danseur est un petit diable peint en noir, qui, lorsqu'un danseur tombe, arrête, à son passage par la bouche, l'âme prête à quitter le corps. A l'extrémité du tableau, celle-ci est jugée dans la balance de l'archange saint Michel, et, reconnue coupable, elle est précipitée par d'autres diables dans les flammes de l'enfer.

———

Dans notre catalogue des diverses éditions de la Danse Macabre (Ier vol., 331-351), nous avons dit, p. 340, n° 32, que les éditions populaires publiées à Troyes s'impriment encore aujourd'hui dans cette ville ; nous étions mal informés en avançant ce détail : la dernière édition qui en a été faite, d'après ce que nous a appris M. Eugène Lebrun, amateur à Troyes, date de la seconde moitié du siècle dernier, et a été donnée par le petit-fils de Pierre Garnier, Jean-Antoine Garnier, qui ne fut nommé imprimeur qu'en 1766. Le successeur actuel de ces imprimeurs, M. Baudot, ne publie pas cet ouvrage ; seulement, il possède un certain nombre d'exemplaires provenant de la dernière édition, et ce sont ceux-là qu'il annonce dans son catalogue au prix de 5 fr.

Jean Garnier n'ayant pas mis de date d'impression à ses éditions, et ayant inséré dans celle-ci le privilège donné à son grand-père en 1728, la date de ce dernier privilège nous a induit, avant de plus amples informations, à placer ses publications avant celles de 1729. Les numéros 30 et 31 doivent donc être regardés comme les derniers de ce catalogue.

Le n° 30 est par mégarde, comme le suivant, chiffré 31.

———

Quelques erreurs par omission se sont glissées, p. 342 et 343 de notre Ier vol., dans l'indication du nombre des différentes éditions des Livres d'Heures publiées par quelques libraires. Ainsi, au lieu de quarante-sept éditions, Simon Vostre en a donné cinquante-sept ; au lieu de quinze, Kerver en a donné dix-huit, et sa veuve quatre ; la première publication de Bonini que nous mentionnions date de 1499, et non de 1491 ; enfin, le libraire anglais Day a fourni six éditions, et non quatre, du Livre d'Heures de la Reine Elisabeth. Du reste, ces erreurs sont rectifiées par le catalogue que cette énumération précède.

BIBLIOGRAPHIE

DES OUVRAGES A CONSULTER SUR LE PERSONNAGE DE LA MORT
ET SUR LES DANSES DES MORTS EN GÉNÉRAL.

Nous ne comprenons dans cette liste que les ouvrages traitant de l'allégorie de la Mort ou des Danses des Morts en général. Quant à ceux qui en traitent incidemment, ou qui sont consacrés spécialement à la description particulière d'un de ces monuments, nous ne répéterons pas ici leurs titres, et nous renvoyons aux différentes parties de notre livre où ils sont cités.

1. Lessing. — *Wie die Alten den Tod gebildet* (Comment les anciens ont représenté la Mort). Ce traité a été traduit en français par Jansen dans le *Recueil de pièces intéressantes concernant les antiquités*. Paris, 1786.

2. Herder. — La dissertation de ce savant sur le même sujet a paru dans ses *Zerstreute Blätter* (feuilles détachées), II, p. 391. Tubingen, Cotta, 1805 et années suivantes.

3. Olfers. — *Uber ein merkwürdige Grab bei Kumä* (sur un tombeau curieux de Cumes). C'est sous ce titre que cet auteur a traité la même question que les précédents; son Mémoire est inséré dans les dissertations historiques et philologiques de l'Académie de Berlin, publiées en allemand, année 1830, p. 30.

4. Fiorillo. — *Geschichte der zeichnenden Künste in Deutschland und den Niederlanden* (Histoire des arts du dessin en Allemagne et dans les Pays-Bays). Hanovre, 1817-1820. 4 vol. in-8. Voir, dans cet ouvrage, le Mémoire ayant pour titre : *Machabeorum Choren*, IV, p. 117.

5. GABRIEL PEIGNOT. — *Recherches sur les Danses des Morts*. Dijon et Paris, 1826. In-8°.

6. GRUNEISEN. — *Beiträge zur Beurtheilung und Geschichte der Todtentanze* (Essai sur la critique et l'histoire des Danses des Morts), inséré dans le *Kunsblatt* (Journal de l'art), 1830, p. 94.

7. FRANCIS DOUCE. — *The Dance of Death* (la Danse de la Mort). London, W. Pickering, 1833. In-8.

8. H.-F. MASSMANN. — *Literatur der Todtentänze* (Littérature des Danses des Morts). Leipzig, T.-O. Weigel, 1840. In-8. Voir aussi les autres ouvrages de cet auteur. (II° vol., p. 135, n° 115, et p. 181, n° 20.)

9. HIPP. FORTOUL. — *Essai sur les poëmes et les images de la Danse des Morts*, inséré dans le volume intitulé : *La Danse des Morts dessinée par Hans Holbein, gravée sur pierre par J. Schlotthauer*. Paris, J. Labitte, 1842. Pet. in-8.

10. BRANCHE. — *Sur les Danses des Morts et les Danses Macabres*, inséré dans le *Bulletin monumental*, 1842, VIII° vol., p. 326-339.

11. JACOB GRIMM. — Voir l'article *Tod* (la Mort), dans son ouvrage, *Deutsche Mythologie* (Mythologie allemande), deuxième édition, p. 799-815. Gottingen, 1844. In-8.

12. F. NAUMANN. — *Der Tod in allen seinen Beziehungen* (la Mort sous tous ses points de vue). Dresden, H.-H. Grimm, 1844. In-12.

13. N.-C. KIST. — *De Kerkelijke Architectuur en de Doodendansen*) de l'Architecture religieuse et des Danses des Morts. Leiden, Lucthmans, 1844. In-8°.

14. ADRIEN DE LONGPÉRIER. — *Notice sur le Dit des trois Morts et des trois Vifs*, insérée dans la *Revue archéologique*. Paris, 1845, vol. II, p. 243.

15. W.-J. THOMS. — *Some observations upon the Danse Macabre*,

or *Dance of Death* (Quelques observations sur la Danse Macabre ou Danse de la Mort). Inséré dans l'*Archaelogical Journal*, London, 1846, vol. II, p. 151-154. Ce très court article n'a pour but que d'expliquer un passage du poète Chaucer, qui semblerait avoir parlé de ces peintures au xive siècle en Angleterre.

16. ALFRED MAURY. — *Sur le personnage de la Mort*. Inséré dans la *Revue Archéologique*. Paris, Leleux, 1847, IVe vol., 5e livraison, et 1848, V^e vol., 10e, 11e et 12e livraisons.

17. AD. ELLISSEN. — *Geschichtliche notizen über die allegorie des Todes und über Todtentänze inbesondre* (Notices historiques sur l'allégorie de la Mort et particulièrement sur les Danses des Morts), insérées dans le volume intitulé : *Hans Holbein's Initial Buchstaben, mit dem Todtentanz* (Lettres initiales d'Holbein avec sa Danse des Morts). Gottingen, 1849. Pet. in-8.

18. — *Holbein's Dance of Death, with an historical and literary introduction*. London, J.-R. Smith, 1849. C'est sous ce titre d'Introduction historique et littéraire qu'un aperçu sur les Danses des Morts en général occupe les pages 1-79 de ce volume.

19. J.-C. SCHULTZ JACOBI. — *De nederlandsche Doodendans* (Des Danses des Morts hollandaises). Utrecht, Dannenfelser et Doorman, 1849. In-8°.

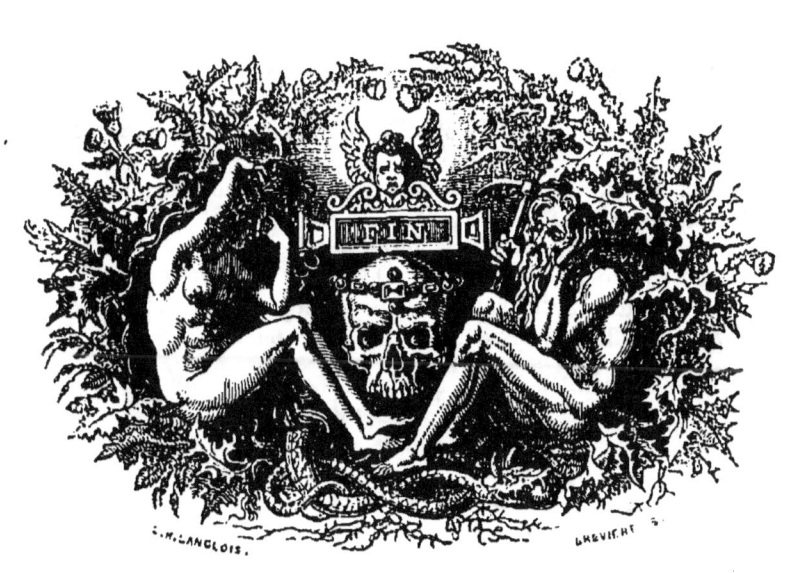

TABLE DES CHAPITRES.

Ier VOLUME.

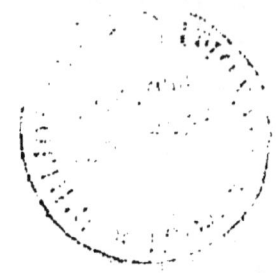

                                        Pages

Avertissement des Éditeurs............................ 7
Préface de l'Auteur... v
Chap. I. Rouen au XVIe siècle 1
Chap. II. Cimetière de Saint-Maclou à Rouen............. 10
Chap. III. Danse des Morts du cimetière de Saint-Maclou.... 31
   — Comptes de cette Danse des Morts............. 50
Chap. IV. Des représentations de la Mort dans l'antiquité... 61
Chap. V. Etymologie du mot Macabre.................. 90
Chap. VI. Des Danses Macabres ou de la Mort exécutées par des personnages vivants........................ 116
Chap. VII. Des Danses considérées comme cérémonies ecclésiastiques................................ 164
Chap. VIII. Des Danses des Morts considérées sous le point de vue de leur effet moral, et de quelques faits ou traditions qui se rattachent à ces représentations........... 177
Chap. IX. Des Danses des Morts peintes ou sculptées...... 192

Appendices au chap. VI. Sur la peinture d'un Homme noir au charnier des Innocents..................... 241
   — Sur la durée des représentations des mystères au moyen-âge.. 245
   — Sur le personnage du Fou........................ 253
   — Sur l'emploi des vêtements sacerdotaux dans les représentations des mystères et moralités...... 262

Recherches supplémentaires sur le personnage de la Mort dans l'antiquité et au moyen-âge................. 267

	Pages.
Recherches sur l'origine de la Danse des Morts............	284
— sur l'étymologie du mot Macabre................	287
— sur l'introduction de la Mort dans les représentations théâtrales...........................	291
— sur quelques monuments relatifs à la Danse des Morts.................................	307
Bibliographie des différentes publications françaises et étrangères consacrées spécialement à représenter la Danse des Morts...............................	325
— Editions primitives allemandes.................	326
— Danse Macabre française.......................	331
— Livres d'Heures renfermant la Danse des Morts....	343
— Compositions analogues aux Danses des Morts....	364
— Danses des Morts modernes.....................	366
Lettre de M. C. Leber à M. E.-H. Langlois sur l'origine de la Danse des Morts...	1
Note sur les Danses Macabres par M. Depping.............	81

IIe VOLUME.

EXPLICATION DES PLANCHES.

	Pages.
Le Sacristain de Bonport, légende fantastique servant d'explication au frontispice................	1
(Les planches I à VI sont insérées dans le 1er volume.)	
Pl. VII. Adam et Ève près de l'Arbre de la Mort...........	11
Pl. VIII, IX, X, XI, XII, XIII et XIV, Danses des Morts insérées dans les marges de livres d'heures..........	13
Pl. XV. La Mort et le Médecin, la Mort et l'Amoureux, d'après la Danse Macabre de Guyot Marchant............	30

Pages.

Pl. XVI. La Mort et le Soldat, la Mort et la Comtesse, d'après Holbein.. 36
Pl. XVII. Danses des Morts dans des lettres initiales....... 38
Pl. XVIII. Le Concert des Squelettes, la Mort et le Charretier, d'après Holbein...................................... 45
Pl. XIX. Danse des Morts de Strasbourg................. 46
Pl. XX. Miniature tirée du psautier d'Henri VI............ 51
Pl. XXI. La Mort, d'après un vitrail de l'église Saint-Patrice de Rouen.. 53
Pl. XXII et XXIII. Les Trois Morts et les Trois Vifs, d'après les anciennes éditions de la Danse Macabre............. 56
Pl. XXIV. Fourreau de dague, d'après Holbein............ 62
Pl. XXV. Danse Macabre de femmes dans un cimetière, d'après une gravure des frères Ridinger................. 63
Pl. XXV bis. Pendant de la gravure précédente, d'après les mêmes artistes.. 68
Pl. XXVI. Figures tirées d'une allégorie qualifiée Complainte contre la Mort................................ 73
Pl. XXVII. Danse de Squelettes, d'après la Chronique de Nuremberg... 76
Pl. XXVIII-XXXVI. Danse des Morts d'Holbein............ 79
   — Liste des éditions originales de cette Danse des Morts... 111
   — Copies sur bois...................................... 115
   — Copies sur cuivre.................................... 125
   — Copies sur pierre.................................... 135
   — Copies par fragments................................ 136
Pl. XXXVII. Pierre tumulaire dans l'ancien cloître de la Cathédrale de Rouen.................................... 137
Pl. XXXVIII. Figure tirée des Loups ravissants........... 143
Pl. XXXIX. La Mort et les principales conditions humaines. 146
Pl. XL. Figures tirées des Paraboles d'Alain de Lille 149
Pl. XLI. Deux sujets d'après Hans Sebald Beham.......... 153
Pl. XLII. Danse des Morts de la Chaise-Dieu............. 155
Pl. XLIII. La Mort et le Gueux........................... 158
Pl. XLIV. Danse des Morts de Bâle....................... 159
   — Liste des différentes publications consacrées à représenter ce monument........................... 177
Pl. XLV. Marque typographique d'un libraire rouennais... 181
Pl. XLVI. Peinture des Trois Morts et des Trois Vifs à l'ancienne abbaye de Fontenay, en Normandie............... 185

	Pages.
Pl. XLVII. Peinture des Trois Morts et des Trois Vifs à l'abbaye de Saint-Riquier........................	187
Pl. XLVIII. Figure de la Mort dans les anciens tarots........	190
Pl. XLIX. Frise, composition par M. E.-H. Langlois........	200
Additions..	203
Bibliographie des ouvrages à consulter...................	207

TABLE GÉNÉRALE

DES MATIÈRES,

DES NOMS PROPRES ET DES NOMS DE LIEUX

CONTENUS DANS CET OUVRAGE.

N. B. — Les numéros précédés d'un astérisque correspondent aux pages de la lettre de M. Leber et de la note de M. Depping, qui offrent une pagination à part dans le 1er volume.

A.

Accidents de l'homme (les), petite Danse des Morts, I, 314, 351 ; II, 22-29, 146.
Accident, son rôle dans les Loups ravissants, I, 144-146.
Adam et Eve figurant dans les Danses des Morts, I, 37, 41, 210 ; * 90 ; II, 12, 23, 156, 168.
Æmylius, ses inscriptions latines pour la Danse d'Holbein, II, 149, 194.
Agapes, repas religieux, I, 167.
Agincourt (d'), Histoire de l'Art, II, 205.
Ahasvérus, drame où paraît la Mort, I, 234, 307.
Aître (voyez Cimetière) de Saint-Maclou, à Rouen
Aix-la-Chapelle (Danse des Morts à). II, 203.
Alain de Lille (Paraboles d'), II, 149-151
Alceste (voyez Euripide).
Alpes pittoresques (les), I, 209, 219.
Alphabet orné d'une Danse des Morts d'Holbein, I, 363 ; II, 39-42 ; — autres du même genre, II, 42.
Altorf (Crypte funéraire à), I, 322
Amiens (Danse des Morts à), I, 220
Amyraut, théologien, I, 40.
Anacréon parle de la Danse des Morts, I, 75 ; * 8.
Andelys (Squelettes peints aux). I, 312 ; II, 161.
Angers (Danse des Morts supposée à), I, 217 ; II, 37
Annaberg (Danse des Morts à), I, 213.
Anniversaire du décès d'un mort : on s'y enivre, I, 134.

Apulée parle de squelettes, I, 77-81.
Arlequin aux prises avec la Mort, I, 230, 261 ; — Squelette, pantomime, I, 140, 259
Augustin (Saint), I, 167, 314, 319
Avignon (Squelette peint à), I, 310.
Azraël, nom de la Mort chez les Arabes, I, 269, 290.

B.

Baldinucci, notice sur Orcagna, I, 111.
Bâle (Danse des Morts de), I, 117 ; * 53 ; — son histoire, II, 160-1 ; — sa description, II, 167-71 ; — confondue avec celle d'Holbein, II, 121, 128, 166, 175 ; — prétendue traduction de ses inscriptions, II, 172-3 ; — ses diverses copies, 174-181.
Ballet de la danse des Morts, I, 306
Bar (tableau curieux au), II, 205.
Barante (de) dit que la danse de Paris a été jouée, I, 131, 134.
Barelette, prédicateur, I, 172, 181 ; * 23.
Bartsch, le peintre-graveur, II, 12, 91, 154.
Beham (Sebald), graveur, II, 12, 153.
Belleforest, Histoires prodigieuses, I, 254.
Berlin (Danse des Morts supposées à), I, 224.
Berne (Danse des Morts de), I, 207-211 ; * 82 ; II, 168.
Beroalde de Verville, I, 218-9
Blois (Danse des Morts de), I, 156, 207 ; M. Leber prend une édition de la Danse Macabre pour une copie de cette peinture, I, *, 4, 72.

Bock, peintre, on lui attribue la Danse de Bâle, II, 166.
Boguet, Discours sur les sorciers, I, * 20.
Bonaparte, composition anglaise sur lui, I, 368.
Bonnet, Histoire de la Danse, I, 171.
Bonport (Squelette peint à), I, 319.
Bourbon (Nicolas), poète, II, 83-5.
Brandt, Stultifera navis, I, 258.
Brevière, graveur, I, 210 ; II, 2.
Briey (les Trois Morts et les Trois Vifs à), I, 235.
Brulliot, Dictionnaire des Monogrammes, II, 44, 91.
Brunet, Manuel de l'amateur de livres, I, 341 ; II, 21, 80, 145, 150.
Brunswick (Danse des Morts à), I, 221.
Büchel a copié les deux danses de Bâle, I, 104 ; II, 164.
Bullet parle de danses religieuses, I, 168; * 50.
Bulletin monumental, I, 322 ; II, 187.
Burgos (Squelettes peints à), I, 309.

C.

Cadaver, prétendue étymologie de ce mot, I, 68.
Calmet (Dom), I, * 47.
Cambry, Voyage dans le Finistère, I, 156, 171.
Camp-Blanc en Normandie, I, 188.
Campo-Santo à Pise, ses peintures, I, 108-111.
Camus (V. Complainte contre la Mort).
Carpentier (Dom), I, 106 ; * 3.
Cartes de Charles VI. (Voyez Tarots)
Cervantes parle d'une Danse des Morts
Cent Nouvelles Nouvelles, 69.
Jouée, I, 154.
Chaise-Dieu (Danse des Morts de la), I, 205 ; * 73 ; II, 155-8.
Champollion-Figeac, décrit la première édition de la Danse Macabre, I, 100
Char de la Mort en Bretagne, I, 157
Chasse à la Mort, I, 302.
Chasse Machabée, I, * 48.
Chemnitz (bannière de la Mort à), I, 316.
Cherbourg (Danse des Morts de), I, 205.
Chéreng (idem), I, 222.
Cheval de la Mort, I, 24 ; II, 194, 197; — Préjugés qui s'y rattachent, II, 199.
Chodowiecky, graveur, I, 367.
Chorier, cite la Danse de Vienne, I, 93.
Chronique de Nuremberg, I, 46 ; — renferme une Danse des Morts, II, 76-79.
Cimetière de Saint-Maclou à Rouen, I, 19-30.
Cimetières profanés par des danses, I, 145, 191 ; * 20-22 ; II, 78 ; — par des orgies, I, * 16-19.
Clocheteurs des Trépassés, I, 149-152.
Cluny (P. de), historien, I, 181.
Colbert (Satire contre), I, 369.
Comestor, théologien, I, 40.
Compan, donne une étymologie du mot Macabre, I, 99, 101.

Complainte contre la mort, livre rare allemand, II, 73-75.
Conditions humaines enlevées par la Mort (gravures représentant quelques), II, 148-9.
Confrères de la Passion, I, 250.
Constance (Danse des Morts à), I, 223.
Corbeau figurant dans les peintures funèbres, I, 319.
Corrozet, ses inscriptions pour la Danse d'Holbein, II, 98.
Cortéges dans lesquels paraît la Mort, à Eisenberg, I, 297 ; à Aix, I, 298 ; à Gemünd, I, 300 ; à Harlem, I, 301 ; à Dresde, I, 303 ; à Florence, I, 304.
Cosimo (voyez Triomphes).
Cousin (Jean), a peint la mort sur un vitrail à Rouen, II, 54.
Coventry (Danse des Morts à), II, 204.
Croydon (Danse des Morts de), I, 221.
Crieurs de vin de Paris, leurs singulières funérailles, I, * 19.
Cumes (Squelettes sur un bas-relief trouvé à), I, 83-5, 177.

D.

Dagley, auteur anglais, I, 315, 369.
Danse aux aveugles, I, 305 ; II, 145.
Danse de Forest, I, 185 ; — de Saint-Jean, maladie, I, 180
Danses. Voyez Elves, Fées.
Danses dans les églises et les cimetières, I, 145, 171 ; — exécutées par des ecclésiastiques, I, 166-9, 175 ; — défendues, I, 167-9.
Danses des Morts.— Leur objet, I, 35.
— doivent-elles leur origine à des épidémies, I, 178-9, 285 ; * 13, * 82, * 85 ; — sont plutôt la mise en scène de l'idée générale contenue dans les sermons et les poésies de l'époque, I, 286 ; * 85.
— exécutées par des personnages vivants à Besançon, I, 120 ; en Espagne, I, 154 ; à Bruges, I, 292. (Voir Poëmes.)
— Liste des Danses peintes ou sculptées en différents lieux, I, 103, 203-4.
— ne se rencontrent en Espagne ni en Italie, I, 304.
— manuscrites, I, 320 ; * 74, * 75.
— Diverses éditions des Danses des Morts primitives allemandes, I, 326-8 ; II, 28 ; — des Danses modernes, I, 366-371. (Voyez Danse) Macabre et Heures.
— dans des lettres initiales, II, 38-45, 91, 136.
Danse Macabre, nom désignant spécialement la Danse de Paris et les diverses éditions de Guyot Marchant et autres, I, 288.
— nom venant de l'arabe tanz-magabiri, I, 200.
— sa première édition, par G. Marchant, I, 100, 331 ; * 53, * 71 — autres éditions publiées à Paris, I, 331-4; II, 15, 30, 36, 50, 141 ; — à Troyes, I, 38, 103, 278, 377-9; II, 20, 33, 57, 206.

roman par P. Lacroix, I, 95, 367.
— (Voyez Macabre)
Débat du corps et de l'âme, I, 110, 332; * 91.
Denecker frères, graveurs, I *, 87 ; II, 115.
Diable à quatre (faire le); origine de ce mot, I, 143.
Diableries, I, 143, 294.
Dibdin, antiquaire anglais, I, 159, 262, 327, 362 ; II, 12, 51, 59, 75.
Dijon (Danses des Morts à), I, 200.
Ditchingham, (les Trois Morts et les Trois Vifs à), I, 234.
Dole (Danse des Morts de), I, 210.
Dominoteries figurant la Mort, I, 367 ; II, 149.
Domitien (fête funèbre de), I, 87-9.
Douce, auteur d'un ouvrage sur la Danse des Morts, I, 94, 242, II, 12, 19, 82, 159, 172 et passim.
Drames où la Mort joue un rôle, I, 294, 296, 305.
Dresde (Danse des Morts de), I, 243-246.
Dubreul, Antiquités de Paris, I, 112, 236.
Ducange, I, 110, 122, 156 ; * 47.
Dugdale, Monasticon Anglicanum, I, 108, 340.
Dulaure, Curiosités de Paris, I, 125, 149.
Duverdier, diverses leçons, I, 191.

E.

Ebert, bibliographe allemand, I, * 92.
Ecusson de la Mort, II, 107-9.
Edel décrit la Danse de Strasbourg, I, * 84 ; II, 47.
Ellissen, auteur d'un ouvrage sur les Danses des Morts, I, 195, 275, 276, 289 ; II, 30, 39, 89, 98, 162.
Elves (Danses des), I, * 35, 36.
Ennezat (les Trois Morts et les Trois Vifs à), II, 205.
Epidémies. (V. Danse des Morts.)
Epitaphes. (V. Inscriptions.)
Erfurt (Danse des Morts à), I, 231 ; II, 37.
Estienne (Henry), I, 156.
Etymologies.(V. Macabre, Mort, Danse Macabre.)
Euripide fait paraître la Mort dans Alceste, I, 270, 272, 277, 293.

F.

Fabricius, I, 195, 243 ; * 41 ; II, 30.
Farces où paraît la Mort, I, 306.
Farin, Histoire de Rouen, I, 24-27.
Fauriel, Chants de la Grèce, II, 158.
Faut mourir (le), par Jacques Jacques, I, 338.
Fécamp (Danse des Morts supposée à), I, 223.
Fées, leurs Danses, I, * 26-28, 33.
Festins à l'anniversaire d'un décès, I, 144.
Fête-Dieu, son origine supposée, I, 290. — Procession à Aix, I, 208.
Fêtes des Fous, de l'Ane, I, 171, 254.
Fèves consacrées aux morts, I, 64.
Fiorillo, son Mémoire sur la Danse des Morts, I, 183, 196, 224.

Flamel fait peindre des emblèmes aux SS. Innocents à Paris, I, 125 ; * 31.
Florence. (V. Triomphes.)
Finelen (Squelette peint à), I, 312.
Fontenay (les Trois Morts et les Trois Vifs à), I, 239 ; II, 185-7.
Fortoul, son ouvrage sur la Danse des Morts, I, 207; II, 80, 89, 95, 204.
Fou (le) aux prises avec la Mort, I, 139-140, 253-264.
Freund Hein, surnom allemand de la Mort, I, 283, 371 ; * 367.
Fribourg (Danse des Morts de), I, 218.
Frolich, graveur, I, 211 ; II, 120, 174.
Funérailles des Romains, I, * 9. (V. Guichard.)
Füssen (Danse des Morts à), I, 223.

G.

Gage (John), savant anglais, I, 140
Gandersheim (Danse de), I, 242.
Georges (Saint-), (Statue de la Mort à), I, 161, 317.
Gérente (de) devait peindre une Danse des Morts à Paris, I, 196.
Gisors (Squelette sculpté à), I, 317.
Gobin (Robert), auteur des Loups ravissants, I, 365 ; * 57 ; II, 29 ;—en quoi cet ouvrage diffère de la Danse Macabre, I, * 59 ; II, 143-147 ; — sa description, I, * 62-71.
Godard (Guillaume), imprimeur parisien ; ses livres d'heures, I, 359
Goldast, Speculum statuum, I, 109 ; II, 30.
Gori (Musæum Florentinum), I, 82, 86 ; * 7, 9.
Goujon (Jean) auteur de la fontaine et des portes de Saint-Maclou, à Rouen, I, 6, 13.
Granville (Danse des Morts par), I, 370.
Graville (Sculpture curieuse à), I, 189.
Grimm (Jacob), sa Mythologie allemande, I, 280-285 ; II, 38, 199.
Grottes de fées près d'Autun et de Tours, I, * 28, 29.
Grüneisen, son article sur les Danses des Morts, I, * 82-83, 85.
Gryph, auteur d'une tragédie où la Mort joue un rôle, I, 296
Gueudeville, biographe d'Holbein, II, 80.
Gueux (le) et la Mort, II, 158.
Guichard, sur les Funérailles, I, 16.

H.

Habert, son poëme du Temple de la Mort, I, 307
Halberstad (coutume bizarre à), I, 42
Harlem (procession où figurait la Mort à), I, 301.
Harpies, divinités infernales chez les Grecs, I, 271.
Hastings (les Trois Morts et les Trois Vifs à), I, 234.
Hegner, son ouvrage sur Holbein, I, * 82 ; II, 140, 81.

15

Heinecken, Dictionnaire des Artistes, II, 100.
Herder, savant allemand, II, 207.
Heures (Livres d') renfermant la Danse des Morts, I, 341-362; II, 13-29.
Hexham (Danse des Morts à), I, 212.
Hilscher décrit quelques Danses des Morts, I, 213, 214.
Historia della Morte, I, 34.
Holbein, sa vie, II, 80-81.
— a dessiné la Danse des Morts qui porte son nom, II, 82-89; opinion contraire à ce sujet de MM. Leber et Douce, I, * 55, * 78, 80 ; II, 83.
— ne l'a pas gravée, II, 90-94. (V. Lutzelburger)
— n'a point de Danse des Morts ni à Whitehall, I, 217; ni à Bâle, I, 117; II, 166.
— en a dessiné une pour un fourreau de dague, II, 62.
— comparé avec Nicolas Manuel, I, * 83 ; II, 104.
— ses dessins des Simulachres sont en Russie, II, 86 ; — leur description, II, 94-108 ; — éditions originales, II, 111-115 ; copies sur bois, II, 115-125 ; — sur cuivre, II, 125-135 ; — sur pierre, II, 135 ; — sujets copiés isolément, I, 226, 232 ; II, 136.
— Alphabet orné de sa Danse des Morts, II, 36, 39.
Hollar, graveur, I, 363 ; II, 41, 120.
Homme noir peint au charnier des Innocents à Paris, I, 120, * 31 ; — copié dans les éditions de la Danse Macabre, I, 241, 244.
Hone, ancient mysteries, I, 302, 304.
Hormann (Danse des Morts supposée à), I, 319.
Huber et Rost, manuel de l'amateur de l'art, II, 12, 77, 86.
Huvin, libraire rouennais, II, 181-5.

I.

Incendie du monde (Danse grecque appelée par Mezeray), I, 178
Initiales (V. Danse des Morts)
Innocents (cimetière des). (V. Paris.)
Inscriptions funéraires singulières, I, 22, 313 ; II, 140.

J.

Jacobi décrit un jeu de cartes renfermant la Mort, I, 197-7.
Janin (J.), biographie d'Holbein, II, 81.
Jean (Saint), parle du cheval de la mort, II, 198.
Jorio (André de), décrit des bas-reliefs de Cumes, I, 83, 177 ; * 7.
Jubinal, sa description de la Chaise-Dieu, I, 217 ; II, 57, 62, 90, 155.

K.

Kères, divinités infernales chez les Grecs, I, 271.

Kerver (Thielman), ses livres d'Heures, I, 355-358, 364.
Kew-Bridge (squelettes peints à) I, 315.
Kist, son ouvrage sur la Danse des Morts, I, 195, 230, 310, 305 ; II, 98.
Klauber, peintre de Bâle, II, 161, 170.
Klingenthal (Danse des Morts à), I, 104 ; * 82.
Kuckusbad (Danse des Morts à), I, 220.

L.

La Belle, sa Danse des Morts, I, 366.
La Haye (tableaux renfermant la Mort près de), I, 310.
Landshut (Danse des Morts à), I, 223
La Monnoye, I, 281 ; * 41.
Lares ou Larves, esprits bienveillans, I, 76 ; sont figurés décharnés comme des squelettes, I, 77.
Lavater (Louis), parle de la Danse des Elves, I, * 21, 35.
Leber (Bibliothèque) à Rouen, II, 43, 68, 130, 180, 193.
Légende dorée, I, 182 ; II, 60.
Leipsick (Danse des Morts à), I, 217.
Lémures, esprits méchants, I, 76.
Lessing, savant allemand, II, 207.
Lézardrieux (stalles sculptées à), II, 204.
Loedel, graveur allemand, II, 41.
Londres (Danses des Morts à), I, 198.
Longpaon (les Trois Morts et les Trois Vifs à), I, 235.
Loups ravissants. (V. Gobin.)
Lubeck (Danse de), I, 202 ; II, 67.
Lucerne (Danse des Morts à), I, 224-228. — Tombe curieuse à), I, 183.
Lucien décrit une Danse dans un cimetière, I, * 8, 12.
Lutzelburger, graveur de la Danse d'Holbein et de l'Alphabet orné de cette Danse, II, 39, 91-94.
Lydgate a traduit les vers de la Danse de Paris en anglais, I, 42, 115, 129, 198, 288, 340.

M.

Macaber. (V. Macabre.)
Macabre. — Ce mot apparait dans la Danse de Paris, I, 288.
— ses diverses étymologies, I, 90-113, 289 ; * 37-52.
— vient de l'arabe Magabir, I, 95, 289 ; * 49.
— viendrait de Mascha, I, * 46 ; — de Macaber, poëte, I, 91, 129, 220 ; * 41 ; — de Marcade, I, 93, 124, 129 ; * 39, * 43 ; — de Marcabrus, poëte provençal, ou de Macabrey, I, 93 ; — des Machabées, I, 99 ; * 47 ; — de Macheria, I, 106 ; — de Saint Macaire, I, 113 ; — de Maccare, I, 98 ; — de Bachuber, II, 289 ; — de deux expressions anglaises, I, 97, 98 ; — du grec, I, 98 ; II, 162 ; — de l'hébreu, I, * 47 ; — du patois auvergnat, I, 280.
— n'est pas un poète allemand, II, 30.
— (V. Danse Macabre.)

— 219 —

Macaire (Saint), son rôle dans la légende des Trois Morts et Trois Vifs, I, 108, 113 ; II, 57, 60. — Voyez Macabre.
Maclou (Saint). (V. Cimetière de.)
Maillard, prédicateur, I, 172 ; * 23.
Manuel (Nicolas), peintre de la Danse de Berne, I, 208 ; * 82 ; II, 104. — Comparé avec Holbein, I, * 83 ; II, 94.
Marchant (Guyot), imprimeur parisien, éditeur de la Danse Macabre, I, 114 ; 330-333 ; II, 15 , 30, 56.
Marot, poète, I , 256.
Massmann, professeur allemand, auteur de plusieurs ouvrages sur la Danse des Morts, I, 195, 326, 328, 344 ; * 87 ; II, 27, 84, 95, 111, 165, 176, et passim.
Maury (Alfred), de l'Institut ; sa dissertation sur le personnage de la Mort, I, 237, 268-274 ; II, 198.
Mechel (Conrad de), graveur, II, 121, 175.
— (Chrétien de), graveur, II, 62, 134.
Memento mori (gravures représentant des), II, 182-4.
Menot, prédicateur, I, 24, 172, 176 ; * 23.
Mercure de France (le), mentionne une Danse de Morts jouée, I, 119 ; * 4.
Mérian, graveur de la Danse de Bâle, I, 147, 191 ; * 53 ; II, 160, 176-9.
Merkel, peintre allemand, I, 371 ; II, 37.
Mézeray décrit la maladie de la Danse de Saint-Jean, I, 170.
Michel (Saint), ses rapports avec les trépassés, I, 25, 26, 39.
Millin, Magasin Encyclopédique, I, 81.
Milton, I, 42.
Minden (Danse de), I, 125, 179, 195 ; * 5.
Miracles dans les cimetières, I, 145.
Misson, Voyage d'Italie, I, 222, 314.
Mongez, Galerie de Florence, I, 82.
Montfaucon, I, 86, 178.
Moralités, I, 146 ;
Morona , Pisa illustrata, I , 111.
Mort, étymologie de ce mot, I , 270.
— est figurée dans l'antiquité sous des formes élégantes et non repoussantes, I, 63, 67, 169, 270 ; — sous un aspect terrible chez les chrétiens , I, 160, 275.
— est représentée au moyen-âge, d'abord en cadavre, puis en squelette, II, 139-141.
— ses caractères chez les premiers hommes , I, 268 ; — chez les différents peuples, I, 269-275.
— au moyen-âge, I, 277-281.
— comment la figurent les poètes de l'antiquité , I, 70 , 75 , — et ceux du moyen-âge , 276-281.
— ses noms à différentes époques, I , 269, 273-4.
— ses Épithètes, I, 282-4.
— paraît souvent avec le diable, I, 155-6, 291, 301.
— combat les armes à la main contre l'homme , I, 130 ; II, 37.
Murphy, Arabian Antiquities, I, 290.
Mystères où la Mort paraît, joués à Lobau et en Carinthie, I, 205.
— longue durée de quelques-uns, I, 248-251.
— on y emploie les vêtements sacerdotaux, I, 262-266.
— (V. encore I , 135-137.)

N.

Nain (le) et le Nègre veillant dans les châteaux, I, 241.
Naples (sculpture curieuse à), I, 308.
Naudé, bibliothécaire, I, * 41.
Naumann , son ouvrage sur la Danse des Morts, I, 205, 212, 216, 226, 231, 294, 297, 328 ; II, 99, 108, 172.
Nettlecombe-Hall (tableau à), I, 315.
Newton, caricaturiste anglais, I, 308.
Niewhoff Piccard, dit à tort qu'Holbein a peint une Danse des Morts à Whitehall, I, 128, 216 ; II, 85.
Noël du Fail parle de la Danse Macabre peinte à Paris, I, 93, 121 ; * 39-42.
Nuremberg (squelettes peints à), I, 311.

O.

Olfers , savant allemand , II , 207.
Organgna , peintre, (V. Campo-Santo.)
Osiris pris pour Pluton, I, 62.
Ossian, I, 186.
Ossuaires en Bretagne et en Suisse, I, 146, 321-2 ; II, 148.
Osterwald, peintre, I, 363 ; II, 198.
Ottley, Recherches sur la gravure, II, 88.

P.

Papillon , graveur, I, 367 ; II, 44, 148 ; — croit qu'Holbein a gravé sa Danse des Morts, II , 92, 96, 100, 108.
Paradin, décrit la Danse de Forest, I, 184.
Parfait (frères), Histoire du Théâtre-Français, I, 135, 216.
Paris (Danse des Morts de), est la première faite en France, I, 287 ; — peinte vers 1380, I, 125 ; — ou en 1424, I, 122, * 6 ; — aurait été jouée par des acteurs vivans en 1424, I, 131, 132, 137 ; — ne serait qu'une procession, I, 133 ; — est reproduite dans les éditions de la Danse Macabre, I, 107, 320 ; II, 28.
— (les Trois Morts et les Trois Vifs à) I, 111, 238.
Patin, ses voyages, II, 85, 169.
Paulmy (marquis de), son étymologie de Macabre, I, 99 ; II, 163.
Peignot, Recherches sur les Danses des Morts, I, 40, 96, 200 ; * 9, 40 ; II, 112, 165, 195 et passim.
Pères de la Mort, à Rouen, I, 154.
Peste noire, I, 170.
Pétrarque, I, 158.
Pilon, son squelette en albâtre, I, 141.
Pise (les Trois Morts et les Trois Vifs à), I, 108-111, 233.
Pline, I, 191.
Plowman, poète anglais, I, 158.
Pluquet, Contes populaires, I, 282.
Poëmes pour les représentations théâtrales de la Danse des Morts, I, 276, 291 ; * 89.
Prédicateur (rôle du) dans les Danses des Morts, I, 211 ; II, 47, 94, 155, 162.
Processions dansantes de Saint Willibrod et de Saint Weit, I, * 14, 15.
— du Diable, I, 171.

R.

Rabelais, I, 262-266, 314.
Reperdius, a-t-il dessiné la Danse dite d'Holbein, II, 83.
Ridinger, graveurs allemands, I, *24; II, 63-72.
Riquier (Saint) (les Trois Morts et les Trois Vifs à), I, 239 : I, 187-190.
Rire sardonique des squelettes, I, 190.
Roman du Renard, I, 281.
Rousseau (J.-B.), II, 200.
Rumohr (de) croit qu'Holbein a gravé sa Danse, II, 82, 103.

S.

Sabbats, I, *25.
Salisbury (Danse des Morts à), I, 201.
Schlotthauer, a lithographié la Danse d'Holbein, I, *87 ; II, 135, 203.
Schoengauer, a peint la Danse de Strasbourg, I, *84 ; II, 50.
Schweighauser, la décrit, I, 84 ; II, 47.
Sénèque, parle des larves, I, 76.
Serpent tentant Adam et Eve, I, 40.
— entourant les reins de la Mort, I, 191.
Shakespeare, parle du Fou de la Mort, I, 139, 258, 260 ; II, 35.
Simulachres de la Mort, (V. Holbein.)
Sirènes, divinités grecques, II, 271.
Sotties, farces de théâtre, I, 25.
Sphynx ornant les sépultures, I, 65.
Squelettes chez les anciens, I, 70, 82-86, 275 ; — sculptés à Paris, I, 140 ; à Lyon, à Gisors à Boscherville, I, 317 ; à Bonport, I, 319.
Statues de la Mort, I, 101, 140, 317.
Strasbourg (Danse des Morts à), I, 201 ; *84 ; II, 46-51 ; (autre peinture du même genre à), I, 314 ; II, 43.
Strattford (Danse des Morts à), I, 218.
Straubingen, Id., I, 232.
Sublaco (peinture curieuse à), II, 205.
Suhl décrit la Danse de Lubeck, II, 285.
Sybilles (les douze), I, 45.

T.

Taillepied, parle d'une Danse de Machabées, I, *36.
Tapisseries représentant la Danse des Morts, I, 199, 201 ; — ou des sujets mortuaires, I, 320, 321.
Tarots renfermant la mort, II, 194, 195.
Temple élevé à la Mort, I, 63.
Temple de la Mort (le), poème, I, 307 ; — mélodrame, I, 305.
Tête de Mort à triple face, I, 48.
Théâtre élevé à Lyon en 1749, I, 250.
Thibaud de Marly, ses stances sur la mort, I, 38, 72, 160, 278, 281.
Tombes ornées de sculptures représentant un cadavre ou la Mort, I, 316 ; II, 138-140.
Tragédies dans lesquelles la Mort joue un rôle, I, 206.
Translation des squelettes des Machabées, I, 105.
Triomphe de la Mort, par Pétrarque, I, 158, 276. — exécuté à Florence par Cosimo et à Dresde, I, 303. — sculpté à Rouen, I, 160.
Trois Morts et des Trois Vifs (légende des); ses auteurs, I, 107. — sa description, II, 56, 61. — ses diverses représentations, I, 112, 233-39 ; II, 59, 205.
Tudot, lithographe, II, 154, 193.

V.

Van Praet, donne l'étymologie du mot Macabre, I, 95-97, 280; *49.
Vasari, Vite di Pittori, I, 110.
Vérard (Antoine), ses éditions de la Danse Macabre, I, 335 ; — des Livres d'Heures, I, 353 ; — des Loups ravissants, II, 144 ; — des Paraboles d'Alain de Lille, II, 150.
Vienne en Autriche (Danse des Morts à), I, 229, 261.
Vienne en Dauphiné (Danse des Morts supposée à), I, 93, 196.
Villaret, dit que la Danse de Paris a été jouée, I, 131 ; — son étymologie de Macabre, I, 97; *6, 50.
Villeneuve-Bargemont (de), dit que la Danse de Paris n'était qu'une procession, I, 132, 134.
Villon, poète, I, 174, 255.
Vostre (Simon), ses Livres d'Heures, I, 260, 341-352 ; II, 13.

W.

Walpole, biographe d'Holbein, II, 80.
Whitehall (Danse des Morts supposée à), I, 246 ; II, 85.
Wolgemuth, aurait donné les dessins de la Danse Macabre, I, *53.
Wortley-Hall (Danse de), I, 212.
Wurstelsen, Chronique de Bâle, I, *82.

Y.

Yama, dieu de la Mort chez les Indiens, I, 284 ; II, 109.

Z.

Zalt-Bœmel (les Trois Morts et les Trois Vifs à), I, 236.
Zani, Enciclopedia metodica, II, 90.
Zurlauben (de), Tableaux de la Suisse, II, 90, 106.

FIN DE LA TABLE GÉNÉRALE.

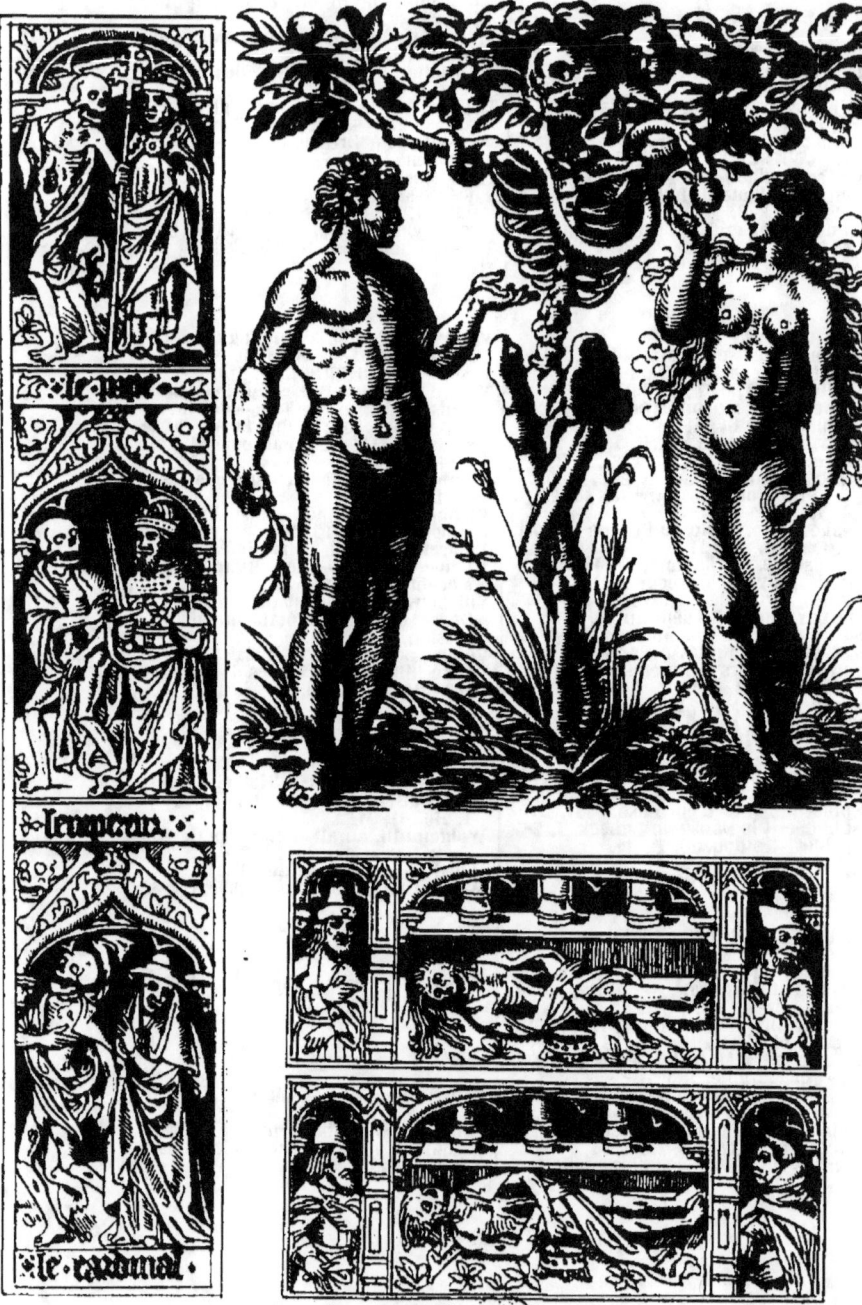

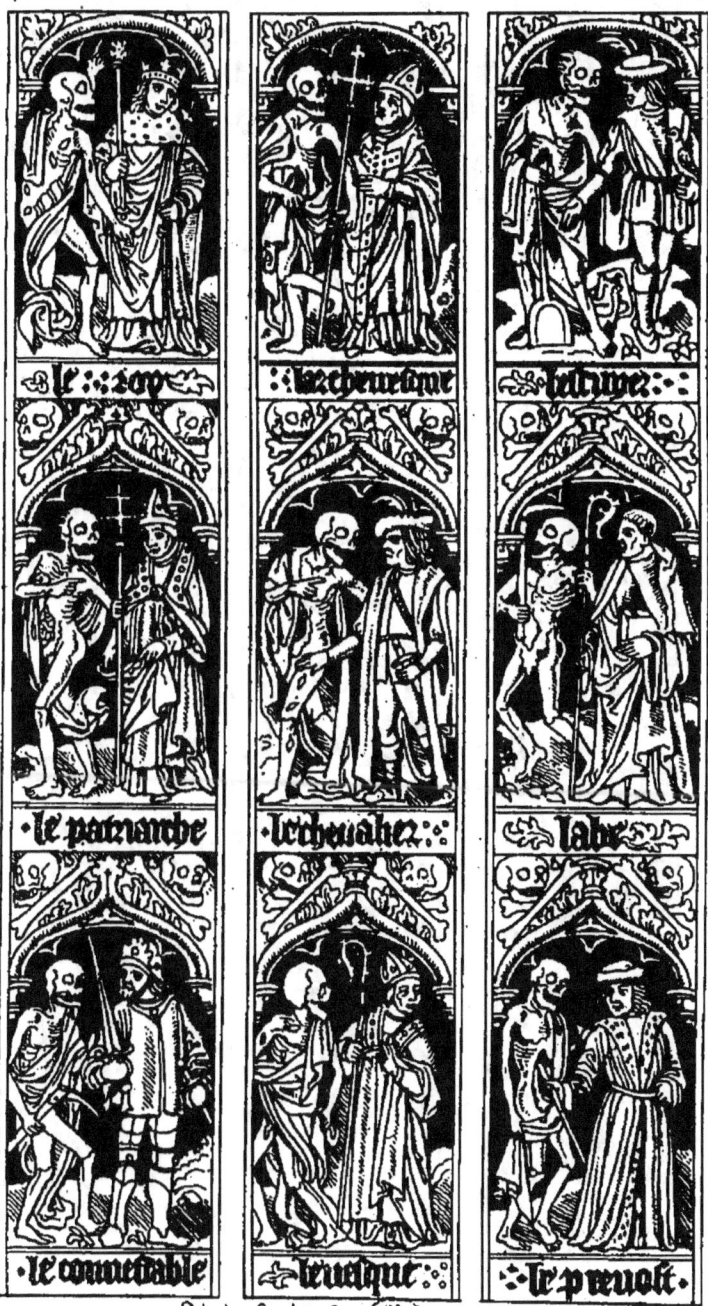

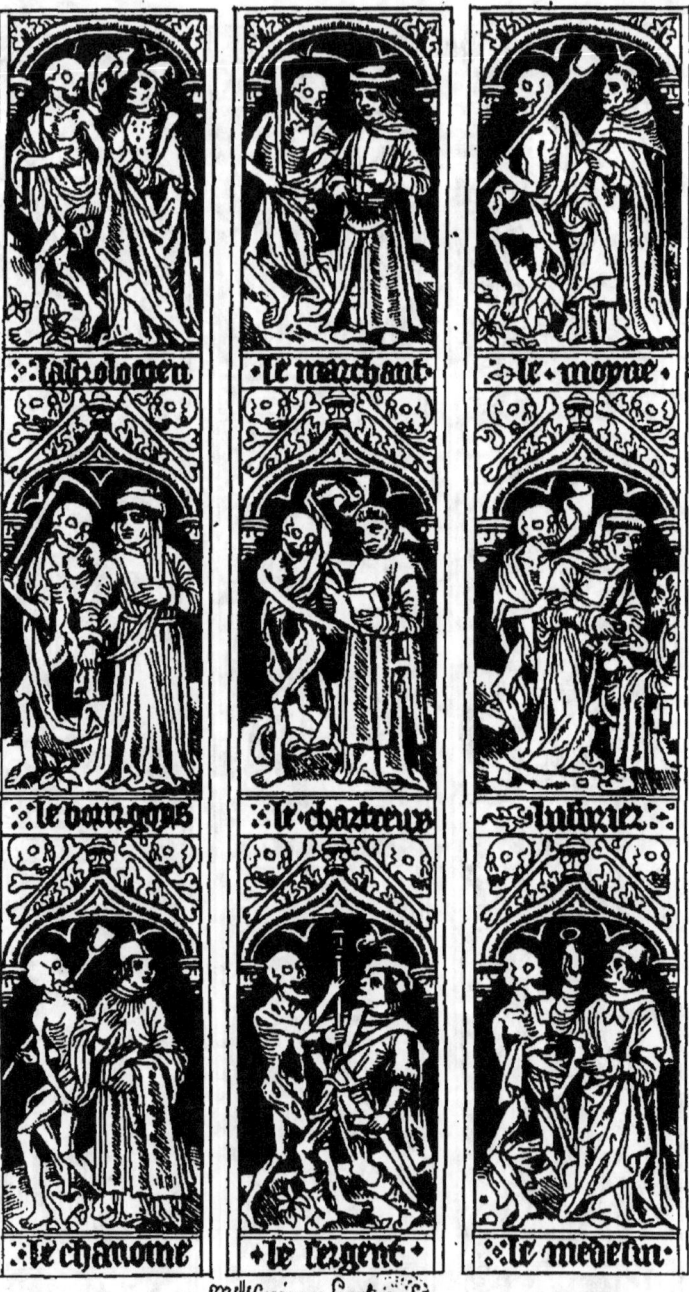

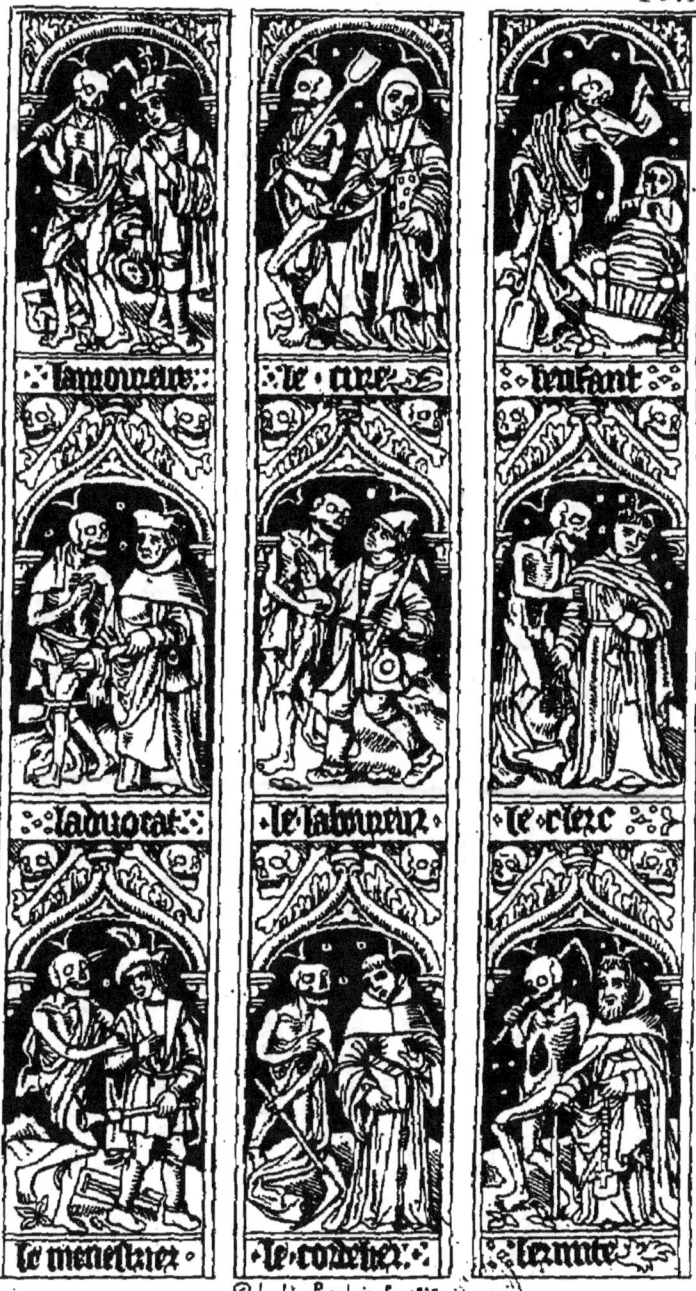

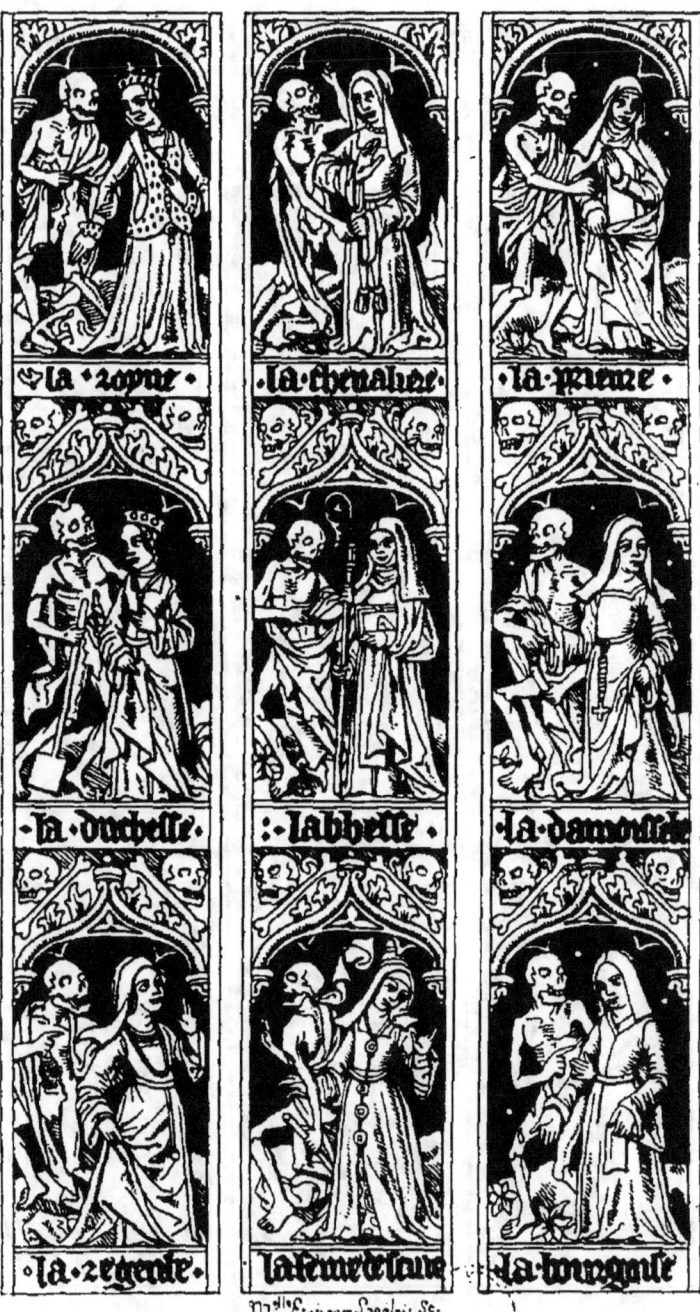

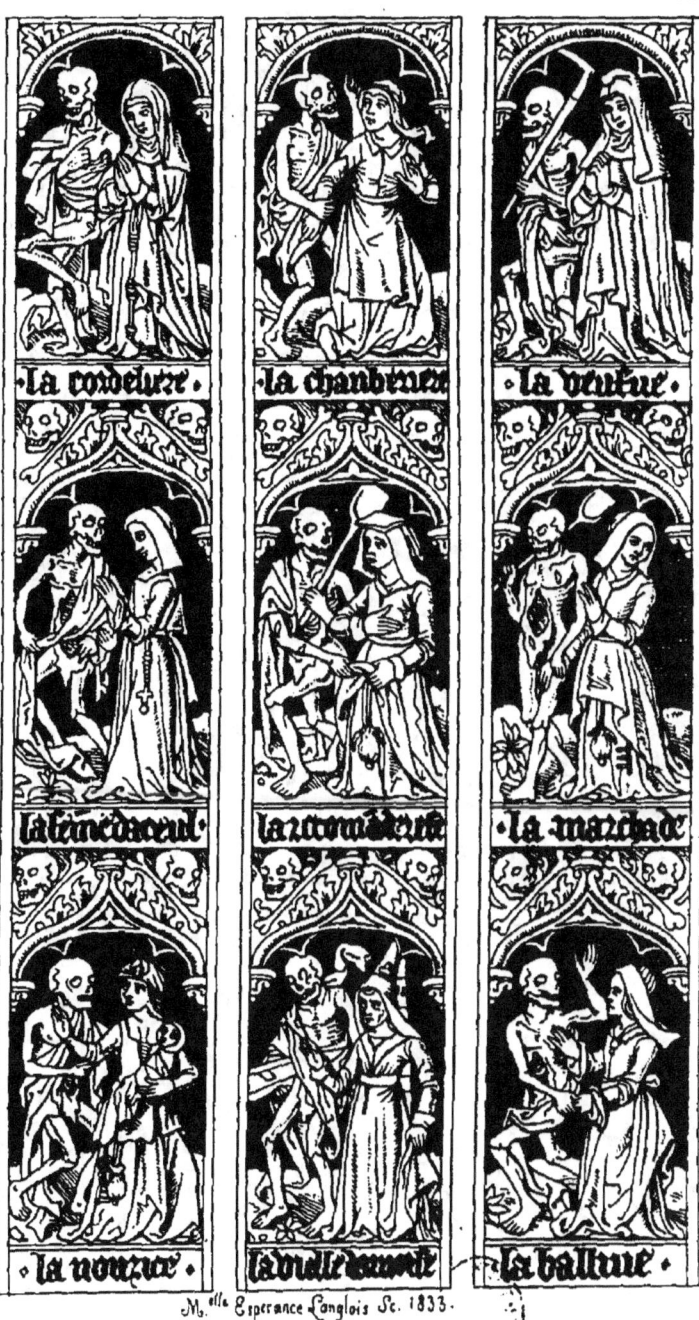

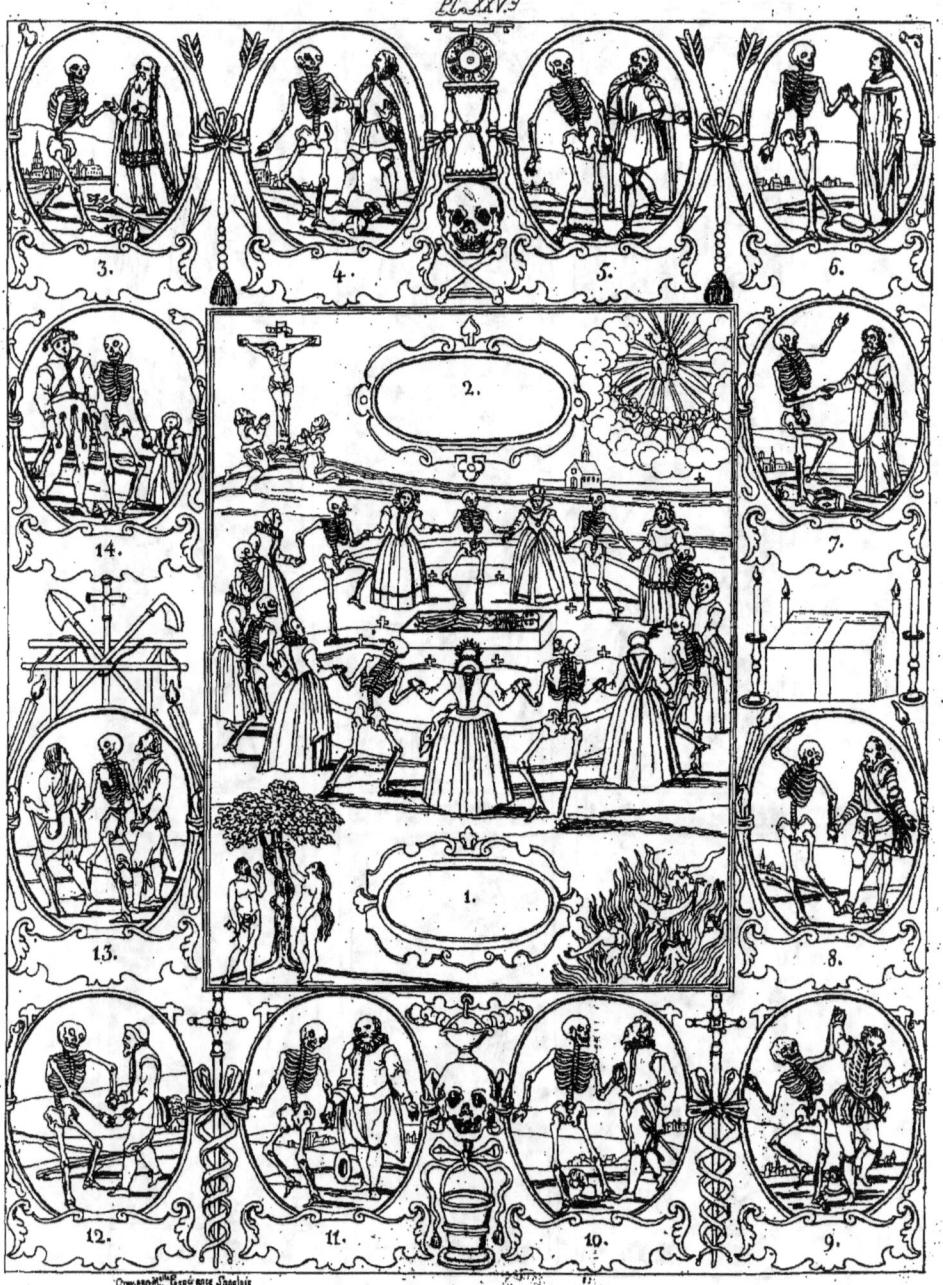

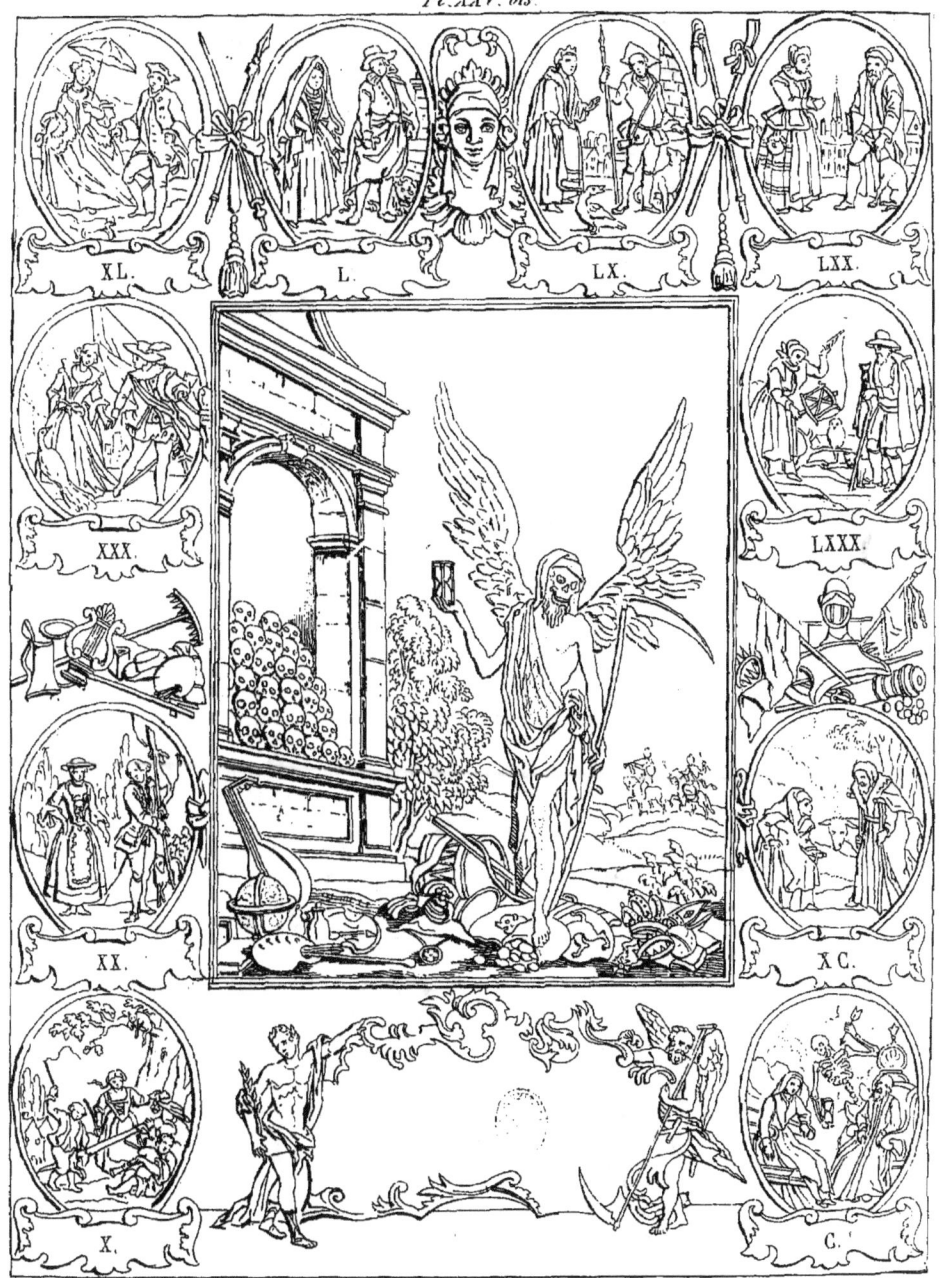

Pl. XVI.

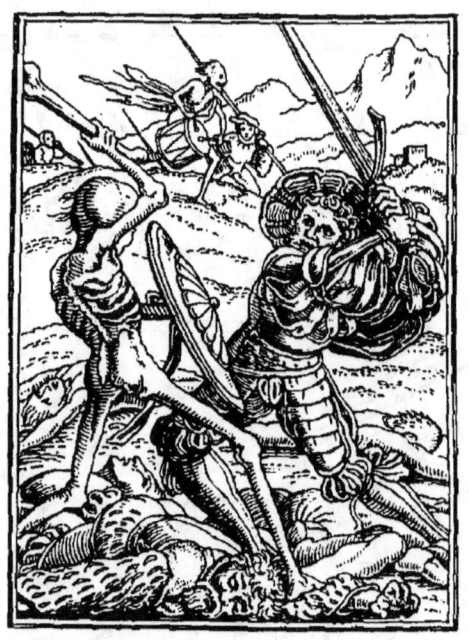

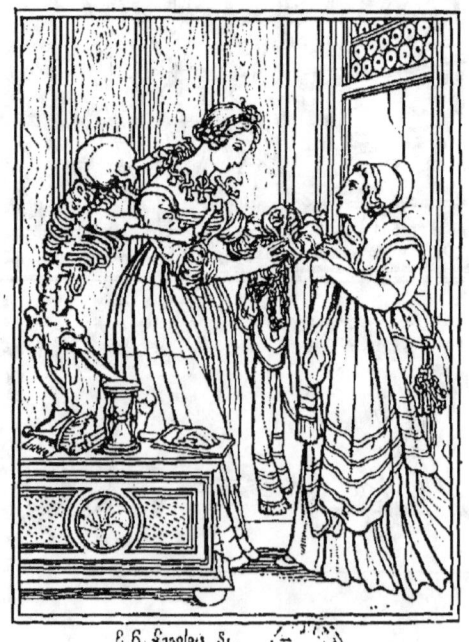

Pl. XXII.

Pl. XXIII.

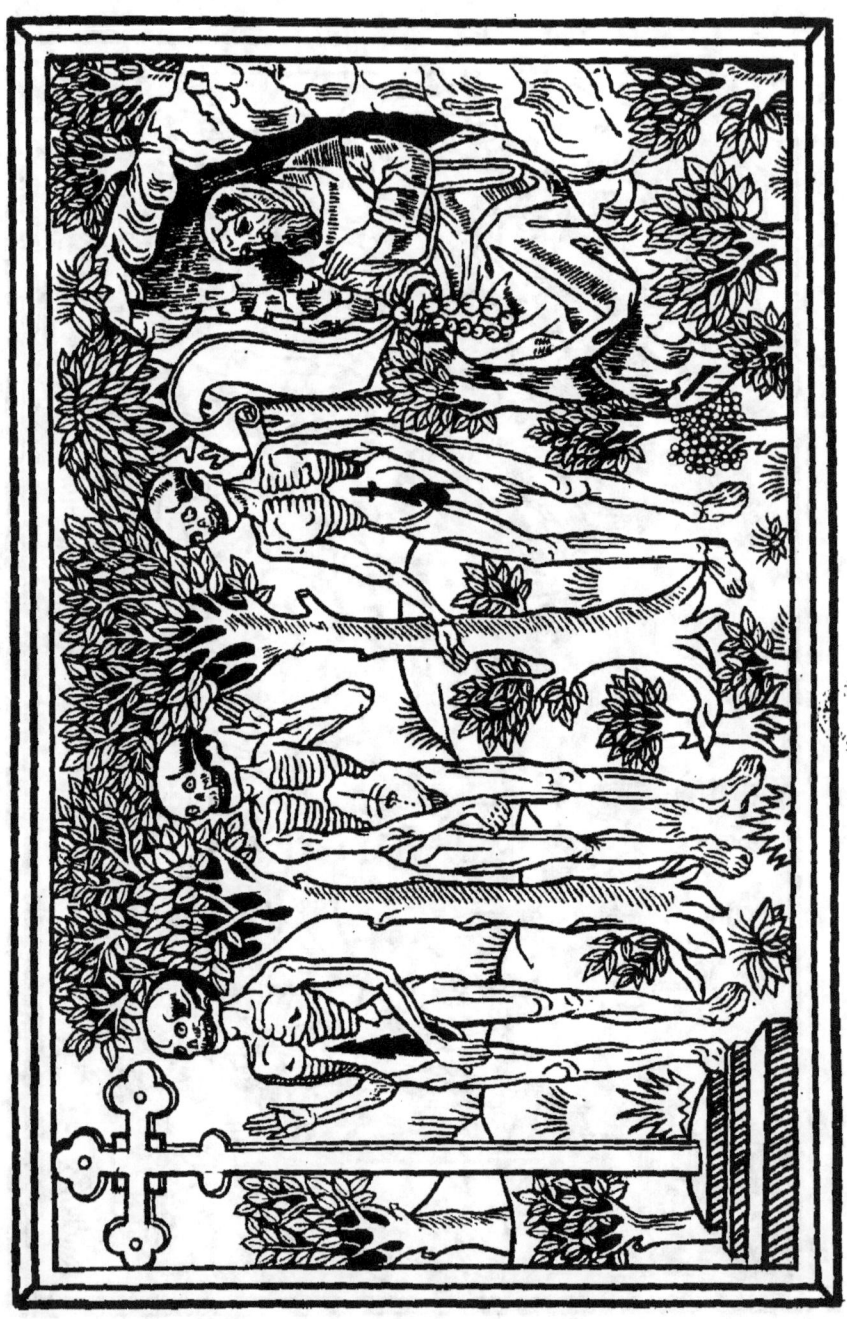

Pl. XXIV.

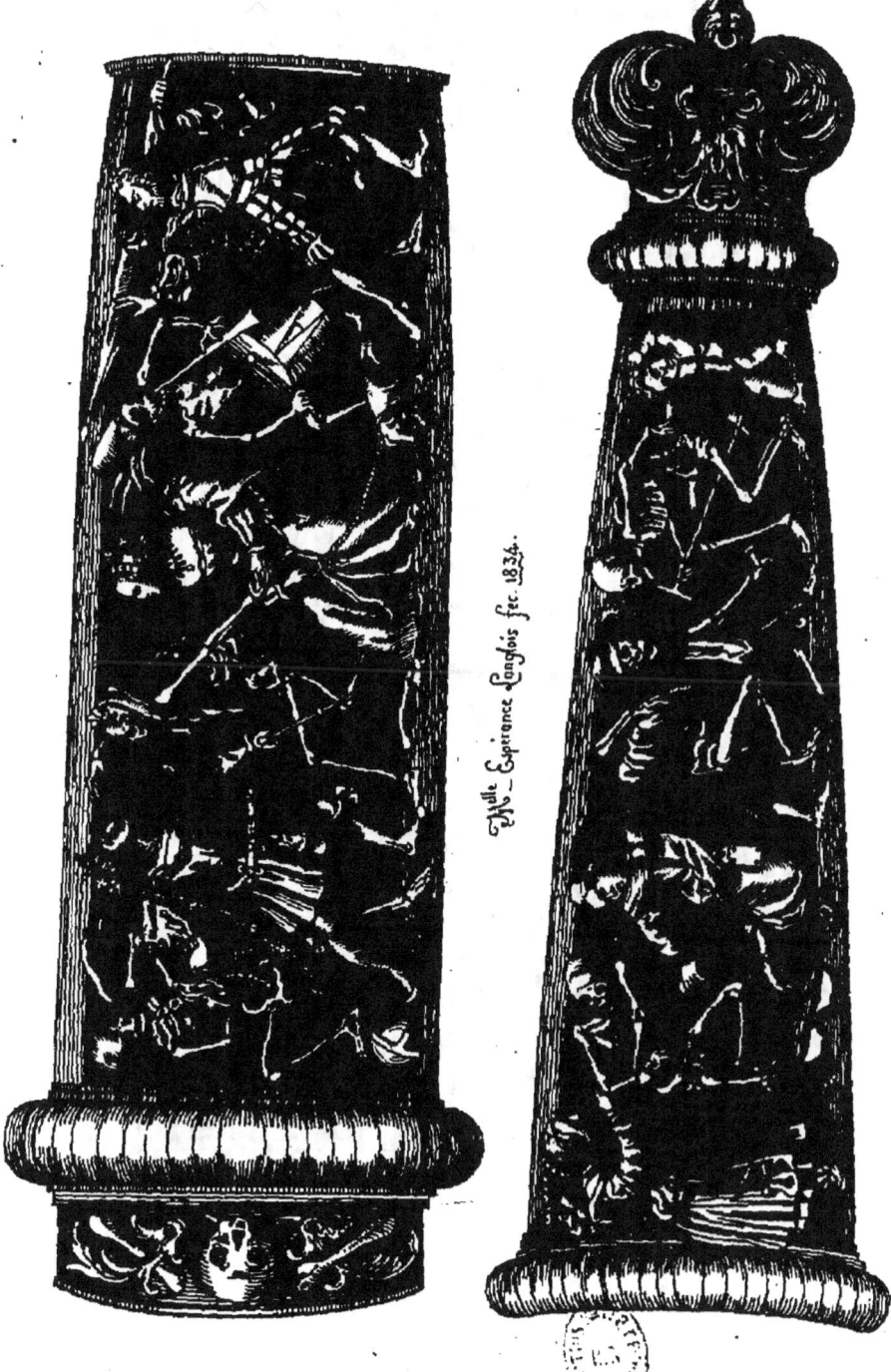

Mlle Espérance Langlois fec. 1834.

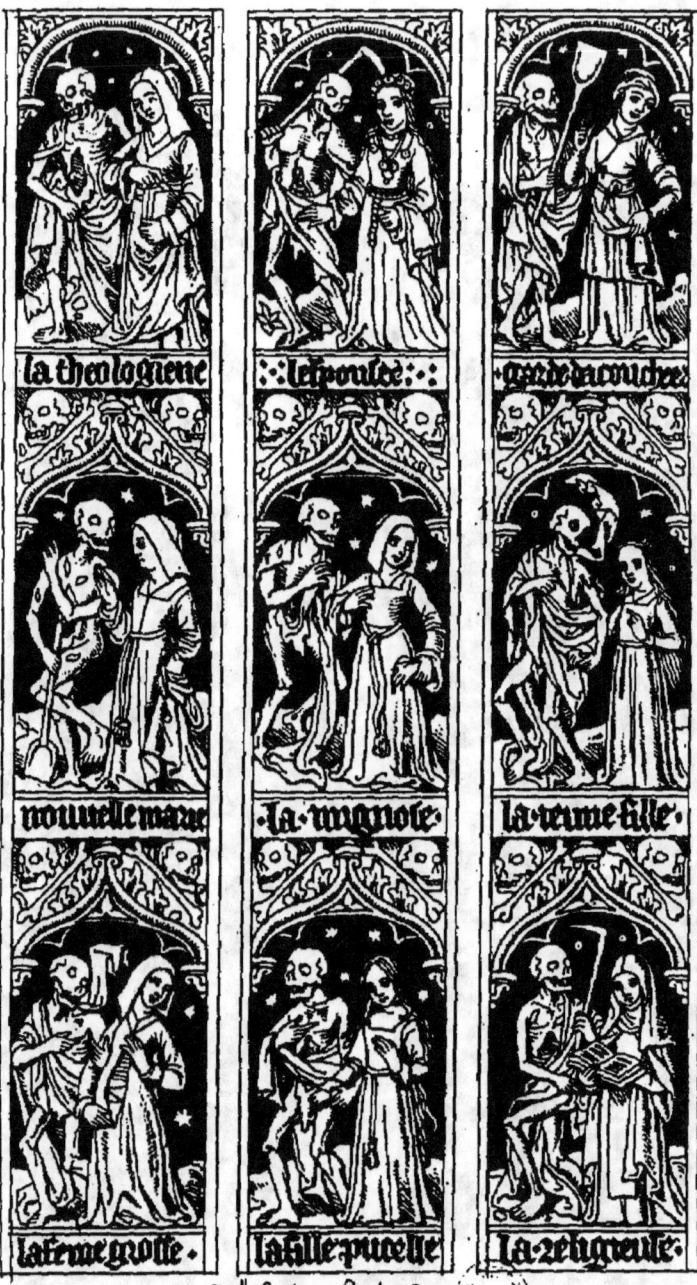

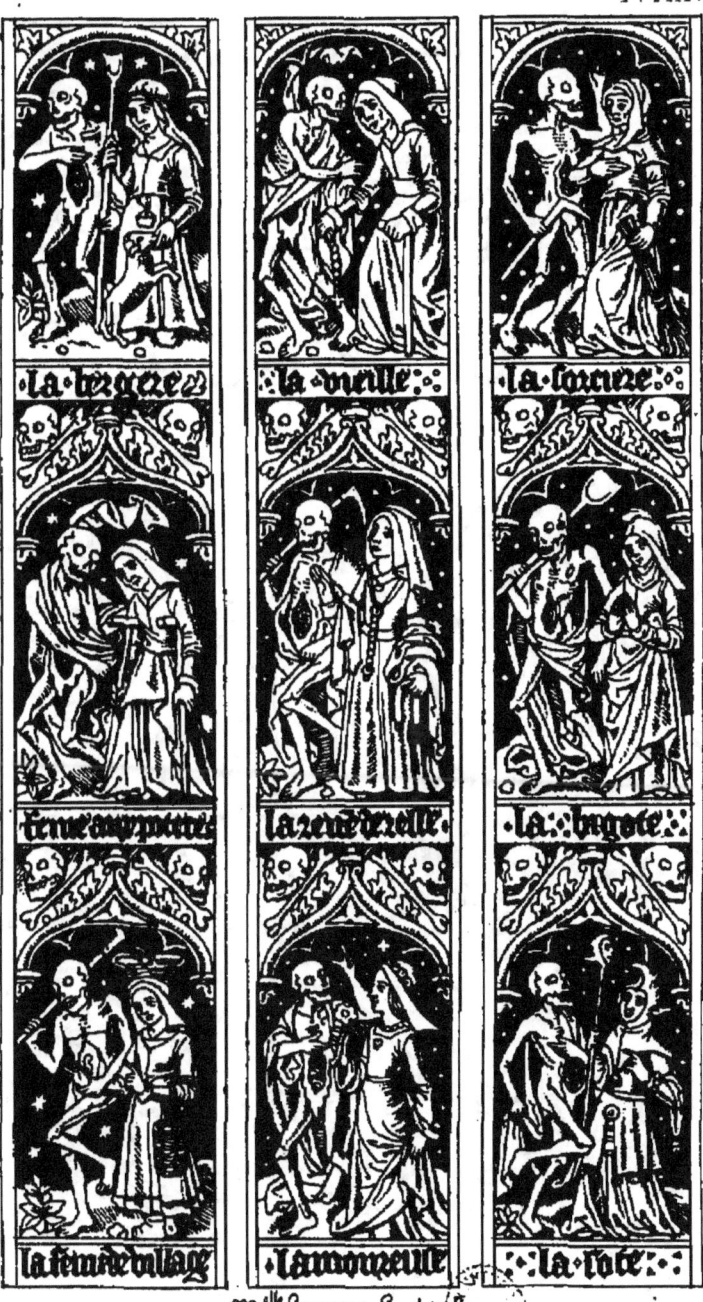

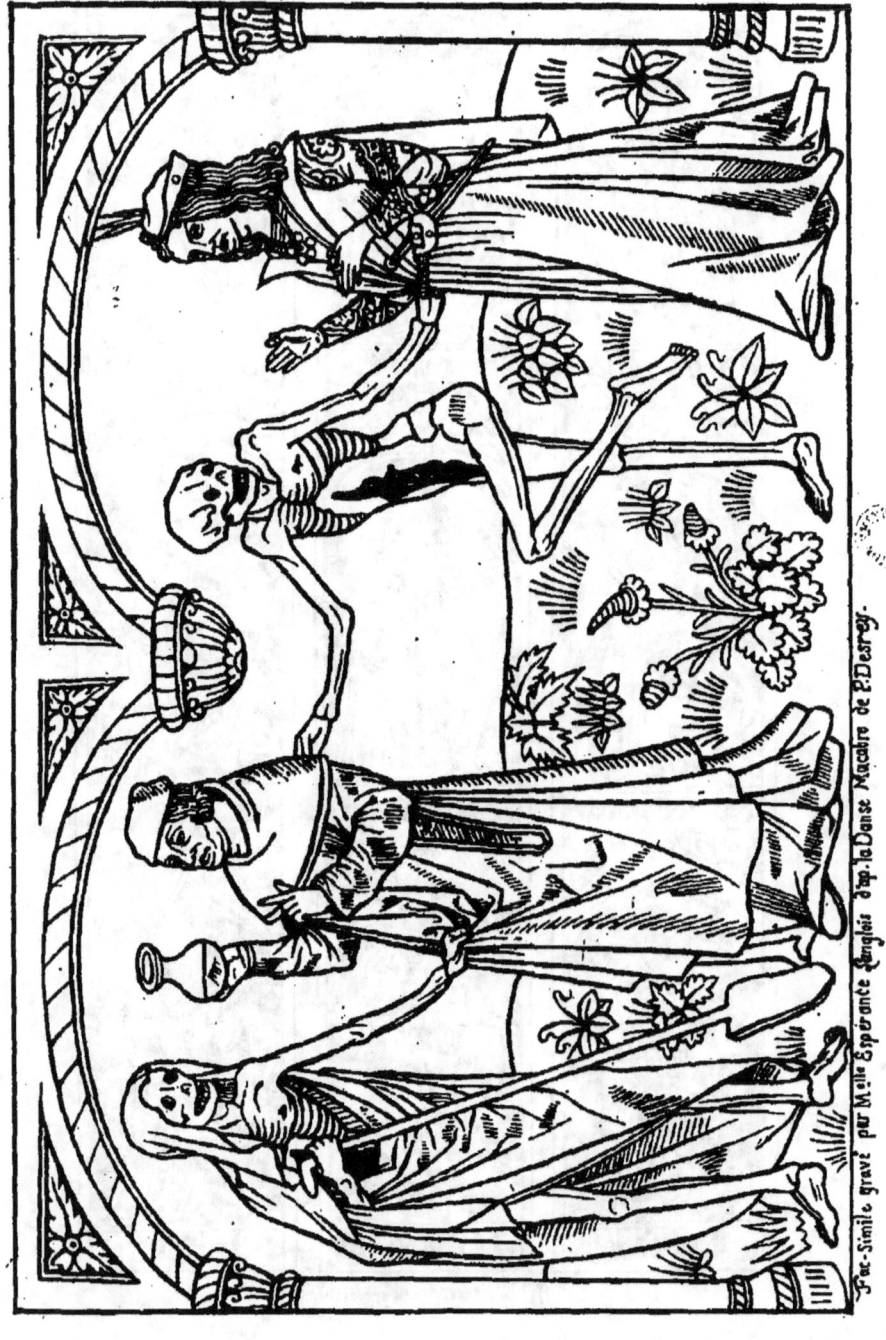

Fac-Simile gravé par Mlle Espérance Langlois d'ap. la Danse Macabre de P. Desrey.

Pl. XVII.

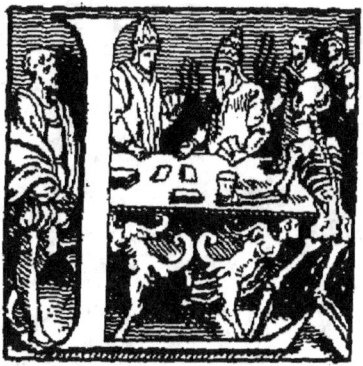

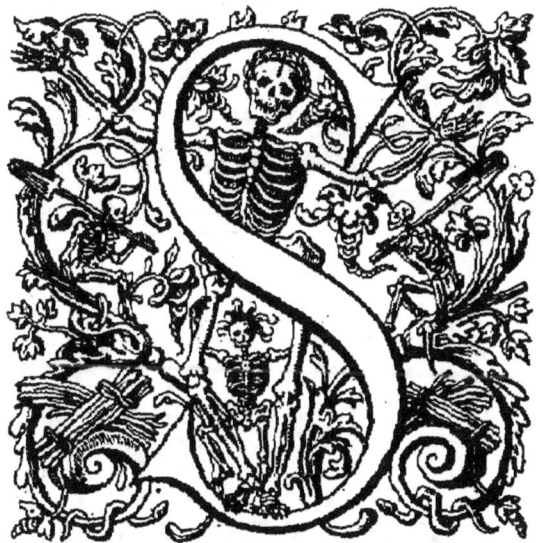

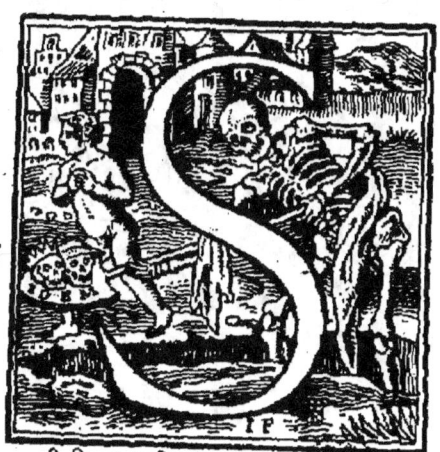

E. Hyacinthe Langlois Sc. 1833.

Pl. XVIII.

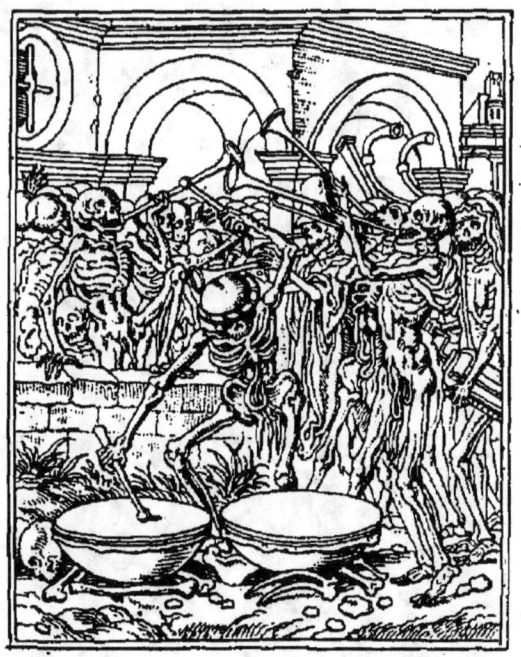

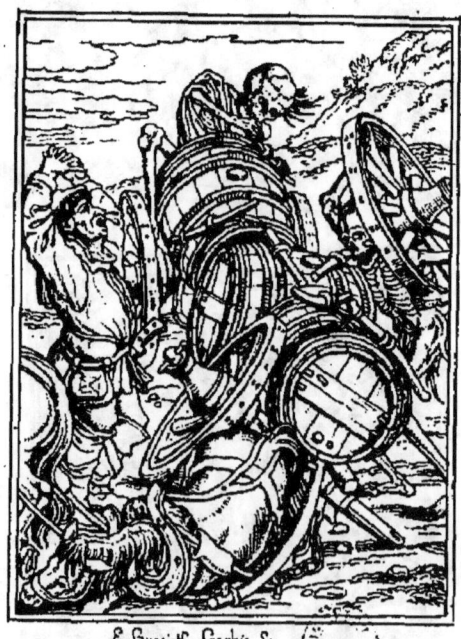

E. Hyacinthe Langlois Sc.

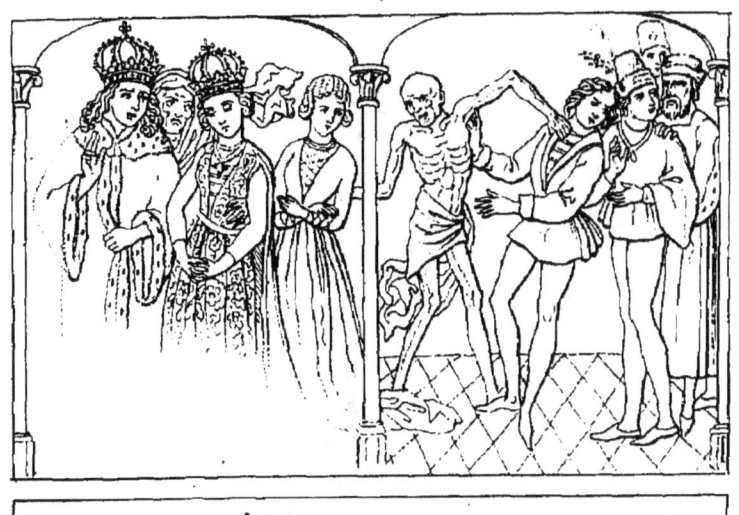

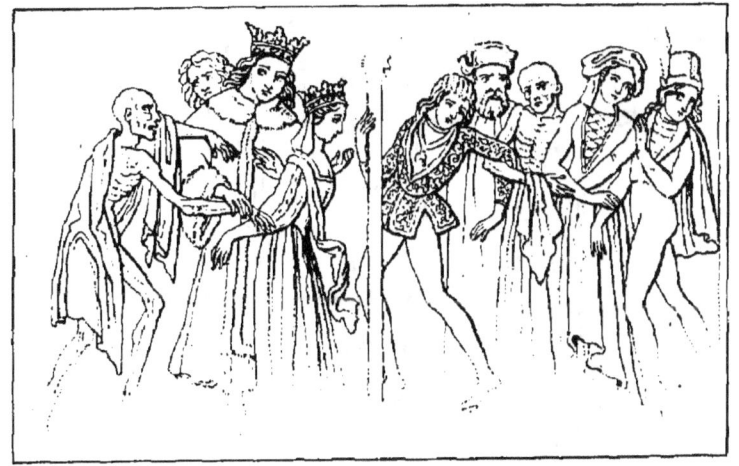

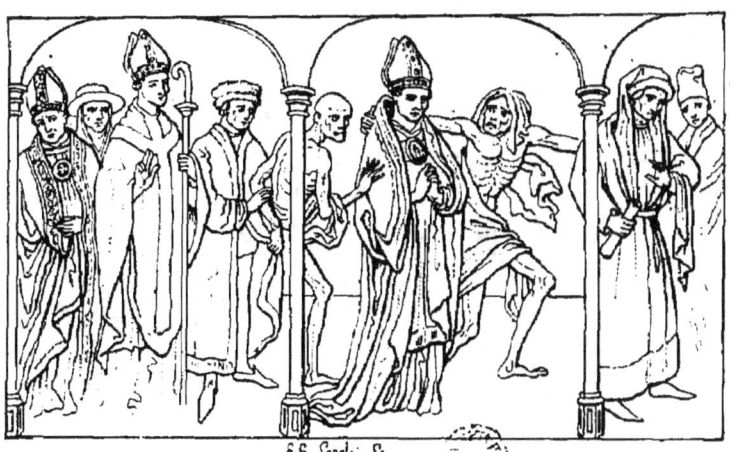

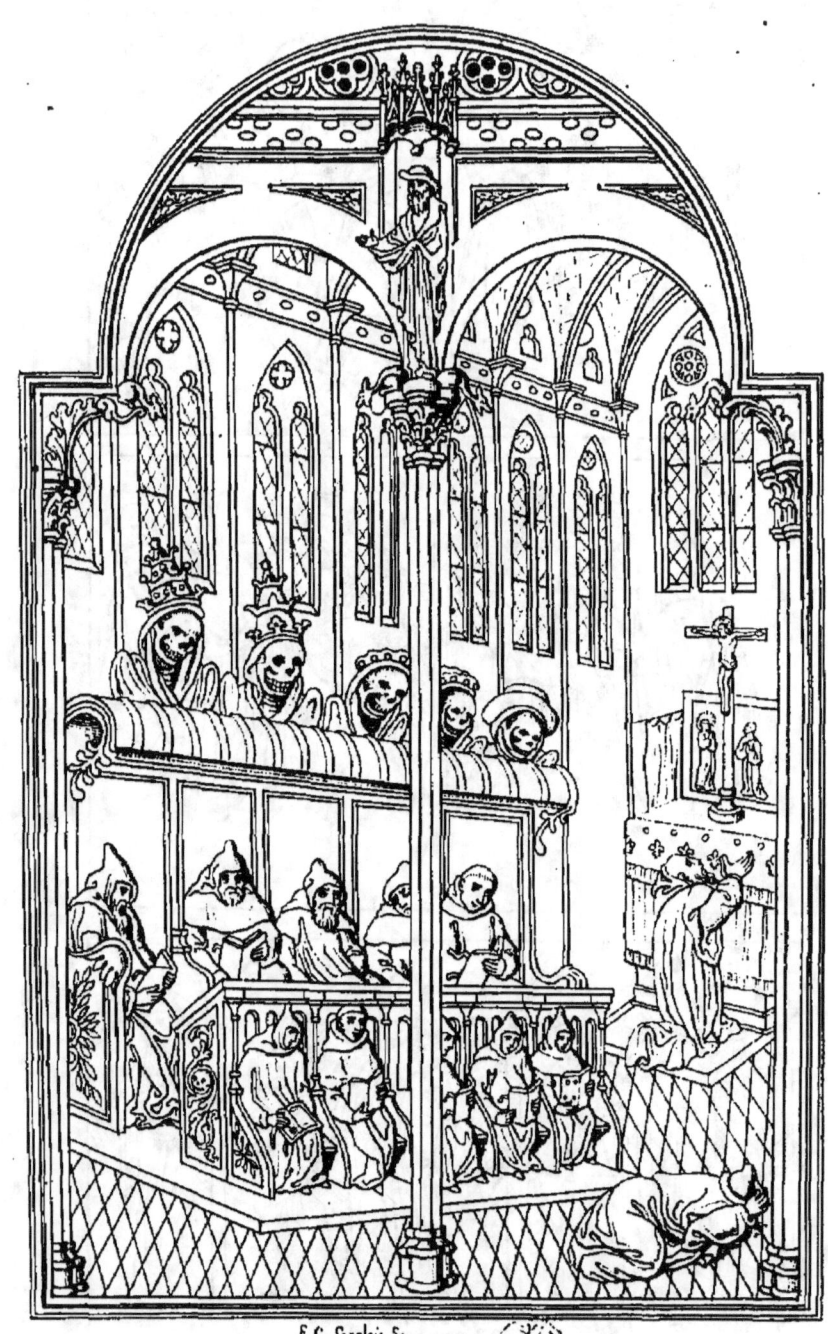

Pl. XX.

E. H. Langlois Sc.

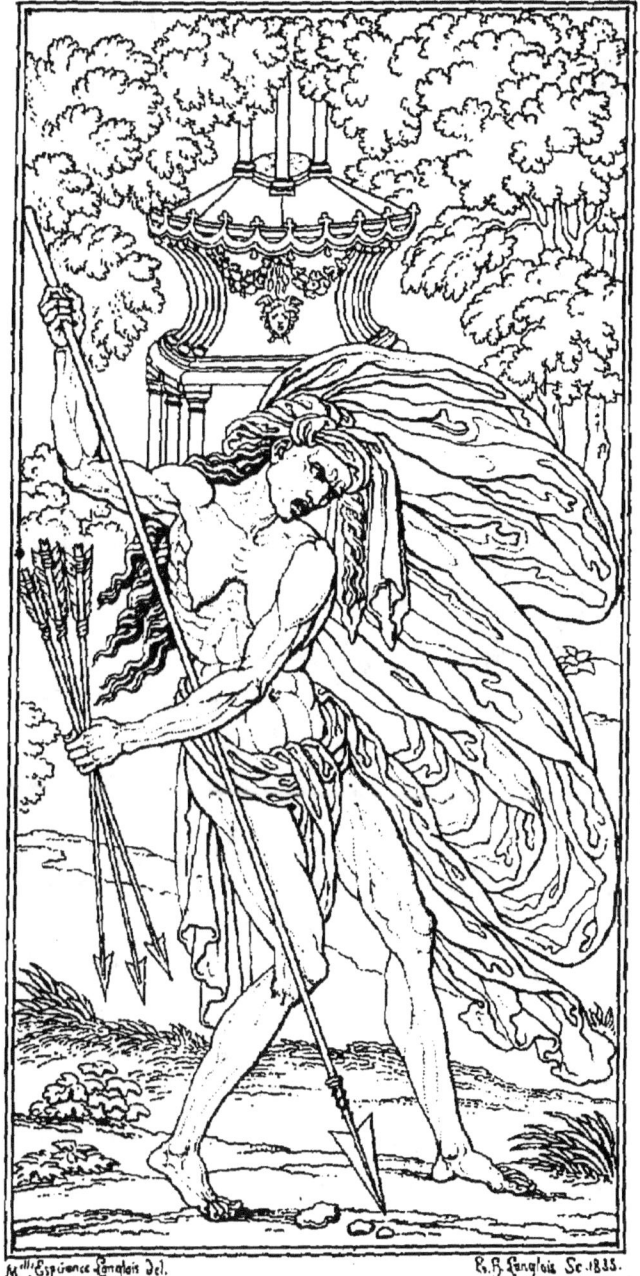

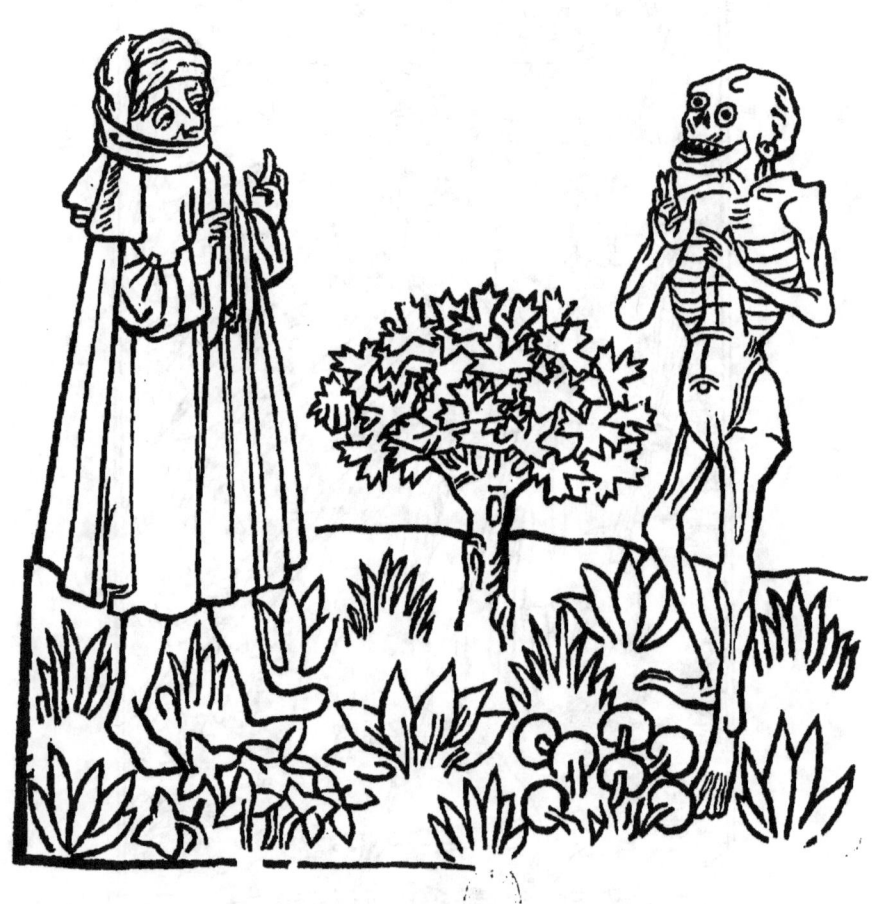

Pl. XXVI.

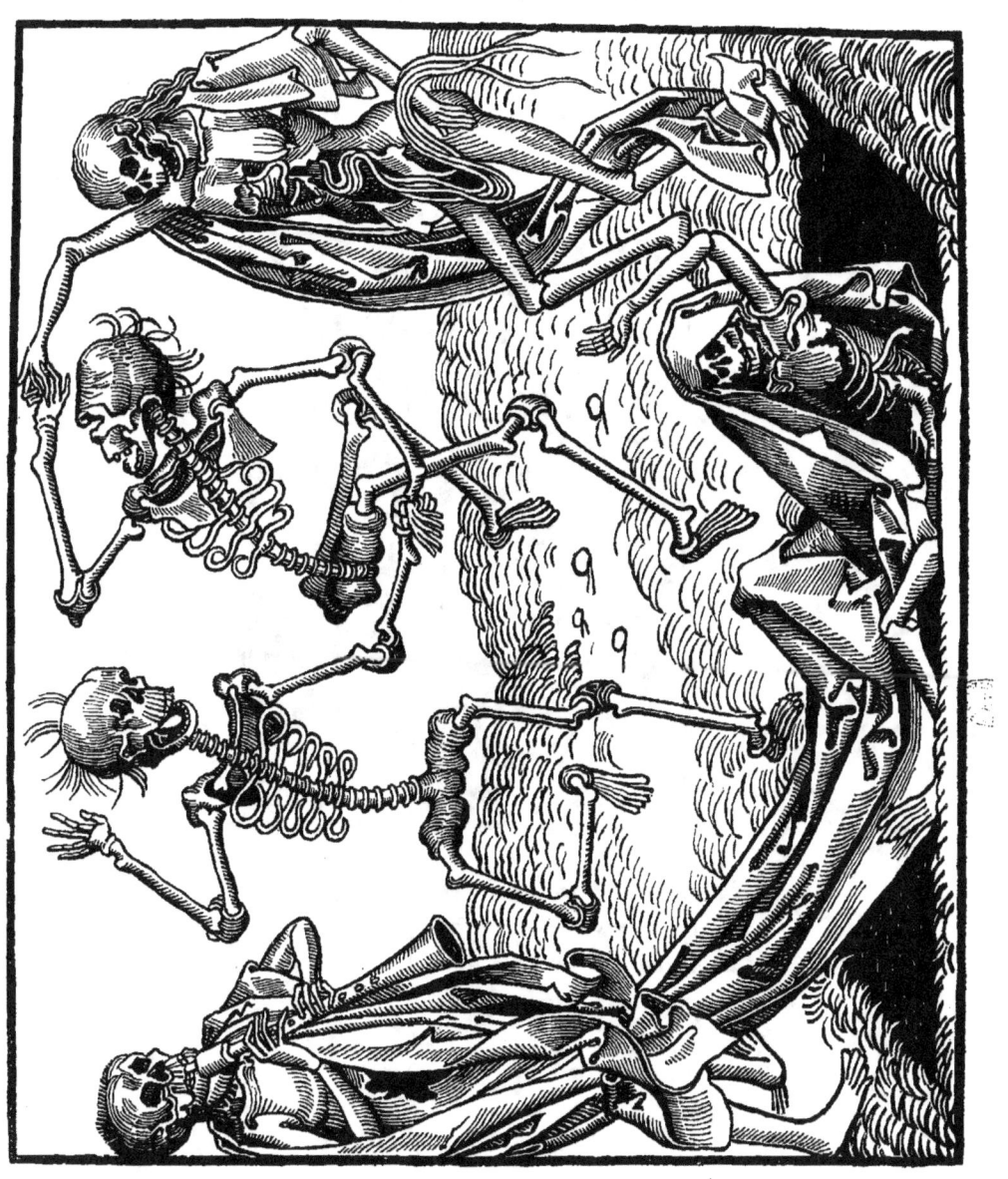

Pl. XXVIII.

Le grand Sacrificateur mourra.

IOSVE XX.

Et vn autre prendra son estat.

PSAL. CVIII.

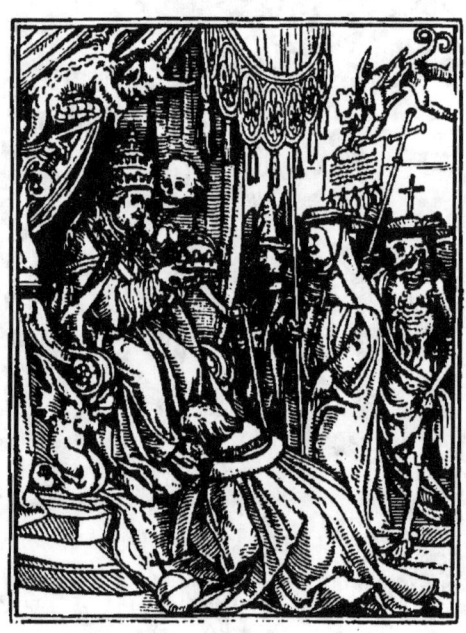

Qui te cuides immortel estre
Par moy seras tost depesché,
Et combien que tu sois grand Prestre,
Un autre aura ton Euesché.

Pl. XXIX.

Dieu peut abaisser ceux qui cheminent en orgueil.

DANIEL IIII.

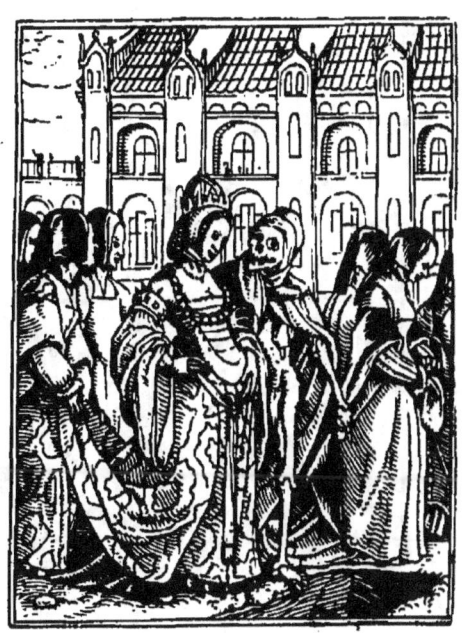

Qui marchez en pompe superbe
La MORT un iour vous pliera :
Comme souz voz piedz ployez l'herbe,
Ainsi vous humiliera.

Pl. XXX.

*I'exextermineray le iuge du milieu de luy, & occiray
auec luy tous ses princes.*

AMOS II.

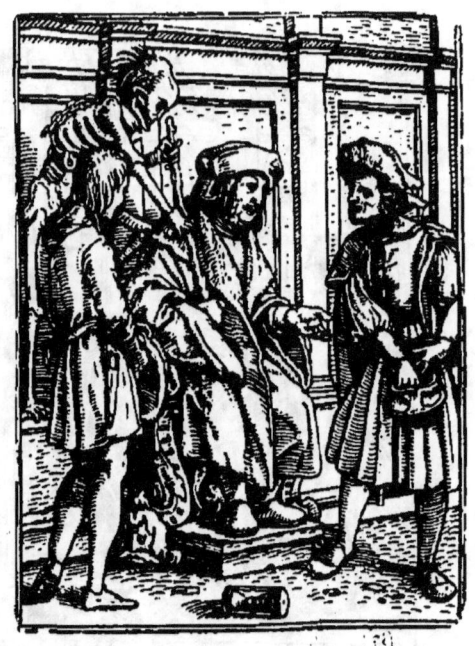

Du milieu d'eux uous osteray
Iuges corrompus par presentz :
Point ne serez de mort exemptz,
Car ailleurs vous transporteray.

*Medecin, guery toi
toy mesme.*

LVC IIII.

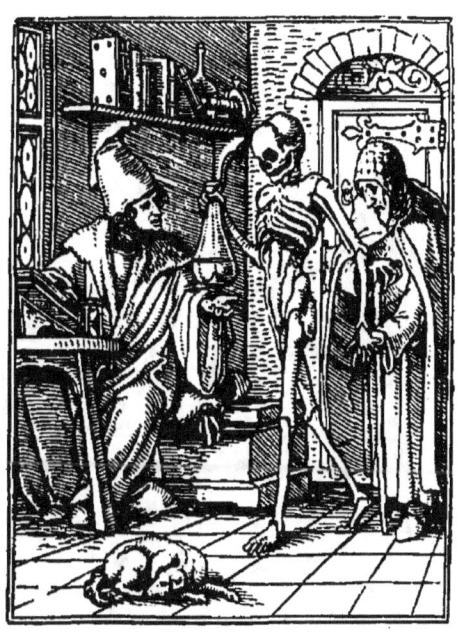

Tu cognois bien la maladie
Pour le patient secourir,
Et si ne scais teste estourdie,
Le mal dont tu deuras mourir.

Pl.XXXII.

*Declaire moy si tu cognois toutes choses. Sca-
uois-tu que tu naistrois, & le nombre de
tes iours?*

IOB XXXVIII.

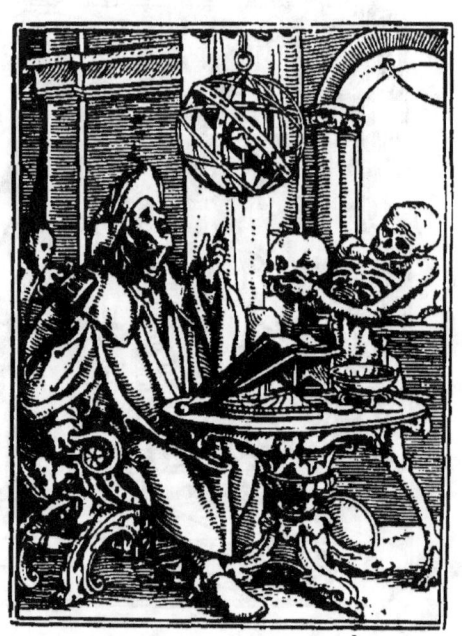

*Tu dis par Amphibologie
Ce qu'aux autres doit aduenir,
Dy moy donc par Astrologie
Quand tu deuras à moy venir?*

Ceux qui veulent eſtre riches tombent en tentatiõ
& au laq, & en pluſieurs deſirs ſols & nuiſibles,
qui plongent les hommes en ruine & perdition.

I. TIMO. VI.

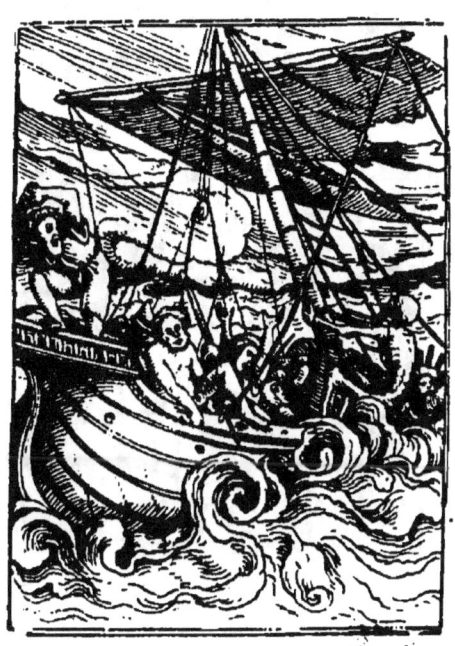

Pour acquerir des biens mondains
Vous entreʒ en tentation,
Qui vous met ès perilʒ ſoudains
Et vous mene à perdition.

Pl. XXXIV.

Tu ne descendras point du lict, sur lequel tu es monté: mais tu mourras.

III . ROIS I.

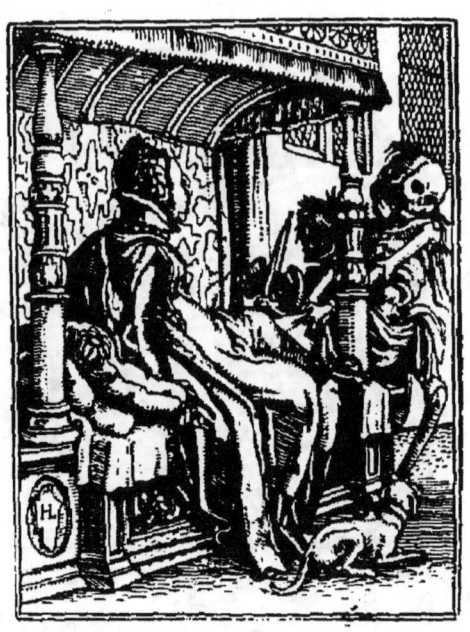

Du lict, sus lequel es monté,
Ne descendras a ton plaisir:
Car MORT *t'aura tantost dompté,*
Et en brief te viendra saisir.

Pl. XXXV.

Quād le fort armé garde sa court, ce qu'il possede, est en paix: mais si plus fort que luy surviēt il luy oste toutes ses armures, ausquelles il se confioit.

LVC. XI.

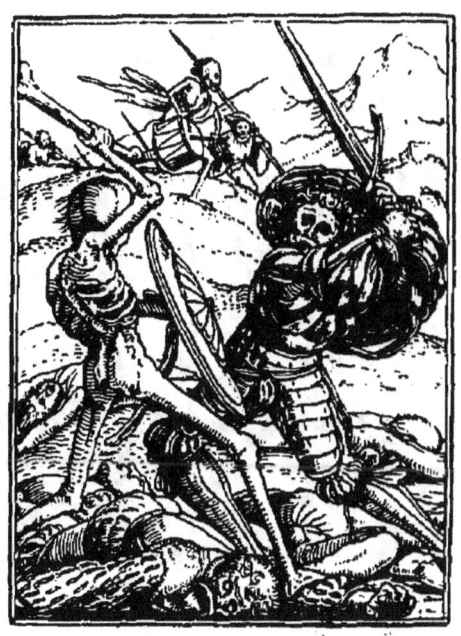

Le fort armé en ieune corps
Pense auoir seure garnison
Mais Mort plus forte, le met hors
De sa corporelle maison.

Pl. XXXVI.

*En toutes tes œuures aye souuenance de la fin
& iamais n'offenseras.*

ECCLE. VII.

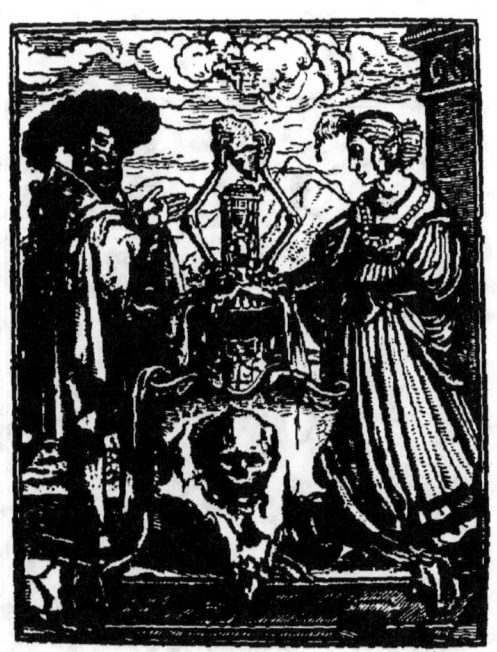

*Si tu veux viure sans peché,
Voy ceste image a tous propos,
Et point ne seras empesché,
Quand t'en iras a repos.*

Pl. XXXVII.

hic iacet : Robertus · toulenicus huius ecclesie qui obiit año dñi millesimo … trigesimo … omnes … die mensis iunii pcet tibi deus

Expecto · resurrectionem · mortuorum

E. H. Langlois juxta lapid. del. et Sc.

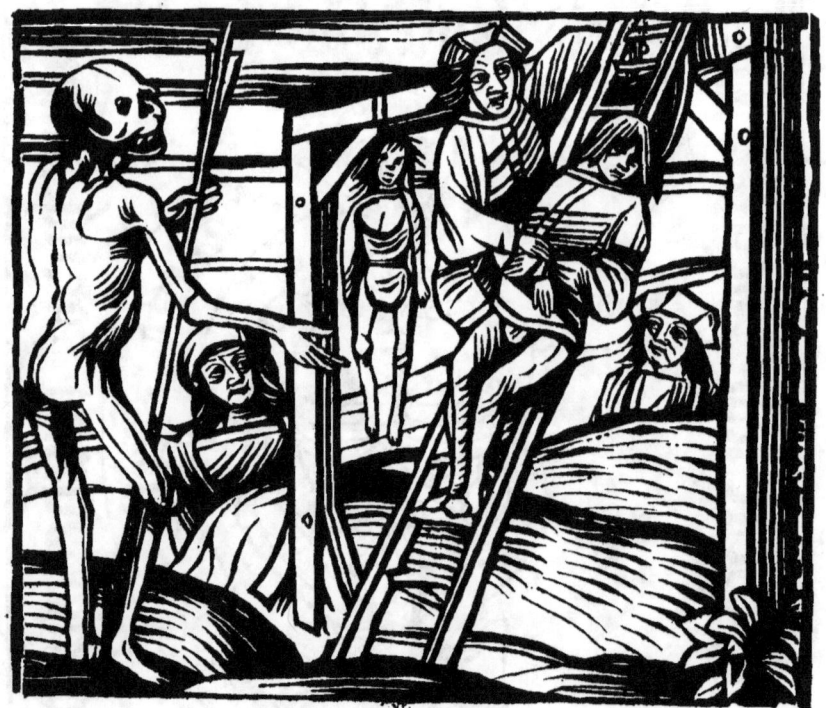

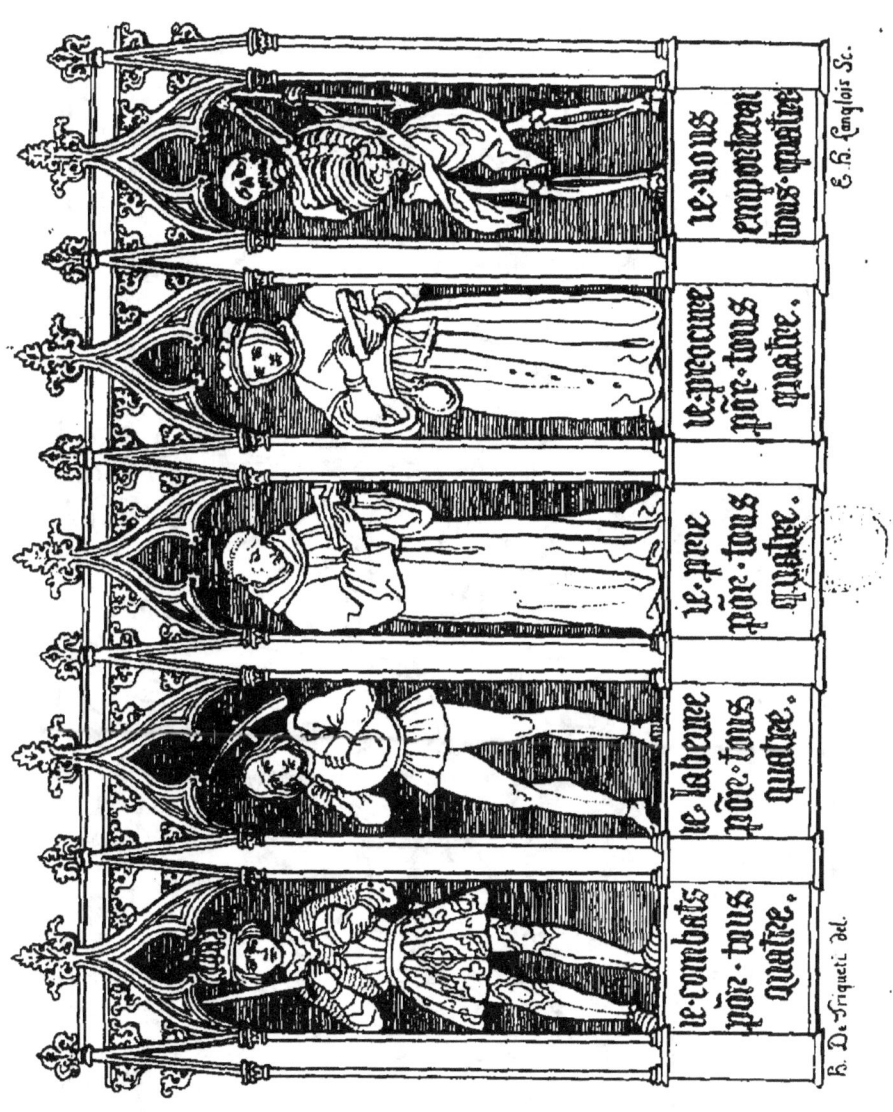

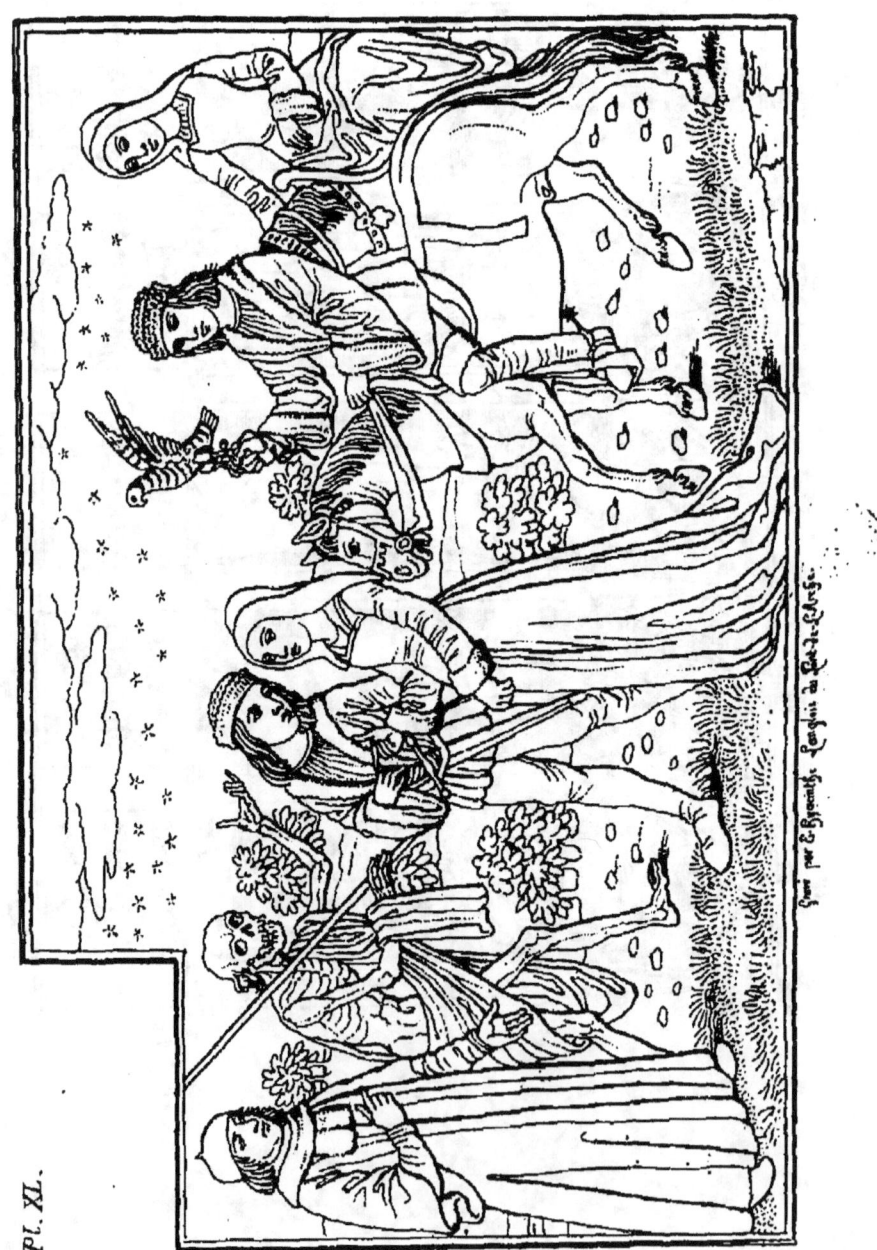

Pl. XL.

PL. XLI.

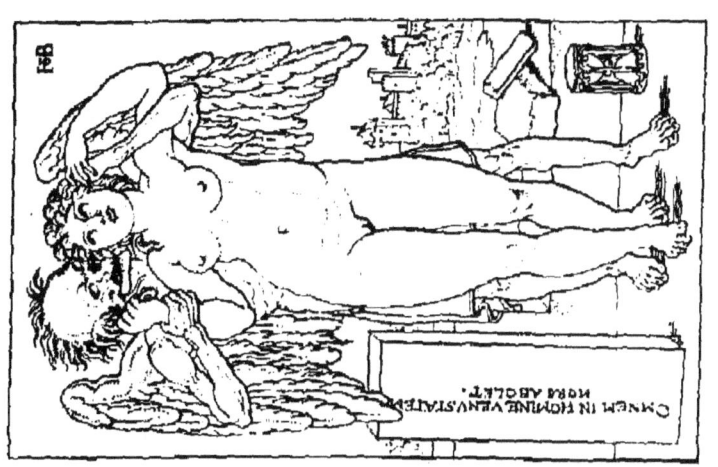

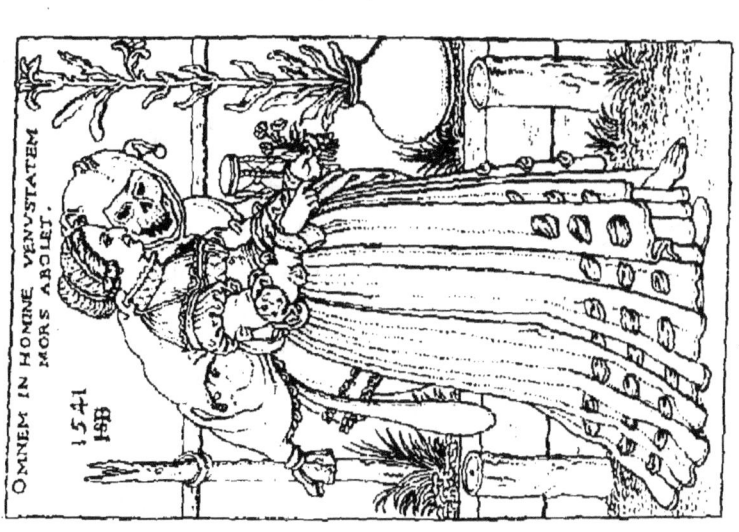

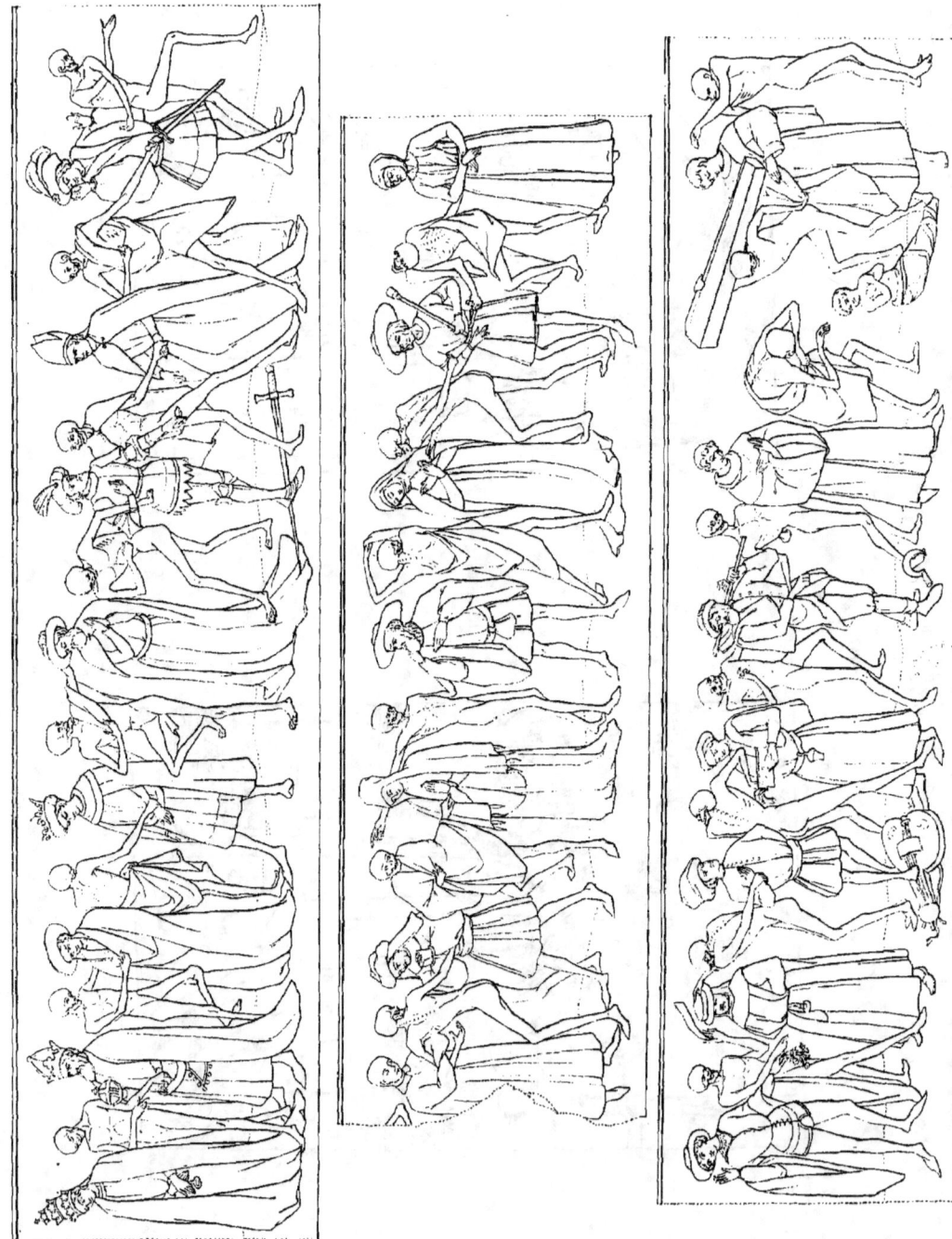

Pl. XLIII.

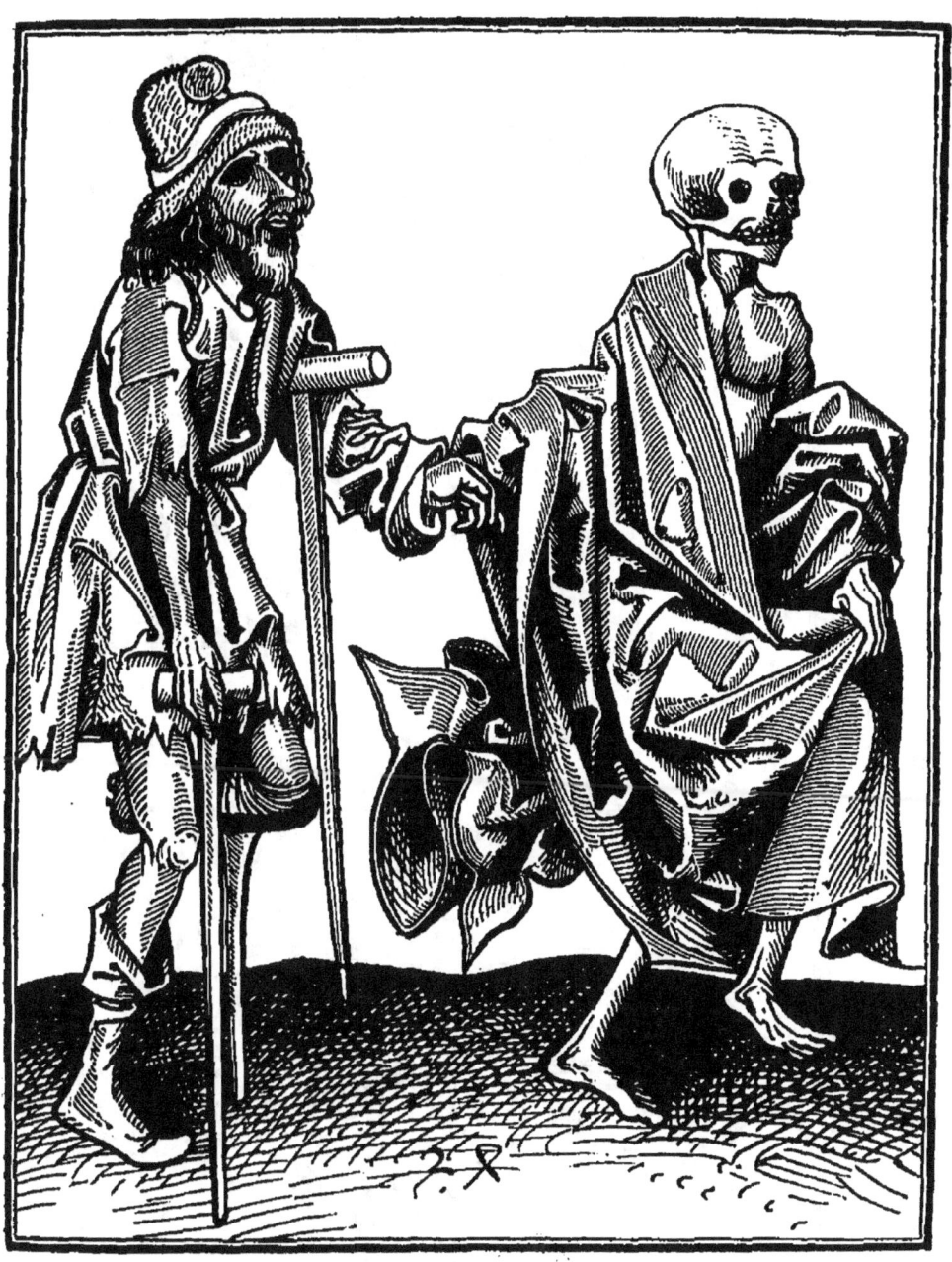

Pl. XLIV.

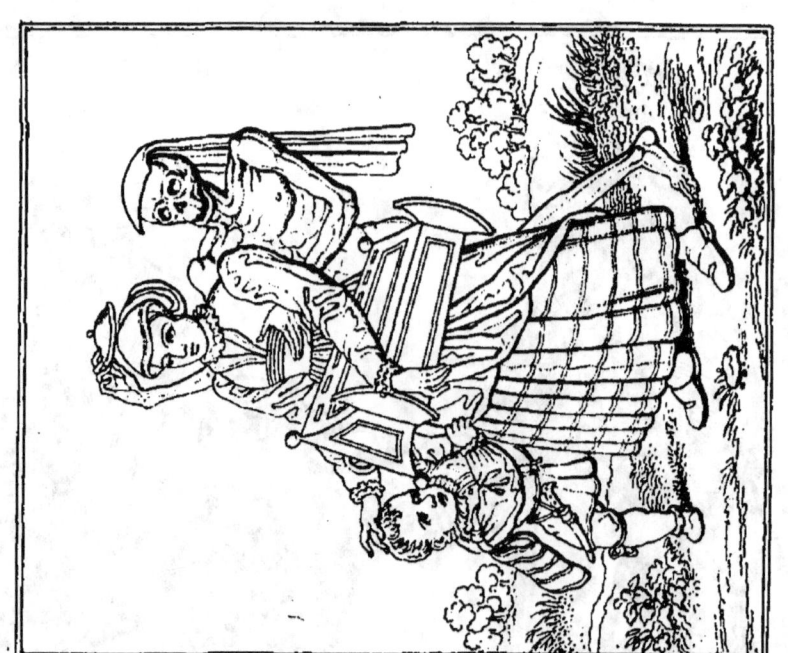

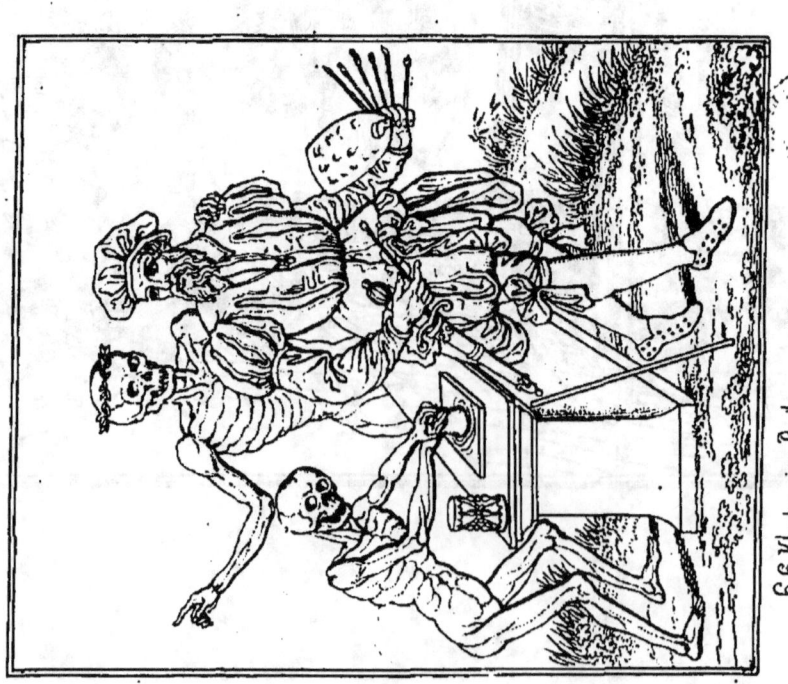

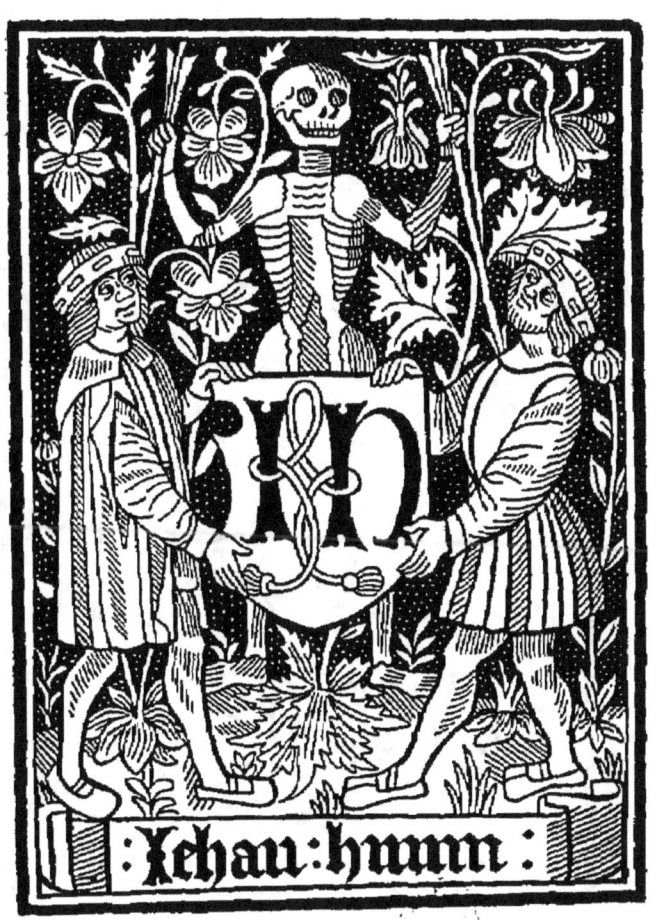

Pl. XLFI.

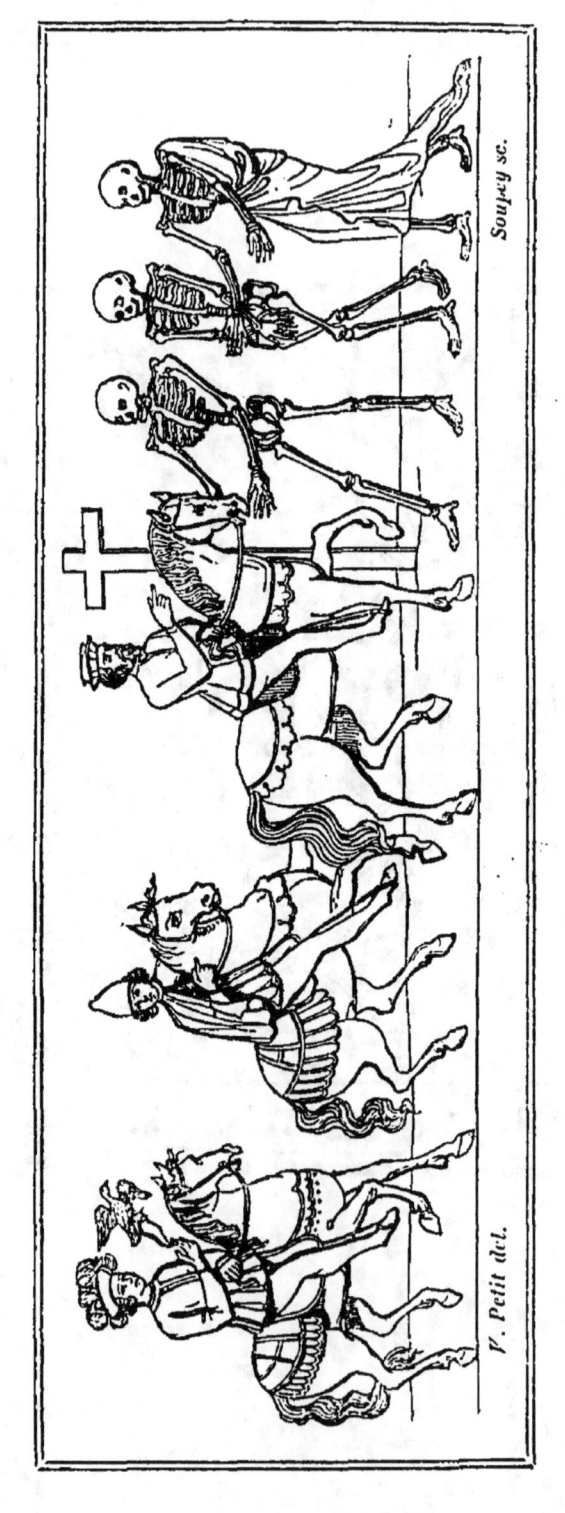

Pl. XLVII.

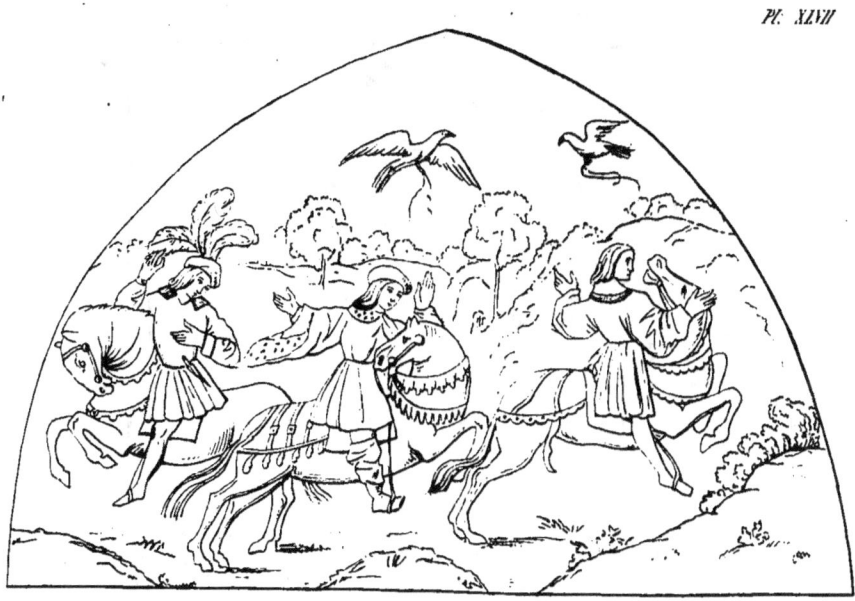

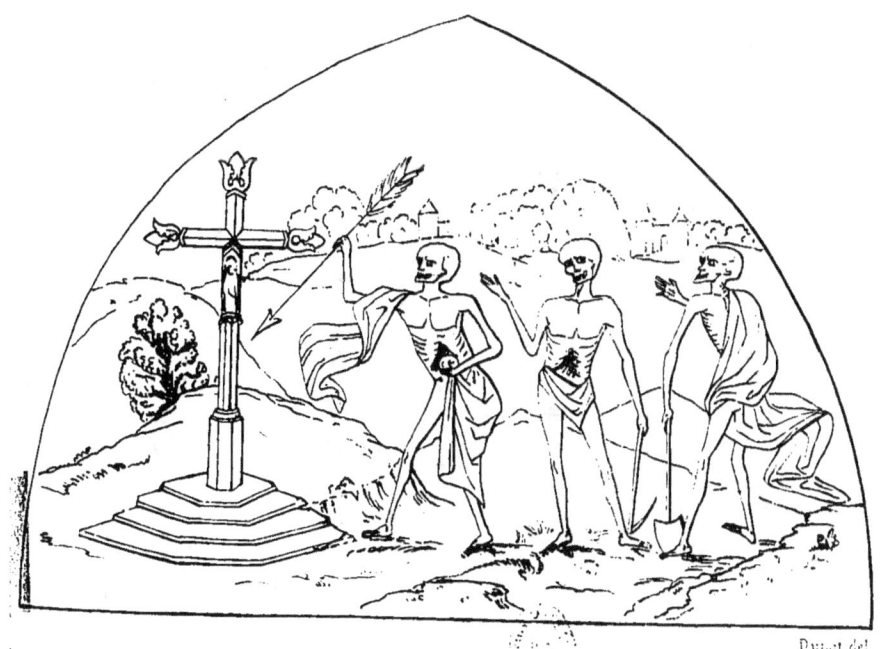

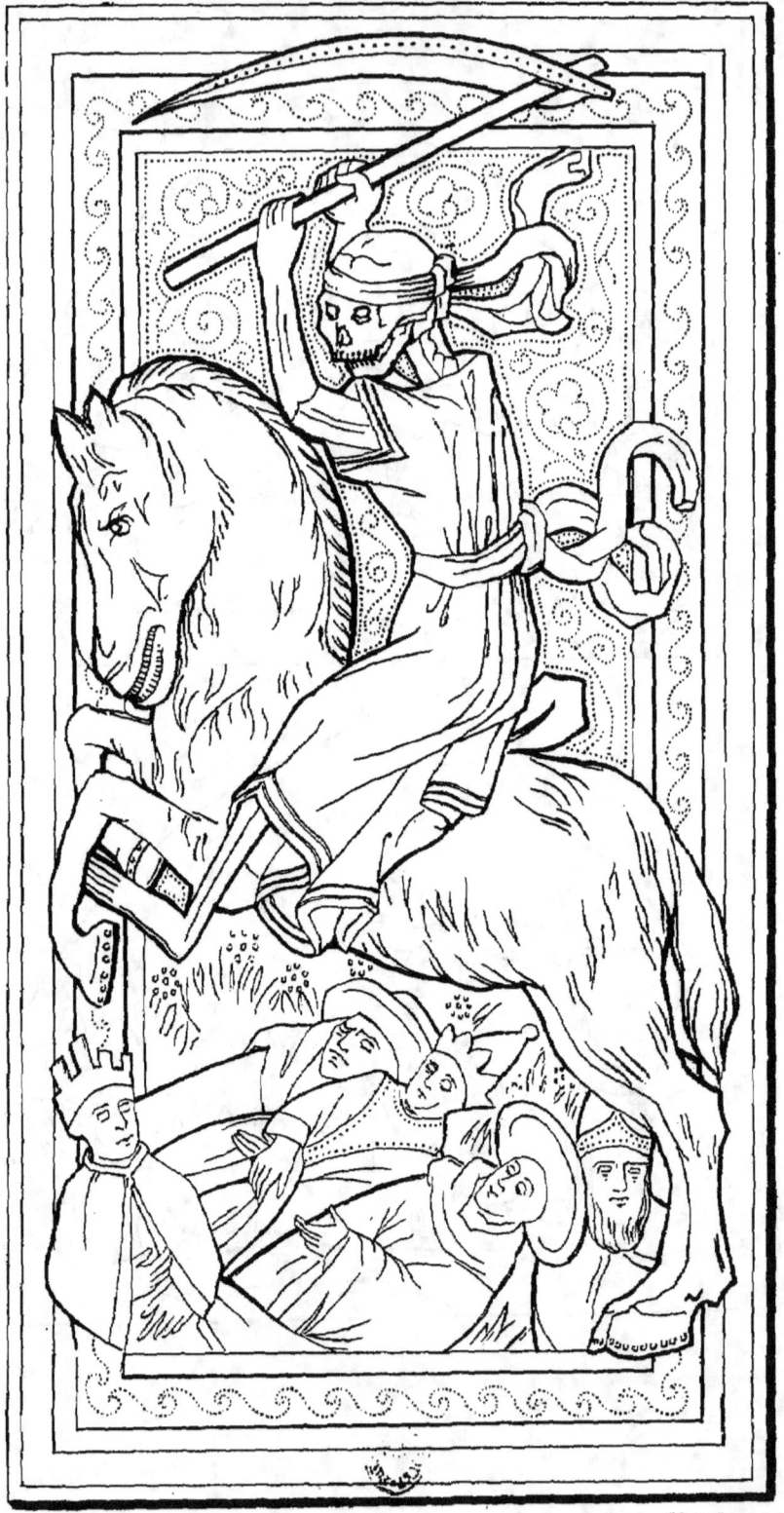

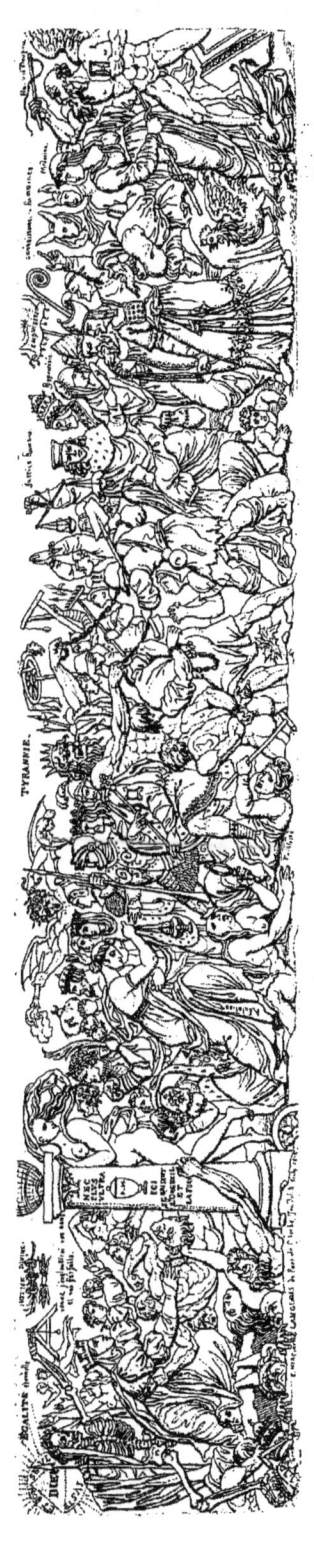

CET OUVRAGE SE TROUVE

A PARIS, chez : DIDRON, libraire, rue Hautefeuille, 13.
DURAND, libraire, rue des Grès, 5.
DERACHE, libraire, rue du Bouloi 7.
DUMOULIN, libraire, quai des Augustins.
J. RENOUARD et C⁰, libraires, rue de Tournon, 6.
J. TECHENER, libraire, place du Louvre.
H. BOSSANGE, libraire, quai Voltaire, 11.

PRINCIPAUX OUVRAGES DE E.-H. LANGLOIS :

NOTICE SUR L'INCENDIE DE LA CATHÉDRALE DE ROUEN. — Rouen, Frédéric Baudry, 1823. In-8, fig. (Rare.)

ESSAI HISTORIQUE ET DESCRIPTIF SUR L'ABBAYE DE SAINT-WANDRILLE. — Paris, J. Tastu, 1827. In-8. (Rare.)

ESSAI HISTORIQUE ET DESCRIPTIF SUR LA PEINTURE SUR VERRE ANCIENNE ET MODERNE. — Rouen, F. Baudry, 1832. In-4, fig. (Rare.)

STALLES DE LA CATHÉDRALE DE ROUEN. — Rouen, Periaux, 1836. In-8, fig.

ESSAI SUR LES ÉNERVÉS DE JUMIÉGES, SUIVI DU MIRACLE DE SAINTE BAUTEUCH. — Rouen, F. Baudry, 1838. In-8, fig.

ESSAI SUR LA CALLIGRAPHIE DES MANUSCRITS DU MOYEN-AGE. — Rouen, I.-S. Lefevre, 1841. In-8, fig.

ROUEN. — IMPRIMERIE DE P. ROUSSEL, RUE DES CARMES, N° 20.

www.ingramcontent.com/pod-product-compliance
Lightning Source LLC
Chambersburg PA
CBHW052244220526
45471CB00001B/184